国家社科基金重大招标项目（16ZDA153）阶段性成果
中宣部文化名家暨"四个一批"人才专项经费资助项目
云南省"万人计划"云岭学者专项经费资助项目

中国特色民族团结进步事业丛书

主编 王德强

多元共享

香格里拉藏族生计方式转型研究

王靖婧 / 著

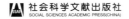

社会科学文献出版社
SOCIAL SCIENCES ACADEMIC PRESS(CHINA)

中国特色民族团结进步事业智库资助项目
云南省高等学校民族团结进步理论与实践协同创新中心资助项目

茶马古道缩影

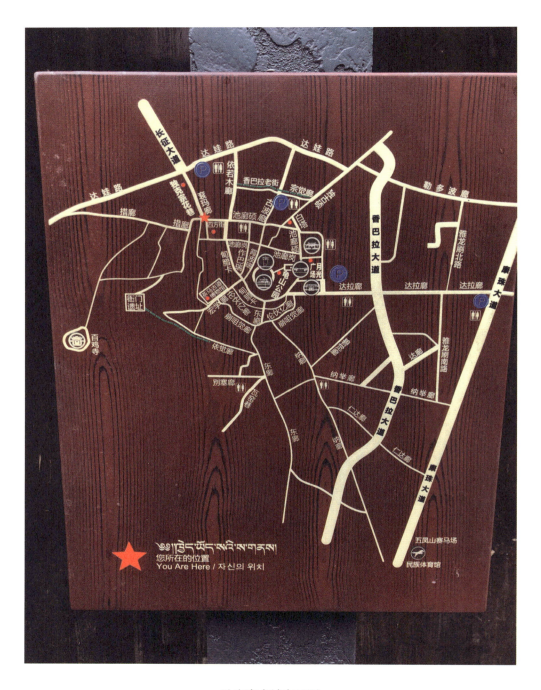

独克宗古城布局图

月光广场一角

阿若康巴·南索达庄园

桑珠别院藏式酒店

访谈古城里的商户

牵马的藏族与游客

优品卡卓刀

皮雕艺术馆

藏式风格民居

藏族人家的经堂

玻璃材质的保暖层

总　序

王德强

　　民族是客观存在的实体，而不是"想象的共同体"。人类社会是民族的大千世界，当今世界仍有两三千个民族。民族多，国家少；多民族国家多，单一民族国家少，是当今世界的常态。如何处理统一性和多样性之间的关系，实现"尊重差异、包容多样"的国民整合，是世界性的难题。

　　在漫长的历史发展进程中，解决民族问题的观念和实践多以消除差异为目标，其手段不外乎武力征服、强迫同化、驱赶围困，甚至赶尽杀绝。这种手段或政策，在西方殖民主义时代形成了通则，并被推向极致，为今天世界民族问题留下了诸多的"历史遗产"。

　　殖民时代结束后，随着同化、熔炉政策的整体性失败，多元文化主义开始成为西方国家解决民族问题的潮流，但是好景不长，"多元文化主义已经过时"的论调接踵而来，与之相呼应，"文明冲突论"甚嚣尘上。世界许多国家似乎对多样性失去了兴致，对处理统一性和多样性之间的关系失去了耐心、穷尽了智慧。

　　与此形成鲜明对照的是，中国共产党始终坚持把马克思主义基本原理同中国多民族国情相结合，开辟了中国特色解决民族问题的正确道路，缔造了中国特色民族团结进步辉煌事业。实践证明：只有坚持马克思主义的立场、观点和方法才能正确处理民族问题。

　　新民主主义革命时期，中国共产党根据马列主义关于民族问题的理论与国家学说，结合中国民族问题的现状，明确提出了民族平等、民族团结这一马克思主义正确处理民族问题的原则。民族平等是民族团结的前提和基础，民族团结是民族平等的目标和实现形式。1922 年，中共二大宣言指出：中国的反帝国主义运动要并入世界被压迫民族的民族革命浪潮中，与世界无产阶级革命运动联合起来。"世界无产阶级联合起来"的主张是中国共产党民族团结进步思想的萌芽。在第二次国内革命战争时期，中国共产党明确提出了民族平等政策，中华苏维埃第一次全国代表大会决定：凡是居住在苏维埃共和国的少数民族劳动者，在汉人占多数的区域，和汉族的劳苦人民一律平等，享有法律上的一切权利，并履行相应义务，而不加任何限制。1934 年 5 月 5 日，中国共产党在《党团中央为声讨国民党南京政府告全国劳动群众书》中首次提出了民族团结的主张，指出不分党派、职业、民族、性别、信仰都团结起来，一致抗日。在长征途中，中国共产党始终团结各民族，并建立了多个少数民族地方自治政府，积累了民族团结和民族工作的宝贵经验。抗日战争全面爆发后，中国共产党提出了联合国内各种力量建立广泛的抗日民族统一战线的主张，1937 年 8 月 15 日《中国共产党抗日救国十大纲领》中明确提出"抗日的民族团结"，主张全民族的联合和一致对外。在整个抗日战争时期，中国共产党都坚持民族团结、一致抗日的主张和政策。从第一次国内革命战争到第二次国内革命战争，中国共产党解决民族问题、处理民族事务的政策主张从民族"联合"走向民族"团结"，并在抗日战争的历史背景下，实现了从民族"联合"到民族"团结"的根本转型。

解放战争时期，中国共产党客观分析当时的形势，把抗战时期民族团结、抗日救国的政策主张，发展为各民族团结起来，共建独立、自由、和平、统一和强盛的人民民主共和国的主张。1947年5月，针对当时一些人提出的内蒙古"独立自治"的错误倾向和分裂活动，中央明确提出建立第一个省级自治区——内蒙古自治区。新中国成立前夕，在总结新民主主义革命胜利的经验基础上，中国共产党继承和发展了马克思主义的民族团结观。《中国人民政治协商会议共同纲领》明确规定："中华人民共和国境内各民族一律平等，实行团结互助，反对帝国主义和各民族内部的人民公敌，使中华人民共和国成为各民族友爱合作的大家庭。反对大民族主义和狭隘民族主义，禁止民族间的歧视、压迫和分裂各民族团结的行为。"这一规定丰富和深化了中国共产党关于民族团结理论与政策的内涵，并成为新中国处理民族问题的基本原则。

中华人民共和国成立后，中国共产党全面开创中国特色民族团结进步事业。创建统一的多民族国家，实行民族区域自治保障民族平等和各民族团结；在民族地区政权建设进程中把民族因素与区域因素相结合，历史与现实相结合，政治与经济相结合，因地制宜，实行民族区域自治，增强各民族的团结，维护国家统一；派出中央民族访问团，毛泽东手书"中华人民共和国各民族团结起来！"为访问团壮行，访问团累计行程8万多公里，足迹遍布除西藏、台湾外的所有民族地区，宣传党的民族政策，消除民族隔阂，化解矛盾纠纷，促进各民族的团结。继而又开展了民族大调查、民族识别等工作，极大地丰富和深化了对多民族国情的认识，为全面实行民族区域自治和促进民族团结创造了条件，分类指导，改革少数民族地区社会经济制度。中华人民共和国成立以来终结了民族压迫、剥削、歧视的历史，全面建立了促进民族平等团结、共同繁荣发展的崭新的政治经济社会文化制度，民族团结达到了全新的水平。从新中国成立到"文化大革命"前这段时期，各民族的团结达到了空前的高度，民族工作迎来了"第一个黄金时期"。

20世纪70年代末，真理标准的大讨论和党的十一届三中全会，拉开了思想解放和改革开放的历史帷幕，重新驶入了巩固和加强我国民族团结进步事业的正确航道。1979年全国边防工作会议重申了党的民族政策，确定了新时期民族工作的主要任务："在全党、全国各族人民中间，普遍地、深入地、大张旗鼓地进行民族政策再教育，认真检查民族政策的执行情况，切实解决存在于民族关系方面的问题，消除不利于民族团结的因素。"各地在贯彻落实中央的这一精神过程中，创造性地开展了形式多样的民族团结进步宣传活动，取得良好的效果。改革开放以来，中国共产党高度重视民族团结进步事业，以邓小平为核心的第二代中央领导集体开创性地提出了"汉族离不开少数民族，少数民族也离不开汉族"的重要思想，并在党的十三届四中全会以后最终形成了中国共产党关于中国民族关系"三个离不开"的基本认识。同时，根据党和国家中心工作的历史性转变，及时将民族工作的中心转移到社会主义现代化建设上来，加大民族政策贯彻落实力度，特别强调了发展是解决民族问题的核心，并逐步形成了"各民族共同团结奋斗，共同繁荣发展"的新时期民族工作主题。"两个共同"的思想深刻阐释了维护民族团结和加快民族地区发展的辩证关系。在实践层面制定并实施西部大开发战略，制定实施人口较少民族发展、兴边富民、少数民族事业发展三个专项规划，采取一系列重大举措加快少数民族和民族地区发展；专门研究部署加快西藏、新疆等边疆民族地区经济社会发展，推进民族团结进步事业；定期召开民族团结进步表彰大会，总结经验，表彰先进；全面、深入地开展民族团结进步创建活动；等等。在改革开放的进程中，在复杂多变的国际环境中，我国不仅保持了民族团结、边疆稳定和国家统一，而且全面推进了中国特色民族团结进步事业。

党的十八大以来，以习近平同志为核心的党中央，深刻洞察世界政治经济格局的走向与变化，全面分析和科学研判我国民族工作新的阶段性特征，深入研究党和国家事业发展对民族工作的时代要求，提出了一系列关于做好民族工作的新理念、新思想、新战略，科学回答了新形势下推进中国特色民族团结进步事业发展的一系列重大理论和实践问题，全面阐释了中国特色解决民族问题的正确道路，彻底澄清了近年来民族工作领域理论上的一些模糊认识，切实纠正了实践中的一些不当做法，开启了中国特色民族团结进步事业的新航程。民族地区的五大文明建设全面推进，各民族之间的交往交流交融全面展开、深入发展。

在理论层面，深化了对多民族国情的认识，强调多民族是"特色"、是"有利因素"，多元一体是"重要财富"、是"重要优势"。这一新定位、新认识，为族际交往从"各美其美"走向"美人之美，美美与共"，提供了内在根据；强调中华民族和各民族的关系，是一个大家庭和家庭成员的关系，各民族之间是大家庭里不同成员之间的关系，一家人都要过上好日子，全面建成小康社会，一个民族也不能少；为铸牢中华民族共同体意识、构筑共有精神家园，为夯实民族团结进步事业的物质基础指明了方向。

在实践层面，多措并举，综合施策。强调推动民族工作要做到物质力量和精神力量并用，一把钥匙开一把锁：物质层面的问题要靠物质力量、靠发展来解决；精神层面的问题要靠精神力量、靠思想教育来解决。强调法律保障和争取人心并重：习近平总书记既强调要用法律来保障民族团结；又强调"做好民族工作，最管用的是争取人心"，要"绵绵用力，久久为功"，强调人心是最大的政治，强调要在全社会不留死角地搞好民族团结宣传教育。民族团结宣传教育应少做"漫灌"，多做"滴灌"和精耕细作。强调城市民族工作中对少数民族流动人口既不能搞关门主义，也不能放任自流，关键是要抓流出地和流入地的两头对接，着力点是推动建立相互嵌入的社会结构和社区环境。党的十八大以来关于民族事务治理的新理念、新思想、新战略，从理论和实践层面科学回答了新的历史阶段民族工作中面临的新问题、新挑战，丰富和发展了马克思主义民族理论。

　　由云南省高等学校民族团结进步理论与实践协同创新中心和中国特色民族团结进步事业智库推出的"中国特色民族团结进步事业丛书"全面总结中国特色民族团结进步的成功经验，深刻阐释中国特色解决民族问题的正确道路，深入揭示各民族共同团结奋斗、共同繁荣发展的内在逻辑，深入研究推进中国特色民族团结进步事业面临的新情况、新问题，以期不断巩固和加强中国特色民族团结进步事业，并通过讲述中国故事，传播中国声音，彰显中国特色民族团结进步事业的价值和意义，为化解"文明冲突"和民族纷争，促进文明互鉴、族际和谐提供借鉴。

2017 年 4 月 22 日于临沧

目　录

导　论 ……………………………………………… 1

第一章　香格里拉市建塘镇藏族传统的生计方式
　　　　及族际交往特点 ……………………… 41
　第一节　香格里拉市建塘镇的自然环境与人文环境……… 42
　第二节　香格里拉市建塘镇藏族传统的生计方式………… 50
　第三节　传统生计方式下藏族的族际交往特点…………… 66

第二章　地方经济社会转型中藏族家庭生计方式的转型……… 77
　第一节　香格里拉市建塘镇地方经济社会的转型………… 77
　第二节　香格里拉市建塘镇旅游业的发展 ……………… 83
　第三节　与旅游业相关行业的兴起 ……………………… 87
　第四节　藏族家庭生计方式的转型 ……………………… 99

第三章　生计方式转型中藏族的族际交往空间
　　　　进一步被重塑 ……………………… 113
　第一节　藏族交友范围及交友方式的改变 …………… 114
　第二节　藏族族际交友结构的多元化发展 …………… 126

第四章 生计方式转型中藏族使用语言的变化 ·············· 139

    第一节 藏族家庭内部及对外交流使用语言的变化 ······ 140

    第二节 不同藏族家庭中藏语及汉语使用的

            代际差异比较 ························ 147

    第三节 生计方式转型中国家通用语言的推广普及 ······ 154

第五章 生计方式转型中藏族民居建筑及居住格局的改变 ··· 161

    第一节 生计方式转型中藏族民居建筑的变化 ·········· 161

    第二节 生计方式转型中藏族居住格局的改变 ·········· 175

第六章 生计方式转型中藏族的族际通婚变迁 ·············· 184

    第一节 藏族的族际通婚变化趋势 ···················· 185

    第二节 生计方式转型中藏族通婚民族的变化 ·········· 197

    第三节 藏族传统婚嫁习俗形貌的重塑 ················ 203

结　语 ··· 207

参考文献 ······································· 218

附　录 ··· 230

后　记 ··· 244

导　论

一　研究缘起

民族问题是当代全球性的热点问题，人类社会是由不同民族组成的大千世界。在多民族国家，各民族之间的关系和谐与否，直接影响整个国家的安定与发展。族际交往是和谐民族关系建构的重要环节，各民族在参与经济社会活动过程中相互之间的接触与交流就是族际交往，在族际交往的基础上才有民族关系。从各民族的交往状况可以看出各民族关系的和谐与否。

习近平总书记在新疆、西藏等地召开的座谈会上多次强调现阶段开展民族工作时要牢牢把握铸牢中华民族共同体意识这一主线，不断增进当地各民族对中华民族这一共有身份的认同感，要深刻认识到中华民族是一个不可分割的命运共同体，一荣俱荣、一损俱损，应把强化各民族的铸牢中华民族共同体意识作为各地开展民族工作的主线抓紧抓好。① 铸牢中华民族共同体意识理论，是党的民族理论和马克思主义民族理论与时俱进的最新成果。

---

① 尔肯江·吐拉洪：《铸牢中华民族共同体意识 画好民族团结最大同心圆》，《中国民族》2020 年第 11 期，第 12~17 页。

　　国外学者对我国涉藏地区的民族关系研究一般都带有明显的政治倾向，多习惯用"冲突模式""中心—边缘"等范式解读，歪曲我国涉藏地区的民族关系。国外学者对我国涉藏地区民族关系的研究过于片面并带有明显的意识形态侵略和渗透的倾向，误导了国外民族学和藏学的学术话语。

　　在云南涉藏地区特殊的地域环境和民族关系中，生计方式的转型给当地的藏族及其社会关系、民族文化带来了什么样的冲击和影响？带着这个问题，笔者走访了香格里拉市建塘镇，发现旅游业的发展对当地整体经济社会的转型与发展、族际交往及各民族之间关系网络的建构都有很好的促进作用。可以说，香格里拉市建塘镇藏族家庭生计方式的转型就是以旅游业发展为契机实现的。本书以香格里拉市建塘镇的藏族家庭生计方式转型为视角，引入"铸牢中华民族共同体意识"等理论，采用田野调查法，使数据资料与访谈个案相结合，考察了迪庆州经济社会转型的整体情况，呈现了20世纪90年代以来迪庆州香格里拉市建塘镇的藏族家庭生计方式转型以及当地藏族家庭在此过程中族际交往变迁的历史图景，客观描述了藏族家庭在生计方式转型过程中在交易场域、居住场域、婚姻家庭、职业场域等社交网络中的族际交往与互动的变迁情况。

　　建塘镇是迪庆州政府及香格里拉市行政中心所在地，也是全州的政治、经济、文化中心，处于云南、四川、西藏三省区的交会处，属于青藏高原南延地段，也处于香格里拉和"三江并流"的核心区域，是茶马古道上重要的物资中转站和交通枢纽，地缘优势突出，战略地位十分重要。在历史发展的进程中，建塘镇逐渐形成了藏、汉、纳西、白、彝等多个民族和谐共生的格局。随着当地经济社会的转型，旅游业得到迅速发展，建塘镇在旅游开发过程中也取得了优异的成绩，曾在 2005 年荣获"CCTV 魅力名镇""云南省文明小城镇"等称号。时至今日，建塘镇已经成为迪庆州最繁华的区域，也是外地游客到云南旅游的必游之地。

近年来，迪庆州政府对当地旅游产业的开发和招商引资，吸引了大量外地各民族流动人口和周围乡村各民族进城人口聚集香格里拉市建塘镇。在旅游业的带动下，当地的民宿客栈、藏民家访、藏餐厅、手工艺品加工等与旅游相关的产业也得到进一步发展。在这些行业的从业人员中，有很多是当地的藏族人，这些藏族家庭的收入来源也变得更加多元化，家庭成员除从事传统农牧业之外，还兼营旅游业。很多藏族人的身份也因此发生改变，从单纯的农牧民转变成旅游从业人员，农牧业产品也进一步被包装成旅游消费品。可见，许多藏族家庭的生计方式已经发生转型，旅游业的发展为藏族家庭带来了丰厚的经济收益。在生计方式转型的过程中，藏族更加注重族际交往和社会关系网络的建构，他们的族际交往空间进一步被重塑。另外，在生计方式转型过程中，藏族人使用的语言、房屋建筑及居住格局、族际通婚等方面也发生了不同程度的变化。在此过程中，当地各民族之间的族际利益关系格局进一步被改变，族际交往互动关系也变得日益广泛、深入和复杂。

二 理论意义和现实意义

以全球化发展及乡村振兴为契机，在迪庆州地方经济社会转型的大背景下，香格里拉市建塘镇的藏族家庭生计方式转型是一种必然趋势，从事与旅游业相关的行业是当地藏族将自身发展愿景与发展契机相结合的最佳选择。通过探讨生计方式转型视域下当地藏族在族际交往各方面的变迁情况，对比藏族在不同生计方式下的族际交往状况及特点，及时总结藏族与其他各民族在交往过程中的经验及存在的问题，有助于我国边疆少数民族地区民族团结进步事业的发展及和谐社会的构建。和谐融洽的民族关系是地方经济社会发展的基本前提和重要保障，在旅游业发展的进程中如果民族之间相处得好，民族关系较融洽，将进一步推动当地经济社会的整体发展。

探讨藏族的族际交往问题，有助于我们准确把握当地民族关系的总体发展趋势，进一步丰富中国特色社会主义民族理论的话语资料，促进中国特色民族理论政策的体系化建设，进一步深化马克思主义中国化的研究体系，丰富中国共产党治国理政思想的内涵，全面推进我国民族事务治理体系与治理能力现代化，推动中国特色民族团结理论与实践创新，为坚持中国特色解决民族问题的正确道路提供理论支撑，是与时俱进扩充民族理论的现实需要。

及时总结各少数民族地区在处理民族问题时取得的经验及存在的不足，有助于我国经济社会的长远发展，有助于我们团结力量来共同抵御国外反华势力及分裂势力的破坏，维护祖国统一和领土完整，有助于我国边疆少数民族地区民族团结事业的发展及和谐社会的构建。有助于当地各民族群众进一步增强对国家的认同，为维护边疆安全打牢思想基础；进一步增强对中华民族的认同，推进边疆民族团结进步建设；进一步激发边疆各族群众自觉投身于中华民族伟大复兴的"中国梦"奋斗中。

本书通过一系列调查研究，为当地政府制定民族政策提供鲜活、翔实的案例资料，以期进一步完善学界对中国当代民族地区民族关系及社会文化变迁的认识，为我们探索民族地区社会稳定、民族团结提供宝贵的田野素材，也为该领域的青年学者积累一定的素材资料。综上所述，对云南省迪庆州香格里拉市建塘镇藏族生计方式转型视域下的族际交往问题进行研究具有一定的理论和现实意义。

三 文献综述

（一）生计方式变迁研究综述

生计方式是指各个族群为适应周围的自然环境及社会环境所采用的整套谋生手段，生计方式变迁包含在社会变迁及文化变迁之中。国外对社会变迁和文化变迁的研究成果颇丰，埃文思·普里查德在对尼罗河畔努尔人的生计方式进行调查之后发现：努尔人的生计方式受到他们居住的自然环境的制约，努尔人也根据雨季和旱季的变化在高原和平地之间来回迁徙并从事不同的生计方式。[①] 美国著名学者史蒂文·瓦戈在《社会变迁》一书中，对社会变迁的维度、模式、领域、影响、策略、评价进行了论述，他认为社会变迁的模式可以分为很多类型：现代化、工业化、城市化、官僚化都是近代社会变迁的几种主要模式。[②] 环境决定论的代表人物拉策尔认为：人类的生存与发展、分布受到自然环境的制约，且自然环境对人类社会及其发展具有决定性的制约作用，特别是采集业和畜牧业，受环境的影响更为明显。[③] 因此，环境决定论将生计方式与特定环境紧密地联系在一起。笔者也认为：在各个不同历史时期，各民族所处的自然环境和社会文化环境对该民族所从事的生计方式有深远的影响。

马林诺夫斯基等学者则从经济与文化的角度来研究族群的生

① 〔英〕E. E. 埃文思-普里查德：《努尔人》，褚建芳译，商务印书馆，2014，第35~46页。
② 〔美〕史蒂文·瓦戈：《社会变迁》，王晓黎等译，北京大学出版社，2017，第78~85页。
③ Barney I. Business, "Community Development and Sustainable Livelihoods Approaches", *Community Development Journal*, 2003, 38 (3): 255-265.

计方式。马林诺夫斯基以某岛屿的库拉交易圈为研究对象，他认
为项链和臂镯已不再是简单的商品，而是承担了特殊社会文化功
能的物品，在整个库拉交易圈背后承担了社会整合功能并发挥了
文化整合作用。① 巴尼认为社区在参与旅游业发展中的重要性没有
被体现出来。② 笔者通过调研发现：社区在香格里拉市建塘镇藏族
家庭生计方式转型过程中同样具有整合资源和链接各民族交往的
作用。乔治·伊顿·辛彭分析了生物多样性、生计与旅游三者之
间的关系，提出旅游地的生态系统受到赋权与生计活动的影响，
是旅游业的发展推动了当地居民生计方式的变迁。③ 笔者则认为：
各民族所从事的生计方式类型受到其所处自然地理环境的制约和
影响，而旅游业的发展是推动地方经济发展及民族发展的重要契
机。申等人认为现有的在农村扶贫过程中构建的可持续生计策略
的分析框架如果运用到旅游业中，需要进一步构建。④ 笔者认为这
种看法有一定的合理性，因为各个地方旅游业发展的模式都具有
一定的地方特殊性，需要具体问题具体分析。姆拜瓦则认为旅游
业的发展导致了传统生活方式的变迁，在这种变迁中充分展示了
文化的活力，同时，应该兼顾对传统经济及乡村可持续生计问题
的考虑。⑤ 苏等人对山东某渔村居民在旅游业发展前后的生计方式
进行了对比研究，认为旅游业发展以来，该地居民的生计方式已

① 〔英〕马凌诺斯基:《西太平洋的航海者》，梁永佳、李绍明译，华夏出版社，2002，第15~
　25页。
② Barney I. Business, "Community Development and Sustainable Livelihoods Approaches", *Community Development Journal*, 2003, 38 (3): 255-265.
③ George Eaton Simpon and J. Milton Yinger, "Racial and Cultural Minorities", New York: Academ-Press, 1996, pp. 78-86.
④ Shen F., Hughey K. F. D., Simmons D. G., "Connecting the Sustainable Livelihoods Approach and Tourism: A review of the literature", Journal of Hospitality and Tourism Management, 2008, 15 (1): 19-31.
⑤ Mbaiwa, J. E., Stronza, A. L., "The effects of tourism development on rural livelihoods in the Okavango Delta, Botswana", *Journal of Sustainable Tourism*, 2010, 18 (5): 635-636.

经发生改变，新的生计方式对传统的生计方式及传统文化造成了冲击。同时，旅游管理模式对居民的生计模式造成一定影响。[①] 总之，我国各地旅游业发展过程中当地居民的生计方式及其变化是国外学者关注和研究的重点，各地旅游业的发展对当地各民族居民的生产生活方式及社会文化都会带来不同程度的影响，对各地旅游业发展过程中居民生计方式的研究具有一定的现实意义和研究价值。

随着对生态环境问题的重视，国内学术界对少数民族生计方式变迁的相关研究也越来越多。尹绍亭在对云南各少数民族的生计方式进行研究后得出结论：云南各少数民族传统的生计方式都是与其所处的特定的自然环境相适应的生计方式。例如：景颇族的"刀耕火种"与当地特殊的山地环境是相适应的，是景颇族在特定自然环境中选择的一种特殊的谋生方式，而不是传统意义上的掠夺式的开发、耕作方式。[②] 张晓琼探讨了布朗族社会变迁的问题及传统生计方式变迁的原因。他认为：传统生计方式不适应社会的发展是变迁的主要原因。此外，经济状况、思想观念、基础设施、国家相关土地政策都是促使当地布朗族生计方式变迁的主要因素。[③] 以上分析对我们讨论香格里拉市建塘镇藏族家庭的生计变迁问题有一定的启发作用。

费孝通先生在《江村经济》中，对开弦弓村村民的生产过程、资源分配等生计模式以及其影响因素进行了系统的描述[④]，这种研

---

① Su, M. M., Wall, G., Xu, K. J. "Heritage tourism and livelihood sustainability of aresettled rural community: Mount Sanqingshan World Heritage Site", *China. Journal of Sustainable Tourism*, 2016 (5). 75-86.

② 尹绍亭：《一个充满争议的文化生态体系：云南刀耕火种研究》，云南人民出版社，1991，第 60~90 页。

③ 张晓琼：《变迁与发展——云南布朗山布朗族社会研究》，民族出版社，2005，第 45~62 页。

④ 费孝通：《江村经济》，北京大学出版社，2012，第 91~112 页。

究范式为本书的写作提供了一定的借鉴；何国强在对广东客家人四个不同社区进行比较研究后认为广东客家人生计方式具有多样性的特征①；庄孔韶认为，环境的改变使各族群所从事的传统生计方式随之改变，新的生计方式出现的过程中技术支持和促进文化整合的问题会被进一步关注，保持地方族群的主体性地位是最重要的前提条件，而生计方式与文化心理上的转换是文化适应的必要阶段②；笔者认为，香格里拉市建塘镇藏族家庭生计方式转型中呈现的各种表象归根结底都属于社会文化变迁的问题。

　　秦红增等通过对广西那门村壮族的田野调查发现，20世纪90年代以来，当地出台的相关制度、政府决策及市场经济的导向作用都是影响该地农民生计选择与生计变迁的主要因素。李聪等用可持续生计模型分析了外出务工劳动力家庭生计策略的选择及影响因素。③郑宇认为中国各少数民族所处的经济社会环境与他们所处的自然环境及所使用的生计模式息息相关。现代村寨经济转型，表现为这一体系传统经济目标、组织结构与性质特征的全方位、整体性的质变。他指出："少数民族村寨经济往往是在其所处的社会环境的引导和制约中完成的现代性转型，不仅表现为国家与市场为主导的外生性社会制度，更表现为以互惠为核心的内生性社会制度，以及内外两种社会制度之间的非一致性及相互融合的可能性。"④郑宇认为在新时代的背景下，中国各个少数民族传统的

---

① 何国强：《多样性的谋生技术——客家族群生存策略研究之一》，《广西民族研究》2002年第2期，第12~17页。
② 庄孔韶：《可以找到第三种生活方式吗？——关于中国四种生计类型的自然保护与文化生存》，《社会科学》2006年第7期，第35~41页。
③ 李聪等：《外出务工对流出地家庭生计策略的影响——来自西部山区的证据》，《当代经济科学》2010年第3期，第77~85页。
④ 郑宇：《中国少数民族村寨经济的结构转型与社会约束》，《民族研究》2011年第5期，第23~32页。

生计方式都已经发生变迁，表现为以生存性为指向的传统生计方式逐渐弱化及以获利性为导向的多元生计方式逐渐兴起。生计方式转型源于资源配置机制的变迁，即从传统以互惠性为核心的机制向当代以市场运作为核心的机制转变的过程。他还指出，各少数民族生计方式在转型的过程中应重视自然生态保护及互惠保障等关键因素。[①]

姜似海等认为农民自行选择生计方式的能力极其有限，特别是在生活资料商品化背景下，受经济因素的影响，目标与实现能力间的差距造成了农民"想做却不能做"的纠结心态，最终面临选择困境。宋秀芳等对迪庆藏族自治州茨中村藏族民众的生计方式展开调查后发现：茨中村藏族民众的传统生计方式主要是农牧业。21 世纪以来，受国家政策、旅游业发展等因素的影响，该村的经济作物种植及旅游资源的优势得到充分发挥，藏族民众的生计方式发生了很大的变化，新型种植业和旅游业正在逐渐取代传统的农牧业生计方式。李文钢以生活于同一生态环境中的四个族群为例，重点讨论了族群生计方式转型对族群文化特征的影响。他认为在城市化进程中，随着外来流动人口到城市中停留时间的增加，随着他们融入深度和广度的不断扩大，他们的生计方式已经发生改变。[②]

与旅游相关的生计研究也成了近几年国内学者关注的热点话题。研究主题有民族村寨特色旅游开发、旅游与环境保护、居民生计方式的变迁与选择等。张瑾对广西壮族自治区龙胜县黄洛瑶寨进行调查后发现：基于地方性知识的转化而生成的新的生计方

① 郑宇：《中国少数民族生计方式转型与资源配置变迁》，《北方民族大学学报》（哲学社会科学版）2015 年第 1 期，第 23~30 页。

② 李文钢：《族群性与族群生计方式转型：以宁边村四个族群为中心讨论》，《西南民族大学学报》（人文社会科学版）2017 年第 5 期，第 44~50 页。

式为当地红瑶妇女带来了更好的生活条件和发展空间①。李辅敏等认为民族村寨农民生计方式的转型更多地表现为以农业及畜牧业为主的传统生计方式向以民族文化资源为载体的新型生计方式转型②。孙九霞等对云南省迪庆州德钦县雨崩村村民的生计方式进行跟踪调查后得出结论：旅游业的发展是当地村民生计方式发生改变的主要原因，且生计方式的改变在一定程度上促使了当地自然环境的改变③。王新歌、席建超认为旅游开发地居民的生计方式都在一定程度上发生了变迁，旅游业的发展也推动了当地城镇化的进程，促使农户身份发生改变，从农牧民转变成了旅游从业人员，这种转变也使农民的发展空间进一步扩大。④ 尚前浪用可持续生计分析理论对比分析了德宏州喊沙村和西双版纳州景来村这两个不同的边境少数民族村寨村民生计方式变迁的现状及影响因素，并着重分析了旅游业发展对民族村寨少数民族生计变迁的影响机制。⑤ 崔晓明基于可持续生计分析框架，对秦巴山区的旅游业、当地农户的生计变迁及社区之间的相互作用机制进行了研究，并提出了改善农户及社区发展的对策建议。⑥

综上所述，随着对生态环境问题的重视，与旅游相关的少数民族的生计研究成为国内外学者关注的热点话题，这些研究具有

---

① 张瑾：《民族旅游语境中的地方性知识与红瑶妇女生计变迁——以广西龙胜县黄洛瑶寨为例》，《旅游学刊》2011 年第 8 期，第 72~79 页。

② 李辅敏、赵春波：《旅游开发背景下民族地区生计方式的变迁——以贵州省黔东南苗族侗族自治州郎德上寨为例》，《贵州民族研究》2014 年第 1 期，第 125~128 页。

③ 孙九霞、刘相军：《地方性知识视角下的传统文化传承与自然环境保护研究——以雨崩藏族旅游村寨为例》，《中南民族大学学报》（人文社会科学版）2014 年第 6 期，第 71~77 页。

④ 王新歌、席建超：《大连金石滩旅游度假区当地居民生计转型研究》，《资源科学》2015 年第 12 期，第 104~113 页。

⑤ 尚前浪：《云南边境傣族村寨旅游发展中的生计变迁研究》，博士学位论文，云南财经大学，2018。

⑥ 崔晓明：《基于可持续生计框架的秦巴山区旅游与社区协同发展研究——以陕西安康市为例》，博士学位论文，西北大学，2018。

一定的现实意义和研究价值，这些研究成果为本书的写作奠定了理论基础。本书在文献梳理的基础上，结合研究案例地——香格里拉市建塘镇的实际情况进行分析，一定程度上丰富了学界对少数民族生计方式及生计方式变迁的认识。

（二） 族际交往研究现状综述

族际交往是民族之间关系建构的一个重要前提，只有在族际交往的基础上才有可能建立起良好的民族关系，族际交往的效果往往还会影响不同民族之间的亲疏程度。可以说，族际交往是反映民族关系的重要指标，且族际交往是民族关系研究的重要组成部分。

国外多民族国家的族际关系理论主要包括"文化熔炉""多元主义""族群边界""文明冲突"等。罗伯特·E. 帕克是国外最早研究族群关系的社会学家，他认为移民使不同民族之间广泛的接触成为可能，而广泛的接触又是各民族相互融合的基础。[①] 米尔顿·戈顿在此基础上将融合的过程细划分成七个不同等级，并提出了测量民族融合程度的七项指标，在所有指标中族际通婚是最为关键的指标。[②] 结合香格里拉市建塘镇的实际情况，笔者认为各个民族所处的社会文化环境对民族之间的关系有重要的影响。

陶伯和泰伯对城市居民的居住格局与民族关系进行了调查研究。[③] 他们从城市居住格局的角度分析了不同民族之间关系的变化情况，认为居住格局是影响城市各民族之间关系的重要因素。笔者认为居住格局是影响香格里拉市建塘镇各民族之间族际交往及

---

① Robert E. Park, *The Immigrant Press and Its Control*, New York: Harper & Brother Publishers, 1922, pp. 35-40.

② Milton M. Gordon, "Assimilation in American life", Oxford University Press, 1964, pp. 16-25.

③ K. E. Taeuber and A. F. Taeuber, *Neggroes in Cities*, Chicago: Aldine Publishing Company, 1965, pp. 45-52.

族际关系的重要指标。弗雷德里克·巴特指出：不同的族群属于认定的范畴，区别不同族群主要是看其边界，这种边界不是地理边界而主要是指社会边界，而这种社会边界往往与族群的文化相关，各族群往往通过特定的文化特征来区分本族与其他族群。[①] 该理论为国外族群关系及国内民族关系的讨论带来了全新的视角，至今仍然被广泛运用。美国社会学家伊曼纽尔·沃勒斯坦指出：族群就是一种社会身份，是社会认定和自我认定相互作用的结果，族群一般都具有"排外性"。[②] 乔治·伊顿·辛普森和米尔顿全面地分析了美国不同族群在受教育、职业、收入水平、通婚、宗教信仰等方面的情况。[③] 总之，国外学者对族群及族群关系的研究，为我国学者研究国内民族关系提供了很好的借鉴和启发，进一步丰富了我们对西方各国族群关系的认识，特别是戈登关于族际交往程度的观测指标为我们全面考察香格里拉市建塘镇藏族与其他各民族之间的交往及关系提供了很好的参考和借鉴。

国内学者对族际交往的研究成果也很丰硕。翁独健认为中国各民族之间的关系是在历史发展的漫漫长河中积累沉淀而成的，与各民族在政治、经济、文化等方面的密切接触有关。尽管历史上各民族之间分分合合，但从总体来看，各民族之间互相吸收、互相依存的关系仍是主流。是各民族的逐步接近，缔造和发展了统一的、多民族的伟大祖国。[④] 费孝通系统阐述了中华民族多元一

---

① Barth, Fredrik, "Ethnic Groups and Boundaries: The Social Organization of Culture Difference", Boston MA: Little Brown, 1969, pp. 115-121.

② Immanuel Wallerstein, "Africa and the Modern World", Africa World Press, Trenton N. J., 1986, pp. 92-101.

③ George Eaton Simpon and J. Milton Yinger, "Racial and Cultural Minorities", New York: Academic Press, 1996, pp. 78-86.

④ 王娟：《重建"多民族中国"的历史叙事 20世纪中国民族史观的形成、演变与竞争》，《社会》2021年第1期，第60~67页。

体的民族关系格局，他结合人类学、历史学、语言学等多个学科及自己长期以来对中国少数民族的研究，提出了"中华民族多元一体格局"的理论，为今后这方面的研究工作开拓了新视野，得到国内外社会学及人类学学者的高度评价。①

马戎等以在内蒙古赤峰地区开展的专题调查资料为基础，分析了影响赤峰农村牧区族际通婚的因素，并指出农村的汉族和牧区的蒙古族在各自传统居住地区"上嫁"中处于有利地位，社会地位和经济地位是造成族际通婚中"上嫁"现象的主要原因。②这种对特定民族地区的民族关系进行实地研究的方法为本书的写作提供了很好的参考和借鉴。刘先照对正确认识和处理社会主义初级阶段民族矛盾相关问题进行了论述。他认为：在社会主义制度下，人民内部的矛盾主要是不同利益群体之间的矛盾，汉族与少数民族之间，各少数民族之间的矛盾都属于不同利益群体之间的矛盾。③马戎对拉萨市汉藏民族之间的关系及其影响因素进行了深入的分析，对中国族群关系的理论框架进行了梳理，并对我国西藏拉萨、内蒙古呼和浩特、宁夏银川、广西南宁、新疆乌鲁木齐五地的族群居住模式进行了调查研究，梳理出了五个城市中不同民族的居住格局和居住模式的主要特点，计算出了"分离指数"。④杨盛龙等从政治、经济、文化和社会等方面总结了从新中国成立至今各个不同历史阶段我国各民族在交往过程中的经验及存在的问题，特别是改革开放政策对我国各个民族之间交往的影

① 费孝通：《中华民族多元一体格局》，中央民族学院出版社，1989，第75~96页。
② 马戎、潘乃谷：《居住形式、社会交往与蒙汉民族关系》，《中国社会科学》1989年第3期，第57~65页。
③ 刘先照：《有关民族史研究的几个问题》，《民族研究》1991年第6期，第70~73页。
④ 马戎：《西藏的人口与社会》，同心出版社，1996，第56~80页。

响，并指出了我国各民族交往的特点及总体趋势。①

杨正文通过对苗族鼓藏节仪式文化的分析，对传统苗族社会家族、宗族、村落社会组织、社会整合及祖先崇拜等相关问题进行了系统的人类学研究。② 徐黎丽通过实地调查的方式对甘宁青地区的民族关系进行了研究，认为该地区的民族关系直接影响这一地区经济发展、文化进步和政治稳定。③ 王琛、周大鸣认为，随着各地少数民族向城市流动频率的加快，我国各大城市逐步呈现民族成分多元化的新格局，这些进入城市的少数民族群体的交往空间呈现不同的层次，老乡圈较为明显；各地少数民族在融入城市的过程中，其风俗习惯、文化背景、使用的语言等都存在较大差异，且这些因素都是影响各民族之间交往交流交融的深层因素；现阶段我国各大城市的民族交往仍然是以平等交融的形态为主流。④ 张继焦认为，在城市发展过程中出现了民族多元化现象，各民族之间的社会经济交往也日趋增多，他还认为各民族在交往过程中出现的各种问题可以从心理学的角度进行考究。⑤ 郝时远从如何通过开展民族工作来构建和谐社会主义、如何通过各民族的团结奋斗来共同繁荣社会主义社会、如何进一步巩固和发展社会主义民族关系、如何进一步完善民族区域自治制度及如何进一步加快民族发展与"两种资源"保护等几个方面分别展开了论述，他

① 杨盛龙等：《建国 45 年来民族研究成就概述》，《中央民族大学学报》（哲学社会科学版）1995 年第 1 期，第 5~10 页。
② 杨正文：《鼓藏节仪式与苗族社会组织》《西南民族学院学报》（哲学社会科学版）2000 年第 5 期，第 13~26 页。
③ 徐黎丽：《甘宁青地区民族关系问题的重要性和复杂性》，《西北民族研究》2001 年第 1 期，第 142~147 页。
④ 王琛、周大鸣：《试论少数民族的社会交往与族际交流——以深圳市为例》，《广西民族研究》2004 年第 3 期，第 20~25 页。
⑤ 张继焦：《城市少数民族的民族文化与迁移就业》，《广西民族研究》2005 年第 1 期，第 64~68 页。

还结合国内外民族问题的理论与实践做了分析和讨论。① 王希恩对现阶段我国流动人口的族际交往进行了论述，分析了跨国流动人口及跨省流动人口迁移的现状、趋势、存在的问题，并重点论述了民族特征与民族交融等问题。②

综上所述，国内学者关于族际交往的研究为本书的写作也提供了很好的借鉴。但是，从总体上看，这些研究多数是对各地各少数民族交往的一般性认识，从生计方式转型对族际交往产生的影响（生产力决定生产关系）方面进行的研究相对较少，从各少数民族地区族际交往的现实访谈个案上升到对族际交往的一般普遍规律性认识的研究较少，再提升到铸牢中华民族共同体意识理论高度的研究更少。国内学界对我国各少数民族之间及少数民族与汉族之间的族际交往与互动实证研究的关注度也有待进一步提高，特别是在全球化、城镇化进程中藏族与其他各民族之间交往的现实状况及实证研究案例有待进一步调查及补充，实证研究严重滞后于理论研究，这无疑是现阶段族际交往相关研究中尚待弥补的地方。

（三）　民族关系研究现状综述

族际交往是民族关系中的重要内容，各民族在经济社会发展过程中的接触与交流就是族际交往，在族际交往的基础上才有民族关系，从各民族的交往中可以看出各民族关系的和谐与否。因此，笔者在梳理族际交往相关文献的基础上，进一步梳理民族关系相关文献，以期对本书研究的相关问题有更全面的把握。种族、族群关系问题长期以来是西方各国社会矛盾的主要根源，因此，西方各国学术界对种族、族群关系问题的关注度一直很高。二战以后，随着各国民族问题的涌现，民族问题越来越受到发展中国家的重

---

① 郝时远：《构建社会主义和谐社会与民族关系》，《民族研究》2005 年第 3 期，第 1~13 页。
② 王希恩：《问题与和谐——中国民族问题寻解》，中国社会科学出版社，2012，第 78~83 页。

视，各发展中国家在制定相应的民族政策时也都将民族问题作为重要的参考依据。通过对相关文献的梳理，笔者发现西方学界对种族、族群关系问题的研究成果主要集中在以下几个方面。

"同化理论"最早由美国芝加哥大学的罗伯特·帕克提出。他认为各个族群之间的交往都可以分为相遇、竞争、适应、同化四个阶段。在各个族群相识的最初阶段，一般是竞争和对立的冲突，随着族群间接触的深入，彼此之间会逐步适应，最终会导致各个族群之间的同化和融合。他认为虽然在接触的过程中必然经历竞争和适应，但最终的结果还是同化。在此过程中，各个族群的风俗习惯、移民限制等因素会延缓这一过程，但双方最终同化的结果是不会变的。[①] 从对香格里拉市建塘镇的研究来看，随着藏族与汉族等其他各民族之间接触交往的加深，各民族之间的风俗习惯及文化确实有相互同化的趋势。

费歇尔最早提出了"盎格鲁一致性"（Anglo-Conformity）理论。这一理论曾在美国建国初期得到政府官员们的高度认可。该理论认为：优胜劣汰是最优的法则。通过竞争可以使最优秀的民族脱颖而出，而劣等民族在竞争中要么被淘汰，要么被优秀的民族同化。[②]

在对费歇尔的"盎格鲁一致性"理论批判的基础上，米尔顿和特纳等人提出了"熔炉理论"（The Melting Pot）。该理论总结了各个族裔集团在美国历史的演变发展过程，即从最初的相遇到竞争中产生冲突和矛盾再到最后的相互妥协融合为一体的全过程。[③]

---

① Robert E. Park, *The Immigrant Press and Its Control*, New York: Harper & Brother Publishers, 1922, pp. 735-742.

② Andrew Martin Fischer, *State Growth and Social Exclusion in Tibet: Challenges of Recent Economic Growth*, University of Hawaii Press, 2005, pp. 50-55.

③ Ashild Kolas, Tourism and Tibetan Culture in Transition: A Place called Shangrila, London: Routledge, 2011, pp. 60-69.

　　然而，随着历史的发展，新的种族问题不断出现，在以上两种理论都无法解释新的种族问题的背景下，卡伦等学者又提出了"文化多元理论"。卡伦认为各个族群的文化本身都具有独特性，不同族群的文化融合之后才创造了文化的多样性。①

　　总体而言，西方学者这些研究多数是针对具体问题而提出的，具有很强的针对性。"同化理论""文化多元理论"等对处理西方社会中的各种族群问题起到了具体的指导作用，对我们研究我国各民族之间的关系也起到了一定的借鉴参考作用。

　　我国各涉藏地区的民族关系也是国外学者研究和关注的重点，他们多习惯用"冲突模式""中心—边缘"等研究范式来讨论我国涉藏地区的民族关系问题。代表性学者有安德鲁·费歇尔、迈克尔·巴克利、盖博利尔·拉菲特等。

　　安德鲁·费歇尔从城市化与移民、就业与教育、社会分层等不同角度分别探讨了中国西藏及其他涉藏地区在西部大开发过程中出现的"经济边缘化"及"社会排斥"等社会问题。② 盖博利尔·拉菲特则从涉藏地区自然资源开发与利用的角度讨论了青藏高原生态所遭受的破坏。③ 科罗拉多大学的叶婷教授在《驯服西藏：地景变化与中国发展之礼》的专著中，讨论了从20世纪50年代到21世纪初，在国家权力的运作下，涉藏地区在社会、经济与政治等方面的巨大变化，她以拉萨市为例，从市场与公租房、城市化、流动人口、不同时代的发展观念等方面入手，讨论了汉族移

---

① Charlene Makley, The Violence of Liberation: Gender and Tibetan Buddhist Revival in Post-Mao China, 2007, pp.70-75.

② Andrew Martin Fischer, *State Growth and Social Exclusion in Tibet: Challenges of Recent Economic Growth*, University of Hawaii Press, 2005, pp.56-62.

③ Gabriel Laffite, *Spoiling Tibet: China and Resource Nationalism on the Roof of the World*, Zed Books, 2013, pp.101-109.

民给当地社会经济生活带来的影响①；2014 年她又与克里斯多弗·寇金合著了《绘制香格里拉：汉藏边缘的竞争地景》，书中描述了在当地旅游业的开发过程中，滇、川两地对"香格里拉"地方命名权的竞争以及松茸、虫草等自然资源在开发过程中所引发的竞争对当地生态及社会生活产生的影响②。密歇根大学人类学博士梅丽玲（Charlene Makley）以 1992～2002 年在甘南地区调查的田野材料为基础，从市场、旅游、政治运动、现代消费等方面讨论了汉藏民族之间的关系。③ 麦考尔·阿里斯则对土司、喇嘛统辖地区的"地方中心性"（local centrality）和"区域认同"等问题进行了研究。劳伦斯-爱博斯坦则认为应将"地方性"（the local）与"民族—国家"以及全球化的浪潮紧密结合起来作为一种学术分析框架，以此来检验各种权力运作的效果。罗伊娜和保罗分析研究了汉族与藏族等各少数民族之间的关系、社会距离及影响民族关系的因素；威廉姆斯以西藏"3·14"事件为背景，从经济发展、社会转型等角度入手讨论了我国涉藏地区各民族之间的关系。④ 腾采尔梳理了 2008 年至今新疆和西藏民族关系的变化趋势。⑤ 李西蒙-霍伊考察了西藏等少数民族地区的法律和选举制度，民族自治地方与中央政府的关系问题。⑥

---

① Emily Yeh, *Taming Tibet: Landscape Transformation and the Gift of Chinese Development*, New York: Columbia University Press, 2014, pp. 158-167.

② Emily T. Ye & Christopher Coggins, *Mapping Shangrila: Contested Landscapes in the Sino-Tibetan Borderlands*, Seattle: UW Press, 2014, pp. 70-82.

③ Charlene Makley, The Violence of Liberation: Gender and Tibetan Buddhist Revival in Post-Mao China, 2007, pp. 135-142.

④ Erin Elizabeth Williams, Ethnic Minorities and the Slate in China: Conflict Assimilation, or a Third Way, CPSA 2008, pp. 102-110.

⑤ Hao Temtsel, Xinjiang, Tibel, Beyond; China's Ethnic Relations, 2008, pp. 112-121.

⑥ Lee. Simon-Hoey. "Race and Ethnic Relations in ChinarThe Autonomous Regions" Paper presented at the annual meeting of the The Law and Socie: Association. Grand Hyatt. Denver. ColoraJo, May 25, 2009, pp. 47-55.

　　综上所述，近年来西方学者对我国涉藏地区的研究颇具政治性、边缘性、地方区域性等特点，他们多习惯用"冲突模式""中心—边缘"等范式来讨论我国涉藏地区的民族关系和问题，且这些研究多具有从意识形态上对我国进行侵略和渗透的意图，值得警惕。总体而言，这些对我国涉藏地区民族关系的研究总体现状的描写过于片面与武断，缺乏有力的实地调研数据资料作为支撑。

　　我国涉藏地区的民族关系一直都是国内学界关注和研究的重点。现阶段国内关于涉藏地区民族关系的研究也有很多。马戎是国内最早尝试用实证的方法研究涉藏地区的学者，他构建了研究民族关系的指标体系，并主张用"族群"来替代"民族"。笔者则认为我国各少数民族的特征更符合斯大林关于民族定义的表述。马戎、潘乃谷采用田野调查的方法对内蒙古赤峰地区蒙汉民族进行了研究。他们通过构建回归模型，把居住形式和社会交往设为因变量，找到了对因变量有显著影响的 10 个自变量，并进一步做了路径分析。他们通过路径分析得出结论：居住格局和族际交往是影响内蒙古地区蒙汉之间民族关系最重要的两个变量指标。马戎还从居住格局、学校和单位三个不同层面的民族关系入手分析了拉萨市汉藏民族之间的交往现状，发现居住格局的隔离是影响拉萨市汉藏民族之间交往的关键因素，并且居住格局的隔离进一步导致了孩子在入学时的相互隔离，即居住格局的隔离导致不同民族学生的分校，这是第一层隔离；而语言的不同也会导致汉藏学生的分班，此为第二层隔离。① 马戎对西藏进行深入的调查研究后发现：居住区域彼此之间的隔离，造成了汉族与藏族之间缺乏交往与接触的必要条件，成年人之间交往的隔离及居住地的隔离

---

① 马戎：《拉萨市区藏汉民族之间社会交往的条件》，《社会学研究》1990 年第 3 期，第 57~65 页。

又进一步导致了儿童在学校里彼此之间的隔离。这种隔离状态长此以往，将不利于当地的民族团结及铸牢中华民族共同体意识的构建。为改变这一状况，进一步促进当地各民族之间有效交往、交流、交融，应首先改变居住格局分离的状态。

此外，国内其他学者也从不同的角度提出了自己的主张。石硕对涉藏地区旅游开发的前景、特色及存在的问题进行了讨论。他认为：涉藏地区拥有独特的人文与自然地理资源优势，因而具有巨大的旅游业开发潜力。① 笔者赞同这一观点，我国的涉藏地区由于特殊的地理位置，往往具有独特的自然资源和人文景观资源，合理开发利用这些资源，对涉藏地区地方经济的发展及当地各民族经济文化的发展都具有很好的促进作用。纳日碧力戈用皮尔士的三元理论来研究族群和民族关系问题，他认为族群和民族之间应该是共生的关系，各个族群与民族之间可以用协商互利的方式来实现彼此之间的和谐共生。② 王文光认为从吐蕃到藏族是一个多源合流的历史发展过程，真实地反映了中国民族发展的一般规律。吐蕃是中国的一个古老民族，最初由青藏高原的世居居民、羌族等民族交融而成，在历史发展的进程中，又不断交融了羌系民族及一些因为战争留在吐蕃分布区的汉族。中华人民共和国成立之后，在民族识别过程中，很多未能识别的族群被归并为藏族。可以说，从最初的吐蕃到今天的藏族，是一个多源合流的发展过程，真实地反映了中国各民族发展的一般规律，即中国各民族在历史的发展过程中具有相互包含的关系，你中有我，我中有你。③

---

① 石硕：《藏区旅游开发的前景，特点与问题》，《西南民族学院学报》2001 年第 2 期；人大复印资料全文转载，2001 年第 4 期，第 144~147 页。
② 纳日碧力戈：《万象共生中的族群与民族》，中国社会科学出版社，2015，第 90~112 页。
③ 王文光、李宇舟：《从吐蕃到藏族：一个多源合流的历史发展过程》，《云南民族大学学报》（哲学社会科学版）2014 年第 4 期，第 90~95 页。

苏发祥提出民族认同和民族偏见是衡量民族关系的两个重要指标。虽然少数分裂势力企图通过分裂活动来破坏中国各民族之间的关系，但我国各民族之间仍然表现出强烈的交往意愿，他通过对涉藏地区民族关系的调研，发现藏族与汉族之间的关系总体是和谐的，这与我国政府的高度重视和作为是分不开的。[①] 蒲文成梳理了不同历史阶段汉藏民族关系的特征及历史概况，并指出唐蕃关系为我国多民族的统一奠定了良好的基础，而唃厮哕政权与宋王朝之间的关系又为中国古代各民族实现大一统创造了条件。从 13 世纪至民国时期，中央政府一直对各大涉藏地区行使着管辖权。藏汉之间良好的关系由来已久，一直以来双方的经济文化交往是良好关系的基础和重要纽带。在交往的过程中，汉族和藏族的语言、民俗文化、宗教信仰等方面进一步交融。[②] 马尚林基于在四川、云南、甘肃、西藏等地的田野调查资料，分析了藏彝走廊回、藏民族之间的关系。他认为藏彝走廊的回、藏民族在长期的友好交往中建立了固定的合作关系，经济上的互补共荣是和谐民族关系的根本原因和基础。此外，居住格局的变化，使两个民族之间交往进一步加深，彼此之间的认同度不断提高，族际通婚情况较为普遍，形成了良好的社会关系。[③]

总之，民族学、社会学和人类学等各学科领域专家都从自己的角度出发，结合各学科的理论与方法及田野调查工作，创作了一批特色鲜明的研究成果，充实了我国民族学及藏学研究的资料。但从总体来看，国内学界对涉藏地区民族关系的研究相对薄弱、

---

① 苏发祥等：《从民族认同和民族偏见视角解读民族关系——西藏城镇居民汉藏关系分析》，《中国藏学》2019 年第 1 期，第 64~76 页。

② 蒲文成：《从藏族历史看西藏与祖国内地的关系》，《青海社会科学》2008 年第 3 期，第 1~8 页。

③ 马尚林：《论藏彝走廊回、藏民族的和谐社会关系》，《西南民族大学学报》（人文社会科学版）2017 年第 7 期，第 24~29 页。

滞后，虽然有学者从不同的角度结合不同的访谈对涉藏地区民族关系进行了阐述，但从经济人类学的角度分析涉藏地区民族问题的研究仍然较少，缺乏最新的田野调查实例资料，这无疑是现阶段我国涉藏地区民族关系研究中亟待加强的地方。

（四）云南涉藏地区研究现状综述

云南涉藏地区曾被列为全国五大涉藏地区中维稳工作的典型示范区。学界关于云南涉藏地区的研究很丰富，涉及涉藏地区稳定与发展、民族团结进步、民族关系、城镇化进程中的族际交往等方面。

绒巴扎西对近 50 年来云南涉藏地区经济增长与经济结构变动的历史进行了考察和绩效评价，在反思对藏族传统的粗放型经济发展方式的基础上，得出可持续发展战略是当代云南涉藏地区发展的必然选择这一结论。[1] 郭家骥指出，正确处理发展与稳定之间的关系是云南涉藏地区稳定发展的关键所在，丰富的物质是实现人际和谐、民族和睦、社会长治久安的基础，正所谓"经济基础决定上层建筑"。王德强、史冰清对云南涉藏地区各民族的民族意识、族际交往现状及影响因素进行了实证分析，得出了国家认同高于民族认同且民族认同与国家认同并不相悖这一结论。王德强、涂勤以迪庆州近 30 年的经济社会发展数据为依据，系统地分析了迪庆州经济社会发展的现状，指出云南涉藏地区要实现长远及可持续发展，必须转变以伐木为主的粗放型的经济增长方式为集约型的经济发展方式。王德强等客观描述和分析了影响云南涉藏地区农民工进城定居的因素，提出了大力提高进城农民工文化素质

---

① 绒巴扎西：《云南藏区可持续发展研究》，云南民族出版社，2001，第 60~75 页。

和职业技能，促进产业开发与新型城镇化良性互动的对策建议。①
王德强、廖乐焕以大量的实地调研资料为基础，围绕香格里拉区
域经济发展方式转变实践中所面临的焦点问题开展研究，全面、
系统地揭示了香格里拉区域在西南地区乃至全国经济发展战略中
的地位和作用，并提出了关于香格里拉区域经济发展方式转变的
目标、思路和对策建议。

周智生、陈静指出在清末民初时的云南涉藏地区，各民族流
动人口大量涌入，改变了当地原有的民族成分和民族结构。在各
民族交往交流的过程中，虽然也有动荡不安及冲突发生，但从总
体来看，各民族能够冲破族际壁垒，在族际交往中不断调适彼此
的关系，最终交融并共同推动云南涉藏地区经济社会的整体发展，
并进一步巩固族际和谐共生的社会环境。孙瑞认为迪庆州民族工
作取得的成就主要归因于：科学发展观的指导，民族区域自治制
度的实施，发展与稳定之间关系的恰当处理。杨福泉认为当地实
施的民族政策及从历史上就形成的各民族和谐共生的社会氛围是
云南涉藏地区社会稳定、各民族和睦共处的根本原因。顿云以迪
庆涉藏地区藏族的族源及历史发展过程为背景，研究剖析了影响
迪庆地区藏族人口持续增长及变化的内外部原因。马翀炜等指出
香格里拉藏族百姓在 10 余年时间中，摸索创造出的"藏民家访"
文化展演，以狂欢式展演方式实现了不同文化间的沟通；"藏民家
访"中的狂欢式展演是一种较为成功的旅游产业的展示方式，它
有效地传播了藏族文化，推动了藏族文化的传承与发展，并有效
促进了当地经济的发展。②

---

① 王德强、唐菓、肖思：《影响农民工进城定居的因素分析——基于云南藏区的问卷调查》，
《中央民族大学学报》（哲学社会科学版）2015 年第 1 期，第 35~43 页。
② 马翀炜等：《香格里拉"藏民家访"的文化解读》，《思想战线》2016 年第 2 期，第 36~
43 页。

　　李志农、顿云则从社会学的研究视角，对明清以来云南涉藏地区各民族交往、交流、交融的历史演变进程及文化进行了梳理，并指出"嵌入式"的社会结构既是云南涉藏地区藏族及藏文化的特征，又是该区域内其他民族及其文化发展的缩影，更是迪庆涉藏地区各民族和谐共生的内源性动力。[①] 李志农、胡倩认为奔子栏村的变迁与国家不同时期的筑路理念密切相关，从国家边防战略之进藏通道、资源经济战略之资源通道，到生态旅游通道。在道路变迁的影响下，当地藏族家庭生计方式多次发生变迁，因路而生的多元生计方式逐渐形成，道路建设与国家认同处于一个动态演变的过程；他还认为道路是国家与边疆民族地区之间的媒介，国家通过修路不断增强边疆民族对国家的认同，而地方社会又通过道路加深了对国家的认识。[②] 邵媛媛从民族宗教信仰与风俗习惯、族际交往、族际通婚、重大历史事件、民族认同与国家认同五个维度探视了建塘镇民族关系的现状，并认为多元通和的地域文化底色、交往空间的改变和社会网络的重构是影响建塘镇当下多民族和谐共生关系的重要因素。[③] 张然梳理了云南涉藏地区在社会治理及多民族和谐共生方面所取得的成绩、存在的问题及今后改进的方向，并对云南涉藏地区今后在社会治理方面的路径选择进行了探讨。[④]

　　总体来看，现在关于云南涉藏地区的研究成果是丰富而多样的，研究的学科以民族学居多，其他则涉及社会学、政治学、历

---

① 李志农、顿云：《云南藏区和谐民族关系构建内源性动力研究——以迪庆藏民族发展演变为分析视角》，《思想战线》2017 年第 5 期，第 40~47 页。

② 李志农、胡倩：《道路、生计与国家认同——基于云南藏区奔子栏村的调查》，《北方民族大学学报》（哲学社会科学版）2018 年第 3 期，第 43~52 页。

③ 邵媛媛：《城镇化进程中香格里拉建塘镇民族关系研究》，《青藏高原论坛》（社会科学版）2018 年第 1 期，第 22~28 页。

④ 张然：《云南藏区社会治理与多民族和谐发展研究》，博士学位论文，云南大学，2016。

史学等学科领域，涉及经济学学科的较少；探讨的内容涉及涉藏地区的稳定与发展、民族团结进步、民族关系、族际交往以及涉藏地区各民族的宗教信仰、民族认同、婚嫁习俗等方方面面，可谓异彩纷呈。

（五）文化变迁研究综述

国外早期研究文化变迁的理论学派主要有进化理论学派、传播理论学派、心理学派、功能学派等。古典进化理论学派代表人物泰勒指出：所有民族及其文化都是由低级向高级逐步发展的，并在整个历史发展的纵轴线上占据一席之地。传播理论学派认为文化变迁的过程就是传播的过程，其代表人物格雷布纳认为人类的创造力是有限的，在各个民族文化中出现的一些相似的文化现象，都是因为彼此之间曾经有过接触与交往，在接触与交往的过程中，彼此之间的文化有传播和借用的情况。文化历史学派弗朗兹·博厄斯认为文化的发展具有内在的逻辑，应当从整体与结构的高度去分析和看待人类文化的动态发展过程，他主张对文化进行"主观地探究"，通过表面现象深入内部去分析和看待一个文化。功能学派拉德克利夫·布朗认为对一个社会文化的理解应该从它同社会结构相关的角度去把握，而不是仅仅从文化本身来理解。马林诺夫斯基则认为"社会文化变迁"是一个社会的生存次序从某种形态转变为另外一种形态。变迁是永恒的，变迁有可能是社会内部引起的，也有可能是外来文化之间的接触引起的。怀特认为，文化就是那些依赖于象征符号的东西与事件。在他看来，文化大致包括四个较大的部分：一是技术的部分，如工具、生计方式、器具；二是社会的部分，或人际关系模式；三是观念的部分；四是态度的部分。在这四个部分中，技术部分是最主要、最基本的，对其他几个部分有着决定性的作用。他还认为，无论是通过进化逐步完成，还是动用征服的手段，技术效率低的社会终究要被高效率的社会取代。[①]

斯图尔德认为，人类对自然环境的适应过程，会产生文化的变迁，同时也是一个重要的创造过程；和动物不同，人主要依靠文化的方式来达成对环境的适应。他还提出了"文化核心"的概念。"文化核心"是由"同生计活动"及"经济安排"最直接相关的特质所组成的。"文化核心"包括了意识形态、社会政治组织及技术经济等因素，其中，技术经济条件最为重要。他还认为，文化的变迁即对周围生态环境的适应过程，由于生态环境是多样的，所以文化变迁也是多样的。斯图尔德提出的文化生态学概念实质上是研究人与环境及其文化变迁三者的关系，即研究社会环境及自然环境对人类自身及其文化产生的影响。斯图尔德非常重视文化与生态环境之间互动的关系，他认为自然生态环境对人类社会的发展具有重要的影响作用。文化生态学的研究范围主要有以下几个方面。第一，生产技术及生计方式与自然环境之间的关系，即在不同的社会环境中所使用的生产工具各不相同；总体而言，生产技术水平越低的社会环境越容易受到周围自然生态环境的制约，如原始社会。第二，生产技术与人的"行为"之间的关系。生产技术的水平对人的行为方式有很大的影响，如热带雨林中的刀耕火种技术、采集主要依靠家庭的力量就可以完成，而狩猎则需要依靠群体合作才能够完成。在现代化的时代，人与人之间的分工协作则进一步增加了。第三，人的"行为"方式与文化之间的关系，指人的"行为"方式对其所处的家庭、社区、政治、

---

① White. Leslie A. , *The Evolution of Culture*: *The Development of Civilization to the Fall of Rome*, New York: Mc. Graw-Hill, 1959, pp. 6-7.

经济、文化等各方面的影响作用。①

　　萨林斯根据其 1954~1955 年在太平洋岛屿的深度调查，撰写了《毛拉：一个斐济岛上的文化与自然》一书。在书中，萨林斯通过复杂的叙述较好地阐释了毛拉文化的一般性与特殊性。他认为毛拉文化其实就是一种适应了周围环境的生活方式。他还认为，在文化与自然环境之中，自然环境起着决定性的作用，自然环境决定了文化的发展方向。② 20 世纪 90 年代至今，国外出现了大批有关文化变迁理论的著作。其中，美国人类学家伍兹在《文化变迁》一书中梳理了西方各流派学者关于文化变迁的观点并提出了许多操作性较强的方法。新进化论学派代表人物怀特将文化的进化问题同环境、技术、生态及能量等物质因素联系在一起进行分析和探讨。斯德华则指出文化进化问题可以界定为对文化的规律性或法则的探索，并提出了进化论的三种类型：单线进化论、普通进化论和多线进化论。他认为应该从生态学方面来考虑文化形貌背后的深层次原因。③

　　国内学者最早是在对西方各理论流派讨论的基础上结合实地调研开展研究。我国学界最早对文化的研究，一般认为是从蔡元培开始的，蔡元培首次将"民族学"介绍到国内。他主要从历史的角度对文化展开研究，他认为中华民族的文化从古至今是一脉相承的，具有历史的延续性。他通过对少数民族历史进行研究，揭开了民族文化中的一些未解之谜。在同一时期，产生了一批优秀的作品，如凌纯声等的《松花江下游的赫哲族》。这些关于文化

① Leslie A. White, *The Evolution of Culture: The Development of Civilization to the Fall of Rome*, New York: Mc. Graw-Hill, 1959, pp. 20-28.
② 曹大明：《萨林斯的学术思想及其源流》，《世界民族》2013 年第 1 期，第 82~87 页。
③ Julia H. Steward, *Theory of Culture Change: The Methodology of Multilinear Evolution*, University of Illinois Press, 1955, Chapter 1, p. 18.

变迁的研究作品为后来的学者研究少数民族文化变迁提供了很好的借鉴和参考。对汉族及其文化的研究，最早可以追溯到 20 世纪三四十年代。其中，费孝通的《江村经济》和林耀华的《金翼》堪称经典之作。马林诺夫斯基在《江村经济》的序中写道："该书将会是人类学发展历程中的里程碑……这也是中国民族学工作取得的最为珍贵的成就。"之后，费孝通先生又相继出版了《乡土中国》《云南三村》《中华民族多元一体格局》等一系列的经典之作，这些作品至今都是民族学、人类学学子的必读书目。

抗日战争时期，随着人类学、民族学家云集云南昆明，西南地区成了此时期研究的重点区域，这个时期出版了《禄村农田》《易村手工业》《玉村商业和农业》等一系列反映当时西南地区农村社会经济及文化变迁的经典作品。20 世纪 50 年代到 80 年代，社会学、人类学研究基本处于停滞状态。一直到 80 年代以后，在老一辈民族学者的推动下，一批有学术价值的有关少数民族文化及变迁的代表著作渐渐出现，如胡起望和范宏贵的《盘村瑶族：从游耕到定居的研究》、徐杰舜等的《南乡壮族乡社会文化的变迁》、张有隽的《瑶族传统文化变迁论》、颜恩泉的《云南苗族传统文化的变迁》、徐平的《文化的适应和变迁——四川羌村调查》等。

20 世纪 90 年代，国内学者纷纷尝试用西方文化变迁理论来研究中国本土文化，特别是对中国农村的社会及文化进行了研究，他们系统地描述了中国农村社会所发生的变化，如王铭铭的《社区的历程——溪村汉人家族的个案研究》、庄孔韶的《银翅：中国的地方社会与文化变迁》等。郑晓云的《文化认同与文化变迁》从文化认同的角度出发，对认同的过程、机制、类型及文化认同与文化变迁的关系等进行了分析。郭大烈运用变迁理论对云南不同少数民族的传统文化的变迁进行了分析，在对各少数民族文化类型归纳的基础上，对少数民族文化面临的冲突与决策进行了分类叙述，他认为在改革开放的进程中，外来文化和商品经济对各民族的传统文化造成了很大的冲击，这种冲击是持续性的、深入的，很多民族有识之士在积极地寻找两者的契合点。① 路宪民指出少数民族地区在社会文化变迁的过程中，由于单纯追求经济效益而忽视民族传统文化保护的现象较为突出，不利于少数民族文化的长远发展，应建立文化保障体系为文化创新提供制度保障。② 张鸣则以时间为序，论述了中国从清末民初至新中国成立初期这段时间内，中国乡村社会各阶层与国家权力之间互动的过程及变化，他的研究对认识千百年来中国地方农村社会文化变迁的状况具有深远的意义。③

综上所述，国内外学者关于文化变迁的研究对本书的写作起到很好的启发作用，特别是国外早期学者关于生计与文化之间关系的研究。国内对文化变迁的研究最早是在西方理论学派提出的理论基础上，结合在各地开展的实地调查而形成的，在各个不同历史时期呈现不同的阶段性特征。例如：从 20 世纪 90 年代开始，国内学者纷纷尝试用西方文化变迁理论来研究中国本土文化，特别是对中国农村的社会及文化进行研究，这些研究系统地描述了中国农村社会所发生的变化。但是，从总体上看，这些研究多对少数民族地区文化变迁的成因及表象进行研究，对地方经济社会的转型导致的少数民族生计方式转型和族际交往变迁相关问题的关注度不够，特别是在全球化、城镇化的背景下，关于藏族生计

---

① 郭大烈：《民族文化类型及其与现代化的调适》，《民族学研究》1991 年第 1 期，第 15～25 页。

② 路宪民：《社会文化变迁中的西部民族关系》，博士学位论文，兰州大学，2008。

③ 张鸣：《20 世纪开初 30 年的中国农村社会结构与意识变迁——兼论近代激进主义发生发展的社会基础》，《浙江社会科学》1999 年第 4 期，第 124～132 页。

方式转型与民族文化变迁的研究成果较少，涉藏地区文化变迁的实证研究严重滞后于理论研究，这无疑是现阶段学术领域中尚待充实的领域。

四　研究思路、理论基础、研究方法

（一）研究思路

本书以迪庆州香格里拉市建塘镇的藏族生计方式转型为研究观察视角，引入铸牢中华民族共同体意识理论和文化适应理论，采用田野调查法，把数据资料与访谈个案相结合，分析了近 30 年来在迪庆州经济社会转型的大背景下，香格里拉市建塘镇藏族家庭生计方式发生转型，在生计方式转型的过程中藏族的族际交往变迁的问题，以及在生计方式转型过程中藏族如何从族际交往空间、语言文化、建筑文化、婚嫁习俗文化等方面进一步重塑了藏族文化的整体形貌，当地文化与社群关系如何进一步得到整合，在生计方式转型过程中藏族文化如何进一步成为共创中华文化的重要元素。总之，旅游业的发展对香格里拉市建塘镇藏族的社会文化发展产生了深远的影响。在旅游业发展过程中，藏族文化被不断地开发利用并得到不同程度的彰显，藏族文化与汉族等其他民族的文化进一步互相借鉴、互相学习、互鉴融通、各民族共享的中华民族文化符号进一步被开发重塑。文化对整个国家的经济及政治都会产生深远的影响。整合各民族优秀传统文化，积极构建各民族共享的中华民族文化体系，在市场经济条件下形成与我们现实生活相适应的社会主义核心价值观，是解决民族问题的根本之道。

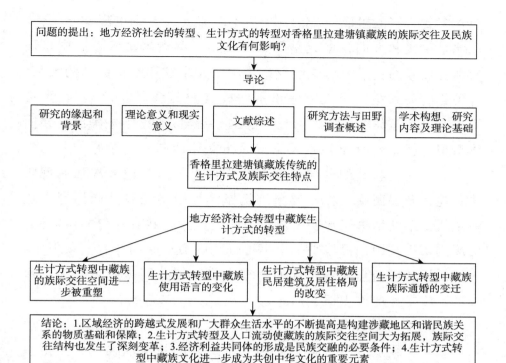

图 0-1　本书技术路线

（二）理论基础

在做研究之前，我们应认真阅读前人已有的研究成果，认真吸收已有成果的精华，更要结合自己在研究中的发现对已有的理论进行必要的更新及归纳总结。因此，笔者将用几种与研究主题相关的理论来指导本书的写作。归纳起来，主要有以下几种理论：铸牢中华民族共同体意识理论、文化适应理论和群际接触理论。

1. 铸牢中华民族共同体意识理论

铸牢中华民族共同体意识理论，是党的民族理论和马克思主义民族理论与时俱进的最新成果。2014 年中央民族工作会议阐释了"中华民族共同体"的含义："中华民族多元一体格局，一体包含多元，多元组成一体，一体离不开多元，多元也离不开一体，一体是主线和方向，多元是要素和动力，两者辩证统一。中华民族和各民族的关系，形象地说，是一个大家庭和家庭成员的关系，各民族的关系是一个大家庭里不同成员的关系。"2021 年在中央第五次民族工作会议上，习近平总书记指出："铸牢中华民族共同体意识，就是要引导各族人民牢固树立休戚与共、荣辱与共、生死与共、命运与共的共同体理念。"① 习近平总书记多次强调现阶段各地在开展民族工作时要牢牢把握铸牢中华民族共同体意识这一主线，不断增进当地各民族对中华民族这一共有身份的认同感，要深刻认识到中华民族是一个不可分割的命运共同体，一荣俱荣、一损俱损，应把强化各民族的铸牢中华民族共同体意识作为各地开展民族工作的重点抓紧抓好。

2. 文化适应理论

关于文化适应的定义，使用频率最高的是美国人类学家雷德菲尔德给出的定义，即"文化适应是指由于长时间的、直接的接触，具有不同文化背景的族群双方或其中一方文化模式发生变迁的现象"②。文化适应理论认为是人类所处的自然、社会环境共同造就了人类的文化，文化变迁是文化为了不断适应周围环境的变化而引起的。对文化适应的一般定义为："具有不同文化背景的不同民族，在长期的文化接触与交流中，一方或双方的原有文化模式被改变的现象。"③ 美国学者阿诺德·罗斯提出："文化适应的

---

① 国家民族事务委员会：《中央民族工作会议精神学习辅导读本》，民族出版社，2015，第 11~15 页。

② Barth, Fredrik, Ethnic Groups and Boundaries: The Social Organization of Culture Difference, Boston MA: Little Brown, 1969, pp. 70-86.

③ Fredrik Barth, "Ethnic Groups and Boundaries: The Social Organization of Culture Difference", Boston MA: Little Brown, 1969, pp. 70-86.

过程是一个族群或个人对其他族群或个人文化接纳的过程。"① 个体在与其他民族的交往中，通过文化整合，既保存了自有的传统文化，也吸收借鉴了其他民族的优秀文化。我国学者徐平教授在对羌村社会文化的研究中也曾提出过文化适应理论的概念，他认为："文化的本质在于对周围环境的适应，适应即带来变迁。人们对所处自然和社会环境的不断适应的积累，则形成该民族的民族文化。"② 他认为人类的文化最早是在对周围自然环境的适应中形成的，随着人类社会的不断发展，文化又更多表现为对社会环境及外来各民族文化的适应。

文化适应是文化变迁的过程，文化变迁是文化适应的结果。外来各民族流动人口来到某地需要与当地的社会文化进行调试，同样，本地民族在与外来民族相处时也需要对自己的传统文化不断进行调适，这是一个互动的过程。文化适应理论有助于我们分析香格里拉市建塘镇藏族在生计方式转型中如何调适与其他各民族之间的关系。在本书中，文化适应特指由于地方经济社会的转型，香格里拉市建塘镇藏族在生计方式转型的过程中对周围自然环境与人文社会环境的适应过程，也特指在生计方式转型中，藏族对族际交往对象、外来流动人口、其他各民族文化的适应过程。

3. 群际接触理论

群际接触理论（intergroup contact theory）是由西方学者创造出来的，它的创造初衷是解决西方社会中不同族群之间的矛盾与冲突。该理论的关注点在于不同群体之间的接触与交流对接触族群双方关系的影响，该理论运用至今仍被认为是改善族群关系最

---

① Arnold M. Rose, *Sociology：The Study of Human Relation*, New York Alfred A. Knopf Press, 1955, pp. 557-558.

② 徐平：《文化的适应和变迁——四川羌村调查》，上海人民出版社，2006，第215~217页。

有效的策略之一。^① 在社会心理学家看来，负面印象、抱有偏见以及行为歧视都是导致群际冲突的主要原因。该理论的创始人佩蒂格鲁认为群际接触主要有三个方面的作用，即增进彼此之间的了解、缓解交往中的焦虑、促进彼此之间产生共情。美国社会心理学家奥尔波特认为接触可以分为积极的接触与消极的接触，在满足四个最优条件时才会产生积极的效果，即平等地位、共同目标、群际合作、制度支持。^②

在群际接触过程中友谊的形成是接触双方建立良好关系的必要条件，如果只有群际接触而没有友谊的形成，则群际接触对改善群际关系毫无意义。因此，族际友谊成了重要的中介变量。在该理论中，有一个问题至今未得到有力的实证依据，即群际接触通过何种中介变量作用于群际关系？这也是一个因果关系的探究过程。这种因果关系需要一个中介变量才能成立。我们可将族际友谊作为链接族际接触和族际关系的中介变量。在族际交往中族际友谊的形成是族际通婚的前提条件，族际通婚能促进各民族之间的相互了解，减少群体之间的负面情绪，增加彼此之间的信任。一般来说，不同民族之间如果有较高的族际通婚率，意味着通婚的不同民族之间认同度较高，有良好的族际友谊，且价值观较吻合。族际通婚建立起来的家庭关系较一般的民族关系更为牢靠。族际接触有助于群体之间增进了解、缓解焦虑和产生共情。有族际友谊的族际交往能够增加了解、消除偏见、促进民族交融。

（三）研究方法

1. 文献研究法

文献研究法是本书在写作过程中使用的第一种研究方法。地

① T. Scarlett Epstein, David Jezeph, "Development—There is Another Way: A Rural Partnership Development Paradigm", *World Development*, 2001.

② 郝亚明：《西方群际接触理论研究及启示》，《民族研究》2015 年第 5 期，第 13~24 页。

方经济社会及文化的变迁问题具有延续性。在写作的过程中，笔者通过云南民族大学图书馆、云南省图书馆、中国知网等数据资源库进行文献检索与资料收集，了解相关已有的研究成果，并对资料进行分类整理，从而对所研究问题的研究现状有更全面的把握。云南民族大学图书馆有丰富的馆藏，是"亚基会"图书赠阅单位，可便捷地获得学术前沿的文献资料。云南省民族研究所积累了丰富的中外藏学研究资料，为本书的写作提供了专业资料的支持。本书拟从生计方式转型、民族关系、族际交往、社会文化变迁等几个主题入手对各类期刊、著作进行文献检索，通过收集整理国内外专家学者已经发表的论文、专著，梳理出国内外学者在该领域的研究内容和基本观点，以期更全面地掌握云南涉藏地区在民族关系及族际交往方面的研究现状。

2. 参与观察法

参与观察法是本书在写作研究过程中采用的第二种研究方法，即根据调研目标，进入事先选取的田野点，参与被访藏族群众的日常生活，观察了解他们的生计方式、日常交往、社会生活、邻里关系等，通过近距离的参与观察，获取更加真实有效的信息。笔者通过到香格里拉市建塘镇的独克宗古城、纳帕海依拉草原附近的解放村（春宗社）藏族家庭实地走访，参与观察当地藏族及其家庭在旅游业开发前后生计方式的变迁情况，通过访谈了解藏族与其他民族之间交友结构、通婚、交流使用的语言、房屋建筑及居住格局等方面变迁的情况；通过参与观察，收集更多关于藏族生计方式转型中族际交往的变迁情况，更为直观地感受到现阶段当地藏族参与旅游业的情况和藏族新的族际交往状况；通过参与观察法，对田野点的整体经济社会变迁情况有更为直观的了解。

3. 访谈法

访谈法是本书在写作研究过程中采用的第三种研究方法。访谈法是指对研究对象中的某一特定对象，加以调查分析，弄清其特点及其形成过程的一种研究方法。在田野调查的过程中，本书对某些有代表性的人群加以更加细致的访谈及调查分析。在香格里拉市调研期间，我们发现不同的调查对象所提供的信息内容有很大的差别，通过比较不同的访谈对象提供的信息，再对有疑问的信息找特定对象进行深度访谈，可以有效确保所收集资料的准确性。深度访谈法是建立在良好的个人关系基础上的，是在双方相处交流愉快，彼此之间有一定的信任与友谊时才能采用的研究方法。这种"心与心"的交流对话使收集的调查资料更为真实和准确，在深度访谈的过程中往往还有意想不到的收获。此外，在田野点中，笔者将选取有代表性的个人或组织进行个案研究，观察香格里拉市建塘镇藏族在族际交往中的特点。

五 研究内容及创新之处

（一）研究内容

本书以迪庆州香格里拉市建塘镇的藏族家庭生计方式转型为视角，客观呈现从 20 世纪 90 年代以来迪庆州香格里拉市建塘镇的藏族家庭在生计方式转型中族际交往变迁的历史图景，重在分析不同历史时期当地藏族家庭族际交往的状态和特点。客观描述香格里拉市建塘镇的藏族家庭在生计方式转型过程中在交易场域、居住场域、婚姻家庭、职业场域等社交网络中的族际交往与互动的变迁情况，重点分析藏族在族际交往空间、语言文化、建筑文化、民族传统文化等方面的变迁情况，当地藏族文化与社群关系如何进一步得到整合，在生计方式转型过程中藏族文化如何进一步成为共创中华文化的重要元素。基于实地调研得出以下结论：一是区域经济的跨越式发展和广大群众生活水平的不断提高是构建涉藏地区和谐民族关系的物质基础和保障；二是生计方式转型及人口流动使藏族的族际交往空间大为拓展，族际交往结构也发生了深刻变革；三是经济利益共同体的形成是民族交融的必要条件；四是生计方式转型中藏族文化进一步成为共创中华文化的重要元素。对于生计方式转型中藏族在族际交往各方面变迁的具体内容，笔者通过到香格里拉市建塘镇独克宗古城、纳帕海依拉草原及解放村（春宗社）等多地的藏族家庭开展实地调查，在深入细致的观察及访谈的基础上撰写了民族志，梳理出了在生计方式转型中藏族的族际交往各方面的变迁情况。通过客观呈现近30年来香格里拉市建塘镇藏族的族际交往状态，以期科学阐释云南涉藏地区经济社会转型中藏族家庭族际交往的状态、特点及规律，进一步完善学界对当代中国少数民族地区经济社会转型中民族关系的认识，为当地政府制定民族政策提供鲜活、翔实的数据资料，为新时期云南涉藏地区民族团结进步事业的发展及构建和谐民族关系提供理论依据。

（二）创新之处

近几年，随着对生态环境问题的重视，与旅游相关的少数民族的生计研究成为国内外学者关注的热点话题，这些研究具有一定的现实意义和研究价值，这些研究成果为本书的写作奠定了一定的基础。但是，从总体而言，关注地方经济社会的转型而引起的少数民族生计方式转型及民族文化变迁的相关研究成果仍相对薄弱，研究视野和研究资料还有待拓展，地方经济社会转型过程中少数民族文化形貌的重塑问题还有待于进一步探析，研究方法创新不足。国内学界对我国各少数民族之间及少数民族与汉族之间的族际交往与互动的实证研究关注度也不够，特别是在全球化、城镇化进程中藏族与其他民族之间的"三交"研究就更少。构建和谐稳定的民族关系，是多民族国家任何时期都要面临的重要课题。新时代，铸牢中华民族共同体意识是民族工作的重心，在乡村振兴战略背景下，探讨少数民族地区的"三交"在经济社会转型特别是个人家庭生计方式变迁的背景下，呈现何种面貌，发生了哪些变化，这些变化对该民族的社会文化又会带来何种影响，有利于为政府部门提供决策依据，具有一定的实践创新作用。

本书将在相关文献梳理的基础上，聚焦云南迪庆州香格里拉市建塘镇，对该地域范围内的藏族家庭生计方式转型的深层原因进行剖析，并对生计方式转型中藏族的族际交往变迁情况展开研究。生计方式与族际交往是民族学研究的两个重要主题，本书将两者结合起来，并从生计方式变迁的视角考察藏族家庭族际交往的空间重塑、语言变化、建筑与居住格局、族际通婚等问题，具有一定的学术价值与现实意义。本书立足田野调查所取得的第一手资料，运用民族学的相关理论，分析了香格里拉市建塘镇的藏族家庭生计方式转型及其对民族文化传承与发展的影响，对其中存在的问题与发展前景进行反思，并提出学理性建议。尝试在学术价值和理论方面做少许有益的突破，进一步丰富和发展相关理论和实践。这种研究范式无疑具有一定的创新性，也是本书的理论立足点和创新之处。通过研究进一步丰富学界对云南涉藏地区经济社会发展和"三交"相关问题的认识，也为以后从事该领域研究的青年学者积累一些文献资料。社会变迁、文化变迁、族群关系演变是一个持续、缓慢的进程，而且这个变迁的过程本身也很复杂，需要长时间地进行观察及审视，本书的调查研究时间相对短暂，很多问题还有待于后续更深入地进行探究。笔者今后将持续不断地跟踪调查香格里拉市建塘镇的社会文化变迁及民族关系相关问题，以期从纵向上有一个更宽广的视野去探讨该问题。

六　田野调查经历概况

2016 年 7~8 月，围绕建塘镇流动人口开展调查，围绕流动人口居住、婚姻家庭、职业、娱乐休闲、宗教活动等不同场域中的族际交往情况设计了访谈提纲，主要到流动人口聚居较多的独克宗古城及仁安建材市场里对流动人口商户进行了访谈。

2017 年 1~2 月、2017 年 7~8 月，围绕德钦县酿酒葡萄产业开展调查，通过到德钦县奔子栏镇和云岭乡种植葡萄的农户家进行入户调查以及到德钦县梅里酒业和香格里拉酒业实地走访，了解葡萄种植的现状及瓶颈。

2018 年 7~8 月、2019 年 7~8 月、2020 年 8 月、2021 年 7~8 月，围绕生计方式转型视域下香格里拉市藏族的族际交往变迁展开相关调查研究，通过到香格里拉市建塘镇、独克宗古城、纳帕海依拉草原附近的解放村（春宗社）藏族人家实地走访，参与观察在生计方式转型背景下，藏族与其他民族之间交友、通婚、语言使用、居住格局等方面的变迁情况。按照田野调查的方法和步骤，选取藏族中的商户、农牧民、旅游从业人员等不同的人群，根据拟定的访谈提纲，分别进行访谈。

访谈内容主要包括以下几个方面：基本情况，生计变迁前后种植的作物和养殖的畜禽变化情况及收入变化情况，旅游业发展前后从事生计的变化情况，与其他本地民族交往的变化情况（可从藏族家庭内部及外部使用藏语及国家通用语言的情况、族际交往、族际通婚、房屋建筑及居住格局等几个方面来谈），与不同民族的外来流动人口相处的情况，生计转型后房屋使用、婚丧嫁娶、宗教信仰、闲暇生活方式、节日及娱乐活动等方面的变化情况。所设置的问题包括：您来客栈之前主要从事什么工作？您开客栈之前主要做什么工作？请您谈一下旅游开发前后建塘镇各民族交往圈子和民族关系的变化情况（可从语言、交往、通婚、居住格局等几个方面来谈）。您会讲哪几种语言？什么时候开始学的？学习这些语言对您有什么帮助？您对旅游业开发后大批进驻的外地生意人、游客持什么样的态度？您认为当地各民族之间是否平等？藏族在当地有无优越感？您与哪些民族有挂礼相帮关系？您对各民族之间的通婚持什么样的态度？各民族之间通婚的情况怎样？您认为旅游业的发展对当地人的族际交往有什么影响？对于族际交往变迁涉及的具体内容，都使用访谈个案进行案例补充说明。在调查点，笔者选取了部分有代表性的个人或组织进行个案研究和深度访谈，观察这些个人或组织与其他民族之间的交往关系。

第 一 章

香格里拉市建塘镇藏族传统的
生计方式及族际交往特点

香格里拉市建塘镇涵盖了雪山、高原、山地、河谷等在内的自然环境，光、热、水、草等自然资源垂直差异较为明显，是典型的立体畜牧业地区。林间野生药材品种繁多，林业资源非常丰富，属于高山经济发展类型。在经济文化类型理论中，生计方式等同于"社会经济发展水平"，指各民族为了生存需要在与周围的自然环境及社会环境不断调试的过程中逐步形成一系列的谋生手段，每一个民族或群体在历史发展过程中都会逐渐形成与周围自然环境和社会环境相适应的生计方式。香格里拉市建塘镇有着两千多年的农业史，早在唐朝时期（618~907 年）已有小麦、青稞、稻谷、大麦、小米、荞麦、豆类、芜菁等农作物种植，农业一直是境内藏族传统的生计方式之一。香格里拉市建塘镇有 503 万亩天然草场，草质优良，草场资源丰富，发展畜牧业有得天独厚的条件。香格里拉市建塘镇的藏族世世代代都以畜牧业为生，畜牧业在建塘镇有着悠久的发展历史；林副业是当地藏族传统生计方式中的重要组成部分，主要包括伐木、松茸及野生药材采集等；另外，香格里拉市建塘镇的商业贸易历史悠久。在传统的生计方式下，当地藏族的族际交往呈现很多与当地的自然生态环境相适应的特点，以藏族文化影响下的亲缘性社会交往和地缘性社会交往为主。

第一节　香格里拉市建塘镇的自然环境与人文环境

香格里拉市建塘镇是迪庆州府和香格里拉市府所在地，由独克宗古城（中心镇）和新城两部分组成，藏语称为"农布萨查"，意为"宝贝之地"。建塘镇地处滇、川、藏三省区的交会处，属于青藏高原南延地段，也处于香格里拉和"三江并流"的核心区域，是茶马古道上重要的物资中转站和交通枢纽要道，也是东部涉藏地区重要的经济、文化枢纽和物资集散地，地缘优势和战略地位十分突出。

一　香格里拉市建塘镇基本概况

香格里拉市建塘镇辖五个社区、五个村民委员会。其中，独克宗古城辖北口、金龙、仓房三个社区。建塘镇有常住人口 65189人，户籍人口 64877人。在户籍人口中，农业户口人数 44461人，非农业户口人数 20416人，非农业户口占户籍人口的 31.5%。汉族常住人口有 17088人，占常住总人口的 26.2%；少数民族常住人口有 48101人，占常住总人口的 73.8%，其中藏族人口 31248人，占常住人口的 47.9%；纳西族人口 6429人，占常住人口的 9.9%；彝族人口 1177人，占常住人口的 1.8%；傈僳族人口 1980人，占常住人口的 3.0%；白族人口 5932人，占常住人口的 9.1%[①]。建塘镇多民族互嵌共生格局尤为显著。州、县党政机关、企事业单位都集

---

① 迪庆州第六次全国人口普查办公室：《迪庆州第六次全国人口普查资料汇编》，迪庆州统计局，2011，第 16~20 页。截至本书完稿时，第七次全国人口普查数据还未正式公布，故本书暂使用第六次人口普查数据。

中在建塘镇，教育及医疗资源也集中在建塘镇。该镇有 4 所中专、
4 所中学、3 所小学、2 所幼儿园、3 所医院，还有文化馆、书店、
图书馆、影剧院、商场、宾馆、招待所、车站、邮电大楼等，公
共服务设施基本齐全。工业以木材加工、食品加工、酿酒、建材
为主。城内和城郊有朝阳宫、百鸡寺、红军长征纪念馆、五凤山、
噶丹松赞林、大宝寺、承恩寺、纳帕海、碧塔海、天生桥、属都
海、下给温泉等旅游资源。公路通向西藏、甘孜、昆明及县内各
乡村，中甸县城正在成为连接滇西北、藏东南、川西南的大三角
区联合开发资源、发展经济的重镇。①

　　建塘镇四周群山环绕，森林茂密，中间地势平坦，土地面积
1611 平方公里，海拔 3300 米，是农村和城镇相结合的半农半牧
镇。主要农作物有青稞、芜菁、马铃薯、荞麦等，庄稼一年一熟；
畜牧业以牦牛、犏牛、绵羊、藏香猪为主。该区域的土壤一般是
草甸土和高山土，动植物品种和林间资源十分丰富，虫草、贝母、
羊肚菌、松茸等都是当地特产，藏族传统生计方式类型以耕种、
牧业和山林采集为主。这种以种植业、畜牧业为基础，兼从事野
生药材采集的生计方式，是长期以来青藏高原绝大多数藏族群众
赖以生存的生计方式。2015 年，建塘镇经济总收入 3763.85 万元，
比上年增长 139.4 万元，其中农业收入 1127.2 万元，牧业收入
652.5 万元，其他收入 19.3 万元；粮食作物播种面积 33611.47
亩，粮食总产量 3965089 公斤，人均粮食占有量达到 238.9 公斤；
油菜 4255.8 亩（总产 420980 公斤）及无公害蔬菜地 252 亩。
2016 年，建塘镇巩固退耕还林还草 7062.8 亩。②

---

① 云南省中甸县地方志编纂委员会编纂《中甸县志》，云南民族出版社，1997，第 56 页。
② 中国共产党香格里拉市委员会党史研究室、香格里拉市地方志编纂委员会办公室编《香格
里拉年鉴 2015》，云南科技出版社，2016，第 240~250 页。

解放村隶属于香格里拉市建塘镇，位于纳帕海依拉草原东北方向，距镇政府约 7 公里。据 2010 年人口普查资料统计：该村辖春宗、达拉、共比、归保、康儿、纳帕等 12 个村民小组，有农户 567 户，乡村人口 2935 人，劳动力 1532 人。全村有耕地面积 5754.11 亩。2000 年，全村经济总收入 886.36 万元，农民人均纯收入 2728 元，属于贫困村。[①] 在旅游业发展以前，农民收入来源以农业和畜牧业为主。在旅游业发展后，该村无论是村落的整体面貌、基础设施还是村民整体的生活水平，都有了很大的改善和提高。2009 年以后，该村实现了通水、通电、通路、通电视、通电话"五通"。据了解，30 年以前进村的道路以土路居多，下雨和下雪天十分影响出行；现在进村的道路以柏油路为主，村内的主干道也基本实现硬化，交通设施条件得到进一步改善。

二 历史沿革

唐仪凤、调露年间（676~680），吐蕃在维西设神川都督府，在今独克宗古城大龟山上设立寨堡。宋、元、明、清皆沿用此称号。弘治十二年（1499），木氏委派木瓜、呗色统领中甸涉藏地区。清属大中甸神翁管辖之雪巴舒卡。康熙二十六年（1687），有 116 户，600 余人。1984 年设北门、金龙、仓房三街道办事处。雍正二年（1724），总督云贵部院中协副总兵孙宏本驻守中甸，筑土城墙，周长 360 丈、高 2 丈 2 尺、厚 4 尺 2 寸。乾隆二十四年（1759），土城墙被重新修缮。咸丰三年（1853），丽江军民府兼中甸抚彝府同知辛本蓁重新翻修加固了城楼。同治八年（1869），都司张润纵兵将城墙烧毁。

---

① 迪庆藏族自治州第六次全国人口普查办公室：《藏族自治州第六次全国人口普查资料汇编》，迪庆州统计局，第 15~17 页。

民国七至十年，乡城土匪三破城门，皆因旧城规模狭隘，屡屡被劫。民国十年（1921），县政府下拨4000两以工代赈，动员广大民众重新翻修城墙。新城在旧城之东，与旧城连环，周长600余丈、高1.2丈、厚6尺。城墙覆盖木头为檐，用木檐来防风雨。城墙分别在东、南、西、北四个方向设门。在城中大龟山的山顶上是大佛寺，下有井泉一眼，水源常年充沛。城中以石块铺筑街衢道路。民国二十年（1931），大中甸的何荣光为将私家麦场围进城中，又将城墙向外拓了20多米。城中共有金龙、仓房、北门三条主干道，城中心一亩多的空地是各民族赶集的地方，被称为四方街，沿用至今。

独克宗古城最早修建于明朝，至今仍沿用藏式的土木结构建筑风格，经过几次翻修，至今城内的建筑多由藏式雕房与纳西井干式木板屋结合而成。独克宗古城曾经是滇川藏三省区商贸交易及四方商贾聚集的重要场所。抗日战争时期，日寇占领缅甸，切断了滇缅之间的交通要道，大批援华物资只能从西藏拉萨途经喜马拉雅山脉运送到昆明，香格里拉市建塘镇的商业贸易暂时冷落下来。解放以后，随着商业贸易的恢复，香格里拉市建塘镇再次成为滇、川、藏、缅之间商贸往来的重要枢纽中心。

1958年，州及县市级各行政机关单位沿主城区向城郊以北的方向铺开建设。1984年设北门、金龙、仓房三街道办事处。截至1990年，整个建塘镇已有长征、和平、建塘等八条主干道，有五个居民社区。县城占地（规划面积）16平方公里，东起吾吕、独立营，西至一中、西环路，南起五凤山，北至左瓜、冷冻库，南北长4250米、东西宽2750米。机关、居民建房占地3060亩，建筑面积80.4万平方米，另有耕地5011亩、林地11131亩、牧草地

2114 亩、交通用地 264 亩、水田 210 亩、未利用荒山 2124 亩。[①]

三 藏族的习俗及文化

（一）饮食文化

因藏族的饮食文化和当地传统的农业及畜牧业的生计方式息息相关，故此处对藏族的饮食文化进行简单描述。新中国成立前，高寒涉藏地区以青稞糌粑（炒面）为主食，小麦、燕麦、荞麦为辅；河谷地带涉藏地区则以玉米为主食，青稞、小麦、小米等作为辅食。普通藏族家庭一般每日吃四餐，农忙时也会吃五六餐，餐餐都有酥油茶。酥油茶分"居扎"（罐罐茶）和"觉扎"（桶搅茶）。平时喝"居扎"，人多时喝"觉扎"。酥油茶是将茶水煮沸，滤入茶桶，加上酥油、香料、食盐，搅拌成糊状即可食用。喝酥油茶可以驱寒保暖、提高体温、振奋精神，一般酥油茶配着糌粑一起食用，糌粑以青稞炒熟磨成面粉，是藏家主食。一般午饭和晚饭吃菜、汤、荞面或麦面粑粑，其他餐则吃酥油糌粑。肉食有琵琶猪肉、牛羊肉。不论杀几头猪，都要腌成琵琶肉，农历七月以后开始吃羊肉，八月后吃牛肉。

1950 年前，中甸很少有农户种植蔬菜，县城仅有几户人家种植白菜、萝卜，都腌制成酸菜，春节前出售。每逢夏季，香格里拉山中菌类、野菜很多，藏族除新鲜食用外，还将采集到的菌子（一窝菌、松茸、鸡油菌）和野菜（半夏叶、山韭菜、竹叶菜）腌制成干菜储存。"样"和"伞纳"是普通藏族家庭中常见的食物。"样"是用糯米粉做的，"伞纳"是用面粉做的，俗称油炸果，僧侣做的"阿达伞纳"为上品，用粗麦面加干芜菁水合成，揉合后捏成吉祥坨状，下油锅炸熟。涉藏地区气候严寒，"伞纳"

---

① 云南省中甸县地方志编纂委员会编纂《中甸县志》，云南民族出版社，1997，第 53~55 页。

一般可存放数月仍不变质，是藏族待客和节日的最佳食品。"叭擦"，用面粉、酥油、红糖、奶渣合成，揉面时不加发粉，将面和匀搓成长条，捏成小块鼠耳形，放入开水中煮熟，滤除水分后，再放入炼好的酥油汤中煎炸，加入红糖、奶渣制成，其味又酥又香。"习鲁习略"，用荞面做原料，做法与"叭擦"相同。另外，煎奶渣、烤排骨、小龙眼包子也是风味独特的藏族佳肴。

近年来，香格里拉市建塘镇藏族的饮食结构发生很大变化，主食由单一的糌粑向大米、白面转变，高寒坝区从20世纪70年代起以洋芋与保山、大理等地兑换大米。据了解，很多藏族人家的晚餐由过去的糌粑向米饭转变。再加上交通条件的改善，新鲜瓜果蔬菜大量运销到香格里拉，藏族群众在严冬时节也能吃上新鲜的蔬菜和水果，肉食也慢慢地向鲜肉过渡。[①]

（二）节庆文化

香格里拉藏族的节日有来源于原始祭祀活动的，也有来源于苯教巫术的。然而更多的节日，则起源于藏传佛教中的仪式、祭祀庆典。藏传佛教形成以后，也使原有的节日在注入藏传佛教的教义思想后，成为宗教活动的一部分。以下是香格里拉市建塘镇藏族的部分节庆。

1. 藏历新年，藏语称"博洛萨"。是香格里拉藏族最隆重的节日，藏历年是根据藏历推算出来的，从藏历元月一日开始，到十五日结束，持续15天。大年三十前要给住房清扫除垢，祭祖祭神，接新水。春节期间晚辈要向长辈拜年，朋友之间、平辈之间要互道吉祥，要举行传统歌舞比赛、酒会等。藏族群众要在神龛前点上酥油灯、供圣水，摆上"五谷斗"（藏语称为"切玛"）、一至二寸长的青苗、油炸的白面果子（藏语称为"卡赛"），供

---

① 云南省中甸县地方志编纂委员会编纂《中甸县志》，云南民族出版社，1997，第155页。

奉给佛爷享用。鸡叫头遍时，先要焚香敬佛，随后祭水神、接新水。吃过早茶后，亲戚邻里之间要互相拜年，互祝"扎西德勒"。

2. 萨噶达瓦节，即每年藏历的四月十五。萨噶达瓦节又称佛吉祥日，据说佛陀（释迦牟尼）的降生、成道、圆寂都发生在这一天。萨噶达瓦节时，香格里拉市建塘镇的各大小寺院都会举行各种佛事活动，信徒们去转经道转经祈福，这也是布施的节日，据说这一天做的善事越多、福气越多。

3. 赛马节（会）。农历五月初五到初七。传统的比赛项目有马术、马技、速度赛、拾哈达等。随着旅游业的发展，当地的赛马节被包装成旅游特色产品，民族传统节日商品化现象突出并逐渐成为一种象征符号，其经济功能和商品化效益进一步增强。现在的赛马节除举行传统比赛之外，当地政府还会组织大型的文艺演出，商品贸易、物资交流等活动。赛马会已经不再是单纯的民族传统节日，而是被打造成了涉藏地区旅游特色产品和商品贸易会。

（三）礼仪文化

藏族在交往过程中有很多礼节，最普遍、最高贵的礼节当属敬献哈达。敬献哈达是藏族对朋友最诚挚的祝福。白色是藏族最喜爱的颜色，他们认为白色代表着纯洁、无瑕、吉利，藏族称善良的人"桑巴嘎波"，代表着有一颗纯洁的心。民间婚礼中，给新郎新娘献哈达时，要说赞颂哈达的祝词："哈达的贵重，胜过白银千万两。比洁白的雪山还高大，比辽阔的草原还宽广，哈达的情谊比江河流水还长。"所以藏族在过年、节庆、拜访长辈、拜佛朝圣、婚丧嫁娶、建房竖柱、认错请罪等场合中，都有敬献哈达的风俗习惯。

献哈达的礼仪：下辈向长辈或者高僧活佛敬献哈达的，需微微躬身，双手高捧哈达献上或者置放在桌子上，后退几步鞠躬后离开，以示尊敬之意；长辈给晚辈赠送哈达则直接将哈达挂到对方脖子上即可。平辈之间献哈达只需将哈达放在对方手上即可；而受赠方，则需将身体微微向前倾，恭敬地用双手接过哈达，戴到自己的脖子上，以示感谢。有事求人时则需到他家中献哈达，将哈达献于主人家的神龛前，对方若应允，则会留下哈达，反之则退还。如敌对的一方向另一方献哈达，对方如果接受了，就意味着双方化干戈为玉帛。哈达的规格分素修、阿修、诺最。云南解放前称糌粑哈达为下等哈达，现今已无人使用。用什么规格的哈达，看礼节的大小和各自的经济条件。铺彩绸路是迎送贵宾的特等礼节，据传解放前，昌都第十一世帕巴拉呼图克图到来时，藏公堂用卡垫从公堂至大佛寺（今朝阳楼）铺成彩路欢迎他。迎接高僧活佛到家中时，会在家中门前用白粉画一些花边和象征吉祥与永恒的图案，以示尊重。

此外，民间婚嫁仪式中，煨桑（熏烟）和背水缸的少女手捧香炉也是迎接贵宾的上等礼仪。磕头是藏族常见的见面礼节，除朝拜高僧活佛或到寺庙朝佛磕头外，平时会见族中长老都要磕头拜见，磕头时不论男女，都需将头上的发辫解开，以示尊重。戴帽的还需摘下帽子，磕头要连磕三个头以示尊重。遇到长者都需脱帽行礼。馈赠礼品也是一种见面礼节，解放前，寄封书信，也要包上一条哈达和几元钱，不能寄空信。礼不在大小，但不能空着手去见长辈、串亲戚。[1] 藏族民众的各种风俗习惯往往贯穿于他们的婚丧嫁娶及节庆仪式的各个环节中。

---

[1]　云南省中甸县地方志编纂委员会编纂《中甸县志》，云南民族出版社，1997，第 157~158 页。

第二节　香格里拉市建塘镇藏族传统的生计方式

在经济文化类型理论中，"生计方式""社会经济发展水平"意思相同，是指各民族为了生存需要在与周围的自然环境及社会环境不断调试的过程中逐步形成的一系列谋生手段。每个民族或群体在历史发展过程中都会逐渐形成与周围自然环境和社会环境相适应的生计方式。一个民族的生计方式的形成与变迁，是该民族在发展的历史进程中逐渐形成及不断完善的，是其与所处的自然环境、社会环境相互调试的结果。一方面，各民族的生计方式类型和其所处的自然生态环境是相互制约、相互依存的关系。任何自然环境及社会环境的变化都会影响到该民族生计方式的改变。另一方面，生计方式的变迁又会进一步促使该民族原有社会环境的改变，香格里拉市建塘镇的藏族就属于这种情况。在香格里拉市建塘镇藏族的形成与发展过程中，为了适应各个不同历史时期的自然环境与社会环境，特别是在整个经济社会转型的大背景下，藏族家庭传统的生计方式必然随之发生变迁。

一　农业

农业是香格里拉市建塘镇最古老的产业。长期以来，农业在当地经济社会结构中占据了绝对优势的地位，对区域经济的发展具有十分重要的贡献和作用。当地的农业结构以半农半牧为主，主要农作物品种有大（小）麦、玉米、大豆、苦荞、大（小）燕麦、洋芋（土豆）等，农户以种植青稞、大麦、大豆、洋芋（土豆）和苦荞为主。香格里拉市建塘镇地处青藏高原东南缘滇西北横断山脉腹地，是典型的立体农业区。青稞、大豆、大麦一般种植在海拔较高的半山腰，而冬小麦、玉米、洋芋（土豆）等一般种植在海拔相对较低的河谷地带。农业与当地藏族的日常生活也息息相关，糌粑、酥油、青稞面等都是当地藏族的生活必需品。

香格里拉市有着两千多年的农业史。早在西周时期（公元前11世纪至前771年），县境内已有先民定居。唐朝时（618～907年）境内已有小麦、青稞、稻谷、大麦、小米、荞麦、豆类、芜菁等农作物种植。明成化十九年（1483）至清康熙六年（1667），木氏土司进占中甸，移民开垦屯殖，实行荒地征收税二斗、耕地征收税一斗的耕地税政策，鼓励农民开垦荒地，修建农田。清雍正二年（1724），改土归流，江边"招佃开垦"，"开山地，辟农田，修道路，兴水利，建村舍"。清末引入玉米、马铃薯等品种，耕地面积进一步扩大，至宣统元年（1909）全县耕地面积已有25110亩。至民国28年（1939），全县共有耕地124106亩，产硬粮92400石、软粮（洋芋）10万斤。[①]

中甸于1958年完成社会主义民主改革。解放初期的20年间主要由集体统一经营农业，共历经了互助组、合作社、人民公社等阶段；农业生产方针也几经变化："以粮为纲，全面发展"—"以粮为纲，粮副并举，多种经营，全面跃进"—"粮食自给有余，略有储备，农、林、牧并举，积极发展加工业"—"全党动员，全民动手，大办农业，大办粮食"。解放初期的20年间，耕地面积由193856亩增加为242439亩，扩大了48583亩，其中水田由28169亩增加为30549亩，增加2380亩，水浇地由26727亩增加为40982亩，增加14255亩；粮食总产量由1919万公斤增至3952万公斤，年均增长102万公斤，人均有粮由325公斤增至469公斤；农业总产值由778万元增至2263万元，年均增长74万元，

---

① 云南省中甸县地方志编纂委员会编纂《中甸县志》，云南民族出版社，1997，第455页。

每人平均由 131 元增至 268 元。中共十一届三中全会后的 12 年间，头三年执行"以粮为纲，全面发展，因地制宜，适当集中"方针；江边河谷区"集中"粮食转化、生猪育肥，半山区"集中"搞牧业、药材和经济林木，高寒坝区"集中"发展畜牧业及林业；后九年实行家庭联产承包责任制，大力兴办乡镇企业，支持新经济联合体和专业（重点）户开展实业。在这 12 年内，耕地面积由 242439 亩减少为 226615 亩，减少 15824 亩，其中水田由 30549 亩减少为 29032 亩，减少 1517 亩；水浇地由 40982 亩减少为 35414 亩，减少 5568 亩；粮食总产量由 3952 万公斤增加至 4868 万公斤，年均增长 76 万公斤，人均有粮由 469 公斤增加至 481 公斤；农业总产值由 2263 万元增加至 7639 万元，年均增长 448 万元，人均由 268 元增至 754 元。

1990 年，耕地中有效灌溉面积 61945 亩，占 27.3%，其中电灌面积 1665 亩，占 0.7%。农作物种植总面积 28502 亩，复种指数 129.5。粮食分配总量 4940 万公斤，其中交售国家 463 万公斤、集体提留 3 万公斤、生产用粮 1783 万公斤，农户口粮 2691 万公斤，人均 266 公斤。农村经济总收入（现行价）5870 万元，除国家税金 78 万元、集体提留 107 万元、生产费用 1478 万元外，农民所得 4207 万元，人均 415 元。[①] 改革开放以来，通过进一步理顺生产关系，香格里拉市建塘镇的农业生产力得到了迅速发展。1980~1995 年，第一产业（农业）占 GDP 的比重一直保持在 40% 左右。2018 年，香格里拉市建塘镇产业结构调整，农业得到稳定发展；烟叶、马铃薯、油菜、青稞、无公害蔬菜等产业得到重点发展，当地政府全力推进高原特色农业产业发展，第一产业比上一年增加 4.8 亿元，同比增长 6.0%；农业比上一年增加 5.5 亿

---

① 云南省中甸县地方志编纂委员会编纂《中甸县志》，云南民族出版社，1997，第 456 页。

元，同比增长 4.5%，农作物播种面积 33 万亩。

总体来看，过去从事农业、畜牧业等传统生计方式的藏族，收入来源较为单一，收入水平较低，很多藏族家里种的青稞、荞麦、洋芋等农作物以自给自足为主，藏族家庭年收入普遍不高，处于贫困及半贫困的状态。近年来，在旅游业的带动下，当地的农业及畜牧业也得到了进一步发展，农牧产品被包装成了旅游特色产品。牦牛干巴、青稞面、青稞花都被开发加工成了外地游客喜爱的馈赠佳品，藏族的收入也因此得到很大的提高。以下面的访谈为例。

　　访谈 1-1：在旅游业发展以前，家里面的收入来源主要靠出售青稞、藏香猪、犏牛等农牧产品。我们村里家家户户都种了青稞、小麦，都养着牦牛、藏香猪、鸡，平时生活基本吃自己家里的蔬菜和肉就够了。这里的青稞一年只种一季，3 月左右播种，7、8 月收割。我们家现在吃的油麦菜、青稞、小麦、土豆等都是自己地里种的，基本够吃。现在家里养着牦牛 2 头、犏牛 5 头、藏香猪 4 头，除了自己家里吃的，每年还能卖一些。我们村现在很多人家的地都是承包给外地人种，每年可以收到一笔不菲的租金。就拿我家来说，我们家里一共有 5 亩地，承包给外地人种羊肚菌，租金 1000 元/亩·年，一年可以收进 5000 来块的租金。这些租金和出售农牧产品的收入就是我家主要的收入来源了，平时家里的主要支出是购买生活用品、人情往来、娃娃的学杂费等。总体感觉生活比以前轻松，收入和生活水平比以前提高很多了。①

①　访谈人：笔者。被访谈人：扎西嘎达，藏族。访谈时间：2019 年 7 月 23 日。访谈地点：香格里拉市建塘镇解放村。为保护个人隐私，文中所有被访者均使用化名，被访者信息详见附录，下同。

　　从以上访谈中可以看出，旅游业发展以来，当地藏族的价值观念及思维意识已经发生很大的改变，比以前更有经商意识，他们的生计方式也变得更加多样化，家里种植的青稞等农作物只是为了自给自足，已经不是家里收入的主要来源，藏族家庭收入呈多元化发展趋势，农业收入在家庭总收入中的比重已经明显下降。

二　畜牧业

　　建塘镇有 503 万亩天然草场，草质优良，草场资源丰富，发展畜牧业有得天独厚的条件。境内所产的牦牛、犏牛、高原黄牛、江边黄牛、中甸马、中甸藏羊、中甸山羊、中甸藏羊、中甸藏狗、尼西鸡、江边鸡都是较有特点和发展潜力的优良品种。境内世居各民族对饲养牲畜都有着悠久的历史，积累了丰富的经验。从2000 年至今，当地畜牧业产值在农业总产值中所占比例一直保持在 30% 左右，畜牧业收入在藏族家庭年总收入中约占 20%。畜牧业在建塘镇的整体经济结构中一直都占有十分重要的地位。

　　建塘镇涵盖了雪山、高原、山地、河谷等在内的自然环境，光、热、水、草等自然资源垂直差异较为明显，是典型的立体畜牧业地区。建塘镇地处海拔 3000~4500 米的区域，面积约 1310.94万亩，占香格里拉市土地总面积的 75.26%，海拔 3000~4500 米的区域也是建塘镇的主要牧区，有天然草场 416.50 万亩，占香格里拉市天然草场总面积的 82.6%。其中，可利用牧场 316.40 万亩，占香格里拉市牧场总面积的 84.74%。草场类型主要为高寒草甸草场、亚高山（林间）草甸草场、沼泽草甸草场和山地灌丛草甸草场，牧草以禾本科、莎草科为优势种。该层饲养的牦牛、犏牛、黄牛、绵羊的产量居全镇首位。牛、羊、猪终年都以放养为主，一般在冬季和春季才需要补充一些饲料饲草。受气候等自然环境的影响，牲畜生长发育较慢，产出率较低。20世纪80年代以后，当地实行家庭联产承包责任制，极大地激发了牧民养畜的积极性，畜牧业收入在农业总收入中的比重从1984年的17.25%上升到2000年的23.68%；20世纪90年代以后，当地旅游业的发展，又进一步带动了畜牧业的发展。在畜牧业生产中，草场改良、建设滞后，导致草场超载放牧严重，草畜矛盾突出。逐步实现经济增长方式由粗放型向集约型转变，是当地畜牧业的出路。

为了保护草场，避免过度放牧，藏族根据草场所在海拔的不同，将草场分为寒、温、热三带，在不同的季节将牲畜赶到不同的草场上放牧。每年4~5月，中温层牧场（海拔3500~4000米）的气温、降水量、春草数量都最适宜放牧，藏族民众就将牲畜赶到这里。这类牧场藏语称为"西巩"，即"春秋牧场"的意思；到了6~9月，气温回暖，高寒层牧场（海拔4000~4600米）开始返青，藏族民众便将牲畜迁往此处放牧，藏语称其为"日巩"，即"热季牧场"的意思；10月至次年3月，"春秋牧场"的草地渐渐枯萎，藏族又将牲畜赶往"冷季牧场"过冬（海拔3500米以下），藏语称之为"格巩"。这种轮牧制度的优越性在于既充分利用了各个草场的资源，又避免了将牲畜集中在一个牧场过度放牧而造成草场资源的破坏，既保护了自然资源，也保证了当地畜牧业的可持续发展。下面以笔者在纳帕海依拉草原附近的藏族人家走访调研的案例进行补充。

访谈1-2：今年天气热，牦牛都提前圈到"热季牧场"（海拔4000~4600米）去了，要到10月以后，才会圈回来过冬。一般每年6月份"热季牧场"气温回升、雨水充沛、春草萌发，我们就将犏牛、牦牛都圈过去，在周围搭一个简易的棚子，派人轮流在此看管牲畜，收集的酥油、奶渣等牧业产品再交由专人运到中心镇的集市上出售。6~9 月，是香格里拉市一年中最温暖的时节，这段时间气温逐渐升高，白天最高气温可达 20℃，高原草场逐渐返青，牦牛被留在"热季牧场"放牧，而其他的牲畜，如犏牛、羊等则被圈到"春秋牧场"放养。"热季牧场"的草品质较高，这里分布着较多的冬虫夏草和野山菌，因此，将牦牛圈到此处放牧，牦牛长膘较快、产出的酥油色泽金黄，是酥油中的上乘品，其价格也是其他牧场所产酥油价格的两倍。①

可见，建塘镇的藏族已经探索出一条与当地自然生态环境相适应的畜牧业发展之路，既保证了畜牧业的可持续发展，又保证了自然生态环境不受到严重破坏。此外，旅游业的发展，又进一步带动了当地农业、畜牧业等相关行业的发展。为了保证农副产品在旅游业中的供给量，当地政府还进一步加大了对特色农、牧产业的扶持力度，以香格里拉市建塘镇的藏龙集团为例。

个案 1-1：藏龙生物开发股份有限公司，成立于 2012 年 7 月，主要经营业务有生物资源开发、畜禽养殖、农作物种植，肉制品、乳制品、粮食制品、中药材产品、土特产品的经营销售等，公司有自己的养殖基地，养殖的牦牛及种植的各类蔬菜，除出口及正常销售的以外，很大一部分是在藏龙集团的餐饮部对外进行销售。牦牛肉是藏龙集团的特色产业之一。香格里拉牦牛是地球上三大极地动物之一，长期生长

① 访谈人：笔者。被访谈人：依拉草原某藏族民众。访谈时间：2019 年 7 月 20 日。访谈地点：建塘镇纳帕海依拉草原附近的藏族家。

在海拔 3200~4800 米的雪域高原，以冬虫夏草、雪莲花等多种雪域特种植物为食。牦牛肉肉质鲜美、营养极高，非其他牛肉可比拟，其中能增强人体爆发力的红细胞蛋白、氨基酸是其他牛肉的 2.8 倍，而使人发胖的脂肪含量比其他牛肉低69.8%，是健康美食。在当地政府的大力扶持下，藏龙集团逐步发展壮大，是近年来当地农牧产业发展中的成功典范。

畜牧业历来是建塘镇的特色产业。为进一步推动当地畜牧业的可持续发展，当地政府应进一步在"育龙头，创品牌"上下功夫，不断优化畜牧业的产业结构，着力打造牦牛品牌，进一步培育发展龙头企业，开展畜牧业规模化养殖，使畜牧业的产值和产出效益能够持续增长。跨入"十四五"，迪庆州的农牧业工作重点和发展路径中明确提出"建设一批绿色有机基地""打造一批地理标志产品""培育一批农业龙头企业"，为当地今后农业及畜牧业的发展指明了方向。如今，牦牛、藏香猪、尼西鸡都已经成为国家农产品地理标志等级保护品种。

三　林副业

林副业是当地藏族传统生计方式中的重要组成部分，主要包括伐木、松茸及野生药材采集等。建塘镇有林业用地 77.38 万公顷，森林资源较为丰富。人均森林蓄积量为 862 立方米。据统计，整个迪庆州涵盖了 322 种乔木树种，其中有 29 种属于国家级重点保护濒危植物；有 42 种国家级重点保护动物，占全国国家级重点保护动物总数的 23.2%，占全省国家级重点保护动物总数的 45.7%。[1]

---

[1]　迪庆藏族自治州志编撰委员会：《迪庆藏族自治州志》（上册），云南民族出版社，2003，第 179~196 页。

香格里拉市建塘镇林区的森林覆盖率和林木蓄积量均居云南省首位，森林资源优势明显。森林垂直分带明显，类型多样，树木种类复杂，优质材种多，资源丰富。随着海拔的变化，自然环境变化较大，形成了三种不同的生态气候垂直带及森林带，江边河谷区为云南松、麻栎和板栗等分布带，半山区为高山松、华山松分布带，高寒山区为云杉、冷杉分布带；山下是草丛灌木林，从下往上分别有阔叶林、高山灌丛与高山草甸等植物。建塘镇的林业产业主要有经济林果，包括松茸、药材等林下资源的采集利用，野生动植物驯养繁育，森林生态旅游，等等。据 2010 年当地林业局调查统计，林业总产值达 3.5 亿元，农民从林业中获得的人均年收入为 1200 元。[①]

为响应国家出台的西部支援东部经济建设的号召，从 1973 年下半年开始，迪庆州政府拉开了对原始森林大规模开采的序幕，主要开采小中甸、碧谷和白马雪山等林场。砍伐的木材通过各条公路源源不断地被运送出去，销往全国各地。伐木的收入成为该时期迪庆州政府财政收入的主要来源，因为当时迪庆州近 80% 的财政收入主要来源于木材出售的收入。因此，这一时期当地的财政也被称为是"木头财政"。1998 年以后，受国家出台的环境保护相关政策的影响，当地停止了对原始森林的大规模开采，这一举措也导致了当地财政收入的急剧减少。在同一时期，当地政府适时地对产业结构进行了调整，充分利用迪庆州当地的森林资源优势和涉藏地区民族文化优势，在保障林业健康发展的同时，积极地探索旅游及相关产业，而林副业的发展又为当地旅游产业的发展奠定了基础。20 世纪 90 年代，在当地经济社会转型的大背景

---

① 王德强（绒巴扎西）：《香格里拉旅游品牌的核心价值与建设》，《云南民族大学学报》（哲学社会科学版）2006 年第 2 期，第 63~67 页。

下，很多原本以伐木为生的藏族民众及其家庭的生计方式也发生了转型，以下面访谈个案为例。

　　访谈1-3：我们香格里拉有三个县市，维西、德钦、香格里拉。迪庆州有"三才"：维西县的人口才好，口才；德钦县人长得不错，人才；香格里拉的木材多，木材。可见，香格里拉市的木材资源是很出名的。据我所知，除东北以外，中国最大的天然林可能就集中在迪庆州的香格里拉市了。曾经有段时间，木材的出售是全州经济的主要来源。我的一个朋友以前就是靠伐木出售，都发家致富了。现在国家相关政策出台，禁止砍伐森林，大家都想办法转行。旅游业的发展，又给大伙提供了一条新的生计之路。在旅游业发展以后，很多人都加入了，我的这个朋友现在也转行了，在旅游景区给游客照相、出租服装。他说，多亏有这条新路子，不然不能伐木了，生活费都没有着落了。①

　　香格里拉市建塘镇的藏族家庭在不同历史时期所从事的生计方式类型与当时的经济社会发展状况是紧密相连的。总之，在建塘镇发展的各个不同历史时期，林业在当地经济社会发展的过程中一直具有重要的作用。

　　林副业中的松茸及野生药材采集一直是当地藏族家庭重要的生计方式。日本相关研究机构研究发现松茸中含有抗癌成分以后，从20世纪80年代开始，日本人对松茸的需求急剧增加。据了解，香格里拉市由于特殊的土壤和气候优势，当地产的松茸口感鲜脆、

_____

①　访谈人：笔者。被访谈人：索南嘉措，藏族。访谈时间：2019年7月24日。访谈地点：香格里拉市建塘镇独克宗古城。

药效更佳，被日本人视为松茸中的上品，每年都有大量的订单，香格里拉市的松茸大批量出口销往日本和欧洲等地。当地许多家庭每年都全家总动员地投入松茸采集的工作中，从中能获得不菲的收入。直至今日，松茸等菌类及虫草等药材的采集都是藏族农户家庭收入的主要来源之一。除采集松茸以外，还有很多的野生菌类，如一窝菌、羊肚菌等；野生药材主要有虫草、细辛、三七等。从总体上说，林下产品采集相对而言也是一项比较轻松的劳动，男女老少皆宜。所得收入的多少与参加人数的多少、劳动力的强壮程度和勤快程度等都有直接的关系。

据当地藏族村民讲："每年七八月份捡松茸的季节里，家家户户都是全体出动，一整天都在山上捡松茸，当天捡的松茸傍晚就送到市场上卖给收松茸的商贩，当天的劳动成果很快就能变现。但是，松茸市场不是太稳定，价格波动较大，收购价格跨度也较大，往往从200多元/公斤上升到1000多元/公斤。"

访谈1-4：我从18岁开始就承担养家的责任了，去外面打工赚钱，那时候没有什么地方可以去打工，所以只能选择跟着村里人上山砍树，再用牛把木料拉到镇上出售，每天最多赚20元钱。在夏天雨季来临之后，就上山捡松茸、捡菌子。每天早上天不亮就出发了，但是那时的松茸没有现在值钱，所以收入还是比较低的。23岁后我就跟着老丈人去做木匠了，刚开始只是学徒，每天的工资在30元左右，老一点的师傅每天工资在40元左右。90年代以后，迪庆州经济有了一些发展，我也和村里面大部分的男人一样贷款买了一辆拉土车，去修路的工地上拉土、拉货，收入比种地高一些。随着当地政府对香格里拉的宣传，来这里旅游的人在逐年递增，现在每年春季过后我们就去景区拉游客，有些时候还可以去马场牵马，都会得到一笔不错的收入。此外，到了夏天七八月份，也会选择上山采松茸，这几年松茸价格被炒高了，每年捡松茸的收入有好几千元。总的来说，现在赚钱的路子比以前多了，生活条件也比以前好多了。①

可见，在香格里拉市建塘镇这样一个林业资源丰富的自然环境中，藏族民众对其所处的自然环境及自然资源十分依赖。松茸及野生药材采集由于技术含量低、较轻松、收益高、见效快而受到很多藏族家庭的喜爱，是当地很多藏族家庭年收入的重要组成部分。

四　商业

香格里拉市建塘镇的商业贸易历史悠久。据史料记载，早在西周时期（约公元前 11 世纪至公元前 771 年），中甸古代先民中就已经出现了商品贸易。与当地商品贸易发展历程息息相关的就是茶马古道贸易。茶马古道既是一条商品贸易的通道，也是一条汇聚各民族文化的走廊，主要指以滇、川、藏三省区为核心地带，最初是一条以茶叶和其他农特产品运输和商品贸易为主的交通要道。古代当地的一切贸易往来主要靠马帮运输，外面的茶、盐、布及日用品都要靠马帮运输进来。天长日久，马帮就在这种高山、悬崖、丛林密布的险恶环境中踩踏出一条神秘的古道。这条被称为茶马古道的神秘古道至今依旧在当地各民族生活中发挥着重要的作用。茶马古道贸易的出现，有一定的历史特殊性，是在特定

① 访谈人：笔者。被访谈人：旺杰，藏族。访谈时间：2019 年 7 月 20 日。访谈地点：建塘镇解放村归保组。

历史时期西南边疆少数民族地区特殊的自然地理环境中，出现的一种物资运输方式，通过这条通道实现了不同地域不同民族之间的交往和互通有无，促进了茶马古道沿线各民族在政治、经济、文化上的全面交流。更重要的是，茶马古道起到了文化传播的重要作用。在商业利润的刺激下，各民族商客也陆续参与其中，他们世代定居于茶马古道沿线，在茶马古道上行走着、经营着，世世代代做茶马古道的生意。在此过程中，他们的语言文化、饮食文化、风俗习惯也慢慢交织在一起，最终，在茶马古道上的各民族实现了文化交融和文化认同。

茶马古道的主道两侧，密布大大小小的支线，像亚热带丛林中参天巨树发达的根系和枝干，将整个茶马古道线路所经过的区域紧密地连到了一起；这是迄今为止地势最险恶、路途最长的一条古道，马帮就在这样的地势环境中完成了一次次叹为观止的"万里长征"。香格里拉市建塘镇是茶马古道由滇入藏的最后一程，这条古道始于 7 世纪吐蕃南下时期，宋朝时兴起，到清朝时达到鼎盛，民国晚期时逐渐衰落。据史料记载，茶马古道经过迪庆州的主干道超过 800 千米，加上辅助干道和支线，全长近 3000 千米，古道沿途至今还有部分古驿站、马店以及石刻等遗迹遗物。其中的十栏杆、二十四道拐、阿墩子、梅里水、岩瓦等 19 条路段至今仍保存完整，部分短途仍在运行。可以说，香格里拉市建塘镇的茶马古道遗址沉淀了深厚的民族文化和历史文化，是几千年来各民族之间友好交往的见证，更是藏族文化与其他各民族文化交往、交流、交融的珍贵文物资料。为进一步了解茶马古道的一些真实情况，我们走访了当地一些知情者。

个案 1-2：香格里拉市建塘镇独克宗古城里的阿若康

巴·南索达庄园的主人扎巴先生（藏族），他的父亲曾经是茶马古道上马帮里的"腊都"（赶马人），老先生的遗愿就是开一家客栈。老先生说，马帮最信任的就是"尼仓"（驿站），"尼仓"（驿站）是康巴人接待过路商队的驿站，但那里不仅是歇脚住宿的去处，更是交通、物资的枢纽站。因此，马帮的成员和"尼仓"（驿站）产生了密切的关系，"尼仓"（驿站）更像是一个信息、交通及各种人情关系的枢纽，更像是一个温暖的家和港湾。什么时候有雪崩，什么时候会下雨，什么时候有强盗，这些消息驿站都会提前告诉马帮并提醒他们及时离开避险。日久天长，马帮队和驿站之间就建立了很好的信任和友谊。

图 1-1　茶马古道路线

资料来源：迪庆藏族自治州博物馆。

图1-2　古代马帮走的山路茶马古道缩影

资料来源：迪庆藏族自治州博物馆。

　　藏商是迪庆州整个茶马古道商贸活动中最重要的参与者，他们在茶马古道的行走中也不知不觉将藏族文化进行了衍生和传播，这一过程即"马帮文化"。为进一步了解香格里拉市建塘镇的商业发展历程，我们对香格里拉市建塘镇的统计年鉴进行了查询。据统计，从1950年至今，当地的商贸交易情况如下。

　　香格里拉市建塘镇通市以来，贸易品种主要有虫草、贝母、麝香、鹿茸等珍贵药材，金、银、铜等矿产品，茶叶、红糖、酥油、布匹、生产工具等日常生活用品，牛、马、猪、羊等肉制品；县城居民还酿酒销售。1952年，在吾竹、下桥头、县城等地举办各种物资交流会13次；1954年，金江吾竹、福格、下桥头、三坝白地举办物资交流会4次，集贸成交额1.86万元；1961年，开放全县12个市场，蔬菜等三类物资上市数量增多，价格有所下降，当年全县赶集11次，成交额25万元（新人民币，下同）；1963

年，县城上市的农副产品有牛羊皮、羊毛、酥油、猪鬃、鲜蛋、奶渣、木碗、木盒、土陶、牛肉、蔬菜、水果等54种，基层农贸市场经营品种达150多种，全县各地先后举办物资交流会43次；1964年，上市农副产品达82种，其中粮食成交量22.5万公斤，全县集贸成交额63万元；1966年后，集市贸易被当作"资本主义经济"加以限制取缔，金江公社提出不准自由贸易、不准社员种自留地、不准搞家庭副业等8不准，县革委会号召各公社学习推广，从1966年至1978年的12年间，集市贸易被限制取缔。

　　1979年8月，中甸县革命委员会批准恢复吾竹、下桥头两个传统集市。从当年起，丽江、永胜、鹤庆、大理等县市及四川、浙江等省市商贩陆续在中甸摆摊设铺，从内地贩运新鲜蔬菜、日用百货、针织花纱等上千个品种到中甸销售，中甸居民也上市出售蔬菜、水果、竹叶菜、菌子、奶渣、酥油、土陶、木碗、猪牛羊肉等农牧产品。当年10月，县城举办骡马物资交流大会，成交额16.5万元，全年收取工商管理费1.65万元。1987年9月开业的中甸农贸市场，有全国12个省市、160多个县市的300多家国营、集体、个体工商户在内经营，经营品种有6个行业60个品种，每天客流量约600人次，最多时可达1300人次，日均成交额1.7万元，最高时可达4.2万元。1990年，全县集市贸易成交额1668万元，占社会商品零售总额的214%，10年之间增长了近10倍。2000年以后，旅游业的发展进一步带动了当地商业及贸易的发展。2018年住宿业和餐饮业的经营情况：客房收入5864.9万元，餐费收入3436.5万元，商品销售额54.7万元。[①]

　　一直以来，香格里拉市建塘镇的商业贸易以当地生产的农副

---

① 迪庆藏族自治州地方志编纂委员会编《迪庆藏族自治州志》，云南民族出版社，2003，第675页。

产品及药材为主，商业贸易的发展对当地经济社会的发展有很大的促进作用。当地商业贸易的兴盛，提高了当地各民族居民的生活水平，全面促进了香格里拉市建塘镇各民族在政治、经济、文化方面的交流与发展。

第三节　传统生计方式下藏族的族际交往特点

在传统生计方式下村落里的藏族交友范围相对狭小，以亲缘性社会交往和地缘性社会交往为主，交往人群相对单一，且受藏族文化的影响较为明显。随着旅游业的发展，藏族民众生计方式转型以后，他们的交友范围、交友方式和交友结构也随之变化。随着各民族之间交往的深入，外来流动人口与当地各民族的交融程度也进一步提高。

一　藏族文化影响下的亲缘性社会交往

亲属关系是人类社会中最基础的人际关系，它是在血缘、姻缘的基础上建立起来的人际关系，也是人际关系中最稳定的关系。亲缘性社会交往是传统社会中人们最基本的交往形式，是相对于地缘性社会交往、业缘性社会交往而言的。亲缘性社会交往主要包括血缘性社会交往和姻亲性社会交往两种形式[1]，在香格里拉市藏族的社会交往中占有十分重要的地位，是藏族极为重要的社会资源。一般情况下，五服之内的血亲是最亲的，也是日常生活中主要往来的对象；而姻亲关系中交往的主要对象有夫妻双方的父母及堂兄弟姐妹、表兄弟姐妹等，其他的亲戚则相对较远。

---

[1]　郭于华：《农村现代化过程中的传统亲缘关系》，《社会学研究》1994 年第 6 期，第 50~54 页。

　　从我们走访的藏族村落来看，亲缘性社会交往贯穿于藏族民众日常生活中，农忙、赡养老人、婚丧嫁娶、建造房屋、乔迁新居等都离不开亲戚朋友的帮助。可以说，亲缘性社会交往渗透在藏族民众生活的各个方面。当然，随着社会的发展，亲缘性社会交往形式也在慢慢发生着改变。据调查，改革开放以前藏族村落的流出人口较少，各家各户都有沾亲带故的关系，亲缘性社会交往十分普遍。在农忙的时候，亲戚之间就会互相帮忙协作，今天你来我家帮忙，明天我去你家帮忙，共同完成插秧、收割等事宜。这种帮忙往往是相互的、免费的，具有交换协作的性质。除农忙时节以外，亲缘性社会交往主要还体现在婚丧嫁娶及逢年过节的时候。每年春节和藏历年（藏语称"阿达拉斯"）年初一是藏族民众走亲访友的好时候，亲戚之间互相到家里拜年，彼此之间互赠礼物，有小孩的还要给小孩一点儿压岁钱。礼品的质量和数量及给亲戚家小孩的压岁钱可以根据自己的经济情况来定，过去，礼品的种类一般以酥油、琵琶肉等自家生产的农产品为主。亲戚越多，过年的时候家里越热闹。

　　近年来，藏族家庭生计方式转型以后，随着收入水平的提高，亲戚之间相互赠送的礼品种类也越来越丰富，质量也越来越高。高档的烟、酒、茶叶、水果、进口食品应有尽有。藏族民众在遇到红白事时，帮忙的也主要是亲戚，以前很多藏族民众结婚和办丧事都是在家里待客，从前期的准备策划到结婚当天待客的所有流程都离不开亲戚的帮助。农村在办红白喜事时，最讲究人气，这个时候也是看这家人人缘的好坏及亲戚之间关系处理得恰当与否的关键时刻，如果主人家人缘不好，来帮忙的亲戚朋友不多，就会遭到周围邻居的取笑。除上述的特殊场合外，平时相互之间走动最多的也是家里的亲戚，闲暇时间彼此之间相互走动，串门聊天，联络感情。近几年，外嫁的藏族女性也有很多，亲缘性社会交往的范围更广，除了本地的还有外地的亲戚。

随着手机的普及和网络的发展，藏族民众与外地亲戚之间的联系也更方便了，藏族民众的社会交往空间进一步得到拓宽。现在各个村里面都建立了各种微信工作群，平时的通知也都会直接发布在群里。家人之间、亲戚之间也有微信群，通过在群里聊天、转发信息、分享文章和图片、逢年过节时发红包来联络感情，传统的亲缘性社会交往的方式也在慢慢改变。以前，只有见面才能交流，现在不用见面，通过手机、网络也能天天交流了，交往效率大大提高了，既联络了感情，又节约了时间。总之，随着社会的发展，藏族民众的交往方式也从过去单一的交往模式向多元化的交往方式转变。

二　藏族文化影响下的地缘性社会交往

在我国，特别是在农村，地缘性社会交往与亲缘性社会交往都是重要的社会关系。地缘性社会交往是建立在地缘基础上的人际交往关系，是继亲缘性社会交往的又一种重要的社会交往形式，主要指居住在相同或相邻的区域内，邻里之间彼此交往互动的关系。这种交往主要受地理范围的约束和限制，主要集中在相邻的村落之间或者村子内部。

建塘镇村落里的老一辈藏族民众世世代代都居住在小规模的社区内，各种人际关系都是以地缘来相互联结的。过去藏族的走动多局限在亲缘关系中，而当个体所需的社会功能无法达到其要求时，他们的社会关系网络就会开始向同村、同乡等人群中扩张。这种扩张的社会关系网络可以有效弥补亲缘性社会关系的不足。在传统生计方式下，地缘性社会交往也是藏族民众交往的基本形式。

　　传统生计方式下，藏族民众以农业、畜牧业等为主要经济收入来源，大部分时间都忙于农活，闲暇交往时间较少。另外，以前道路等基础设施薄弱，交通不便，到当地的人相对较少，当地人也很少能走出去，活动范围受限。加上公共闲暇场所和设施不完善，当地居民的闲暇方式相对封闭、单一。在家附近活动及休闲娱乐是大多数人的选择，且参与闲暇的人群相对同质化和固定化，交往对象大多仅限于邻居、邻村人或者家族亲戚。邻里之间的交往浓缩了休闲娱乐、分工协作、生产工作、经济利益分配、社会参与等众多的功能。因此，地缘性社会交往对于香格里拉市的藏族民众来说意义深远，且大部分人表示在这个空间里有强烈的归属感，对自己所属的村、村小组的关注度较高，对自己所属及相关地域的人和发生的事比较关心。小到村子里发生的杂闻趣事，大到各家的婚丧嫁娶事宜，都是村里人之间日常交流谈论的重点话题。

　　自然环境和历史长河共同熔铸了香格里拉市建塘镇绚丽多姿、独具特色的藏族文化。茶会歌，藏语称"擦丫"，是当地藏族青年男女之间一种传统的交友形式，流传于香格里拉市高寒坝区的建塘、小中甸两镇，是香格里拉市不同于其他涉藏地区的文化现象。茶会歌歌唱的乐曲称为"克加"，是茶会歌的主要乐谱。在以前交通、通信不发达的年代，举办茶会歌是当地藏族青年男女交友择偶的重要渠道，他们通过参加茶会歌就可以认识村里或邻村的青年男女。香格里拉市不同涉藏地区对锅庄舞有不同的称呼，建塘镇、小中甸把锅庄"果卓"称为"擦拉"，即欢乐玩耍之意；东旺、格咱又把锅庄"果卓"称为"卓"；在香格里拉市藏族把锅庄"果卓"习惯地称呼为"嘎卓"，嘎是欢乐，卓是舞，全意就是欢乐舞。从香格里拉市藏族对锅庄的称呼和舞蹈使用可以看出，

锅庄舞就是欢乐舞、快乐舞，所以凡遇喜庆佳节、新居落成、婚
嫁喜事，人们不分男女老少都要跳个通宵，表示欢乐、祝福之意。
因锅庄舞是欢乐舞，凡遇丧事就不能举行，丧家的成员和亲属在
丧事未满一周年之前，就不能参加锅庄舞。在云南涉藏地区传统
社会中，茶会歌和锅庄舞都是不同青年异性之间认识交往的重要
场合。老一辈藏族的交友聚会形式较传统，以访谈 1-5 为例。

> 访谈 1-5：我爷爷年轻的时候，除了在家种地，还在村
> 公社帮忙干活。他的朋友都是他们在一起干活时认识的。现
> 在他们时不时也会聚会，互相串门子。他们在一起就是喝酒
> 和聊天，在一起说说话，互相了解一下近况，没有什么特别
> 的娱乐活动。藏族是比较传统的民族，性别界限很明显。所
> 以，我爷爷他们老一辈藏族交朋友都是同性的朋友，异性朋
> 友很少①。

从访谈 1-5 中可见，老一辈藏族的交友聚会形式较为传统和
保守，除参加一些民族文化活动以外，交友聚会一般以简单的串
门聊天为主，没有什么特殊的娱乐项目。此外，交友聚会对象受
到民族传统文化的影响，性别界限较为明显。老一辈藏族都是交
同性的朋友，异性朋友很少。性别界限进一步限制了老一辈藏族
的交往人群。

总而言之，地缘性社会交往在藏族的社交网络空间中占有很
重要的位置。除到外地读书、打工的青年以外，村民们的交往范
围都局限在村内。有些藏族老人三五年才出村一次，甚至有些老

---

① 访谈人：笔者。被访谈人：扎巴江仓，藏族。访谈时间：2020 年 7 月 30 日。访谈地点：解
　放村。

人一辈子都只在村子里活动，老人们在闲暇时间里会聚集到村里的空地上闲坐聊天。这种聊天也是他们打发时间的主要方式，更是他们获取外部信息的重要来源。可以说，藏族文化影响下的亲缘性社会交往和地缘性社会交往都是香格里拉市建塘镇老一辈藏族主要的族际交往形式。

三　藏族在族际交往交流中主要使用藏语

语言是人类群体特殊使用的一套符号系统，既是与其他民族交流的工具，又是该民族传统文化延续的载体。语言同时具有文化性和实用性。从该民族使用的语言中，往往能看出该民族历史变迁的痕迹，也可以清晰地了解该民族的思维模式。在多民族杂居的区域，语言使用的情况可以反映出各民族之间交往与交融的程度。

建塘镇四周群山环绕，由于所处地理环境险恶，交通滞后，当地藏族与外界的交往与联系一直较为不便。当地老一辈藏族与家人及外人交流时都主要使用藏语。藏语是藏族家庭成员之间日常生活中使用的主要交际用语。老一辈的藏族，特别是没有上过学的藏族老人，都习惯使用藏语进行交流。甚至有部分藏族老人说他们只会说藏语，不会说汉语。但也有部分被访老人说他们虽然不会说汉语，但他们能听懂新闻等电视节目。据了解，这些不会说汉语的老人基本都没有上过学，很多人从小到大能接触到的人除家里的亲戚以外就是村里居住的左邻右舍，大家平时交流都说藏语，除能听到周围一些嫁过来的民族说的方言外，很少能听到其他民族语言。以前电视、网络、广播也不像现在这么普及。一些受过小学教育的老人表示，以前在学校里老师也是用藏语教学的，村里人接触一般也都用藏语打招呼，即使不会说汉语也不会影响正常交往与生活，加上以前当地经济比较落后，很多家庭都没有经济能力供更多的孩子上学，很多五六十岁以上的老人特别是藏族女性没有上过学。香格里拉市建塘镇的藏族使用的文字和其他涉藏地区一样，但是在语音上有所区别，香格里拉市涉藏地区的语音是比较古老的发音方式，所以有和其他涉藏地区藏族聊天互相听不懂的情况。但是，从总体而言，大部分老一辈藏族在平时的日常生活中更喜欢用藏语交流。在与其他民族通婚的家庭中，他们表示也能听懂其他民族的语言，但平时家里交流时除一些专业名词外更习惯用藏语交流。

四　藏族的婚嫁礼俗受藏传佛教的影响较深

在以前，香格里拉市建塘镇藏族结婚一般取决于父母的主张，节日和集会是青年男女寻找意中人的最佳时机和场所，如茶歌会、赛马节等。在这些藏族传统的节日里，青年男女通过唱山歌、对唱情歌、与意中人交换信物，互诉衷情、寻求恋人。如果男女双方两相情愿成为恋人并相处愉快，待时机成熟后，要得到双方家长的认可，若双方父母都满意就可以考虑提亲。有很多属于父母包办婚姻的情况，形成了先结婚后恋爱的形式。这些父母包办的婚姻，一般都是先结婚，在结婚以后的生活过程中，夫妻双方才有时间和机会相互了解。婚配程序各地略有不同，但一般情况下大致可以分为以下几个阶段。

合婚　男女双方通过中间人介绍认识，双方父母满意以后就请高僧算命，测其婚配是否吉祥，若卜算结果满意，再行第二步，但也有少数由父母指腹为婚或包办婚姻。

求婚　合婚后，一般由男方禀明父母，托媒人到对方家中求婚。求婚时，媒人要带上一条洁白的哈达和一坛醇香的青稞酒，

用红绸裹住坛口（象征着吉祥），择吉日到对方家中说媒，藏语叫
"宏穷左"。若对方父母应允则收下礼品，若不同意则当面婉言谢
绝。子女中意而父母不答应时，子女可直接向父母表示出走之意，
以示决心。这样，当媒人再次登门求婚时，一般情况下父母就会
答应。若父母执意拒绝子女，则可以同意两人离家出走，自行
同居。

　　送亲　求婚征得对方父母的认可后，父母就要为子女定下终
身，择吉日宴请亲戚朋友，告知家中子女已经许配他人，并开始
张罗筹办婚礼。新娘被迎娶的头一天，要请寺庙的僧人为新人颂
祝福经。新娘和僧人坐在炕上，新娘静听僧人诵经。送亲时，要
由男方家长卜算，结果满意后，托媒人持哈达通报女方父母。送
亲前一天，男方派族人向女方赠送一套婚服和首饰。次日早晨，
女方父母及族中亲友按老少依次将必备的哈达，双手搭在新娘的
肩上，并祝福新娘扎西德勒，幸福吉祥。待新娘向灶神、父母行
完叩别礼后，接亲的队伍和女方送亲的队伍一起拥着新娘出门起
程。女方家送亲的人群开始对歌，先对起程歌或者分别歌，一般
采用一问一答的形式。送亲队伍加上新娘的人数一般以偶数为吉
数，以 4 人或 6 人居多。香格里拉地区藏族的婚礼中，"婚礼歌"
（藏语"芭例"）贯穿整个婚礼过程，成为藏族婚俗中最重要的
组成部分。在送亲途中的仪式有以下几个。

　　分别歌　新娘出嫁的当天早上，负责送亲的队伍聚集到新娘
家中喝酥油茶，吃早饭。在此期间，由新娘家中的长辈对她进行
训诫。训诫的主要内容就是要求她在夫家勤快、孝顺、忠诚等。
训诫完毕后，由喜官（藏语"拔本"），带头唱《要嫁妆歌》，然
后，由喜官手捧哈达，新娘随之绕家中的中柱转三圈，点燃酥油
灯，供于佛龛前，将哈达挂在中柱上。最后，由喜官带头，送亲

队伍一起唱《分别歌》，新娘和送亲队开始出门上路往新郎家走。在去新郎家的途中，遇到村、桥、河都有仪式，要唱赞歌，遇山就要唱《山神歌》。这些赞歌的歌词和旋律都极为优美，被称为途中歌。

迎亲 新郎家也要组成迎亲队伍，一般要早早到离村 10 里以外的地方等候。并选一名"全吉"（要家中老人尚在，儿女双全，家庭和睦的妇人）帮忙布置新房、铺床，新房内需要摆放一对点燃的酥油灯。在新娘进家之前，新房布置好以后就不让人进入。新郎家在迎亲的时候要唱迎亲调。迎亲调的曲调欢快、诙谐，多是安慰、对答形式，遇山唱山，遇水唱水，遇桥唱桥，甚至到对方家后，进门、登梯、入座等都有固定的曲调，而歌词可随意编唱。新娘到了男方家中，门前有手捧哈达、喜酒的亲朋好友相迎，迎送新娘的人在门前对歌敬酒，祝贺新人临门。入门后，新人向灶神叩拜默祷，以示为此家主妇之意。拜毕，新人相互对歌，以表达双方思慕、爱恋的热情之感。此后就大摆酒宴庆贺，亲友们向新人献哈达，送贺礼，祝贺新婚吉祥。女方陪嫁的礼品，要视其家庭的贫富而决定。服装首饰、日用器皿乃至牛羊骡马、田地均可作为陪嫁，若配偶死亡或离异，田地则归还娘家管理。

藏族的婚嫁礼俗体现了藏族历史悠久的民族传统文化，从送亲到迎亲的一系列婚礼程序可以窥见藏族人讲孝道、尊老爱幼、守礼仪，夫妻双方之间互敬互爱、追求和谐美好生活的价值观念，这与现当代我国提倡的社会主义核心价值观是相符的。可以从香格里拉市建塘镇藏族的婚嫁习俗中感受到浓厚的藏族文化韵味，从上述婚嫁仪式中可见其繁杂程度，从结婚环节中亦可以看出藏族对神灵的崇拜和对祖先的敬仰之情。藏传佛教对藏族的婚嫁礼俗影响较为深远。香格里拉市建塘镇藏族在结婚的当天还会举行跳弦子、跳锅庄、歌卜游戏等，而在建塘镇则以跳传统的锅庄为主，跳舞双方以对唱方式进行比赛，跳到第二天天亮，待早茶后送走送亲队，婚礼便告结束。建塘镇藏族婚姻习俗为当地藏族全民传承，具有十分广泛的群众基础。婚礼礼仪内容丰富，风格各异，具有突出的民族风格和地域特征，有较高的艺术性和观赏性①。

在传统的生计方式下，藏族的交往方式以亲缘性社会交往和地缘性社会交往为主，交往对象主要是本地的藏族、汉族、纳西族、白族等民族。老一辈的藏族在找结婚对象时，除本民族以外，更愿意接受周边地区的民族，族际通婚民族主要是纳西族、白族、汉族等民族，且这几个民族的族源主要是本地或者丽江、大理等地。在香格里拉市建塘镇，汉族男性娶藏族、纳西族女性为妻的比例较高，白族男性娶藏族女性的比例较高，汉族女性在结婚对象选择上更倾向于嫁给藏族男性和纳西族男性。藏族、纳西族是云南涉藏地区的主体少数民族，其他民族的男性如果能娶到这两个民族的女性为妻能够带来更多当地发展资源的共享，且主体民族聚集程度较高，互相结亲的比例也很高。而藏族女性在结婚对象选择上更倾向于嫁给汉族男性。在藏族女性看来，汉族男性更稳重、更有安全感，能够为家庭提供各方面的保障。

香格里拉市建塘镇地处滇、川、藏三省区交会地带，青藏高原南延部的"三江并流"的核心区域，是迪庆州府和香格里拉市府所在地，由独克宗古城（中心镇）和新城两部分组成。建塘镇，藏语称为"农布萨查"，意为"宝贝之地"。是茶马古道上重要的物资中转站和交通枢纽要道，也是东部涉藏地区重要的经济、文

---

① 杰当·西饶江措：《云南藏族的"芭例"及其说唱词》，《西藏研究》1993 年第 7 期，第 139~148 页。

化枢纽和物资集散地，地缘优势和战略地位十分突出。建塘镇四周群山环绕，由于所处地理环境险恶，交通滞后，当地藏族与外界的交往与联系一直较为不便。建塘镇是农村和城镇相结合的半农半牧镇，直至当地旅游业发展以前，农业、畜牧业、林业、商业一直都是当地藏族家庭从事的主要生计方式类型。在传统的生计方式下，受所从事生计方式的牵制，加上道路等基础设施薄弱，交通不便，人口的流入与流出都较为受限，活动范围有限。公共闲暇场所和设施不完善，导致当地居民的闲暇方式相对封闭、单一。

　　总之，在传统的生计方式下，亲缘性社会交往和地缘性社会交往是当地藏族族际交往的主要形式，族际交往形式受藏族文化的影响较深，藏族在族际交往交流中主要使用藏语进行交流，藏族的婚嫁礼俗受藏传佛教的影响较为深远，族际通婚民族主要是本地的纳西族、白族、汉族等民族。生产力决定生产关系，经济基础决定上层建筑，这一论断在香格里拉市建塘镇各个不同历史时期藏族的族际交往中都能得到体现。藏族家庭所从事的生计方式类型影响着藏族的族际交往。斯图尔德认为，生产技术与人的"行为"方式之间有很大的关系，生产技术水平可以影响人类的行为方式。同样，生产技术水平也影响着香格里拉市建塘镇藏族的族际交往方式。

第 二 章
地方经济社会转型中藏族家庭
生计方式的转型

　　各民族的生计方式类型及所处的自然生态环境、社会环境之间是相互制约、相互依存的关系。任何自然环境及社会环境的变化都会影响该民族生计方式的改变，生计方式的变迁又会进一步促使该民族原有社会文化环境的改变。20 世纪 70～80 年代，粗放型的经济增长方式对香格里拉市建塘镇的自然生态环境造成了深远的影响和破坏。从 20 世纪 90 年代开始，为缩小我国东西部地区经济发展的差距，国家提出了"西部大开发"战略。在此背景下，迪庆州政府审时度势，做出了调整产业结构的重大决定。在当地经济社会转型的大背景下，香格里拉市建塘镇藏族家庭传统的生计方式必然发生变迁。本书中，生计方式的转型特指藏族家庭从农牧业转型从事旅游业、运输业、民宿客栈、藏民家访等生计方式类型的过程（由于经济社会的转型涉及整个迪庆州，以下用整个迪庆州的数据来说明此问题）。

第一节　香格里拉市建塘镇地方经济社会的转型

　　藏族家庭所选择的生计方式往往与当地各个不同历史时期地

方经济社会的发展状况紧密相连。从 20 世纪 70 年代的"木头经济"到现在以旅游业发展为主的产业结构体系，在这个体系中依然有农业、畜牧业、采集业、林业等，但是在各个历史时期，第一、第二、第三产业在整个经济社会中所占的比重各不相同。总体来看，传统农牧业的生计方式中承载着更多的藏族传统的民族文化及生活方式。任何一个有着悠久发展历史的民族，都是有文化积淀的民族，也正是靠着民族文化这根纽带，才能把各民族成员凝聚在一起。香格里拉藏族正是依仗着藏族文化的传承与发展，才能在这种高寒艰苦的自然环境中延续发展至今。转型以后的地方经济结构比重发生较大改变，第一、二产业比重明显下降，第三产业比重日益增加，以旅游业为主导的第三产业对当地的经济社会转型及民族文化发展都产生了更为深远的影响。

一 20世纪70~80年代以伐木为主的地方经济结构

香格里拉市建塘镇地处滇、川、藏三省区的交会处，是迪庆州州府及香格里拉市政府所在地。建塘镇是茶马古道及滇藏公路的必经重镇。建塘镇四周群山环绕，中间地势平坦，是农村和城镇相结合的半农半牧镇。林间野生药材品种繁多，林业资源非常丰富，属于高山经济发展类型，也是典型的立体农业区，直至当地旅游业开发，从事农业、畜牧业一直都是藏族最主要的生计方式。香格里拉市林区的森林覆盖率和林木蓄积量均居云南省首位，森林资源优势明显。森林垂直分带明显，类型多样，树木种类复杂，优质材种多，资源丰富。由于气候垂直变化极为明显，自然条件差异较大，形成了不同的生态气候垂直带，从金沙江边到高寒山区，分布有三种不同类型的森林带，江边河谷区为云南松、麻栎和板栗等分布带，半山区为高山松、华山松分布带，高寒山区为云杉、冷杉分布带；山下是草丛灌木林，从下往上分别有阔叶林、高山灌丛与高山草甸等植物。香格里拉市建塘镇有 65.56 万公顷森林，森林覆盖率达 56.69%，有大面积的原始森林，生态保持完好，林种丰富，用材林蓄积量达 6931.9 万立方米，森林覆盖率和林木蓄积量均居全省之首。

改革开放初期，邓小平根据我国历史和各省份的区位优势，审时度势，在发展战略上提出了"两个大局论"，第一个大局，即东部地区优先发展的战略。在此背景下，为响应国家出台的西部支援东部经济建设的号召，迪庆州政府将工作重点转移到全面促进当地经济建设上，并充分利用了当地特有的林业资源优势。从 1973 年下半年开始，香格里拉市建塘镇当地政府相继开发了小中甸、碧谷、白马雪山等林场。接下来的近 20 年，对木材的砍伐及出售成为迪庆州及香格里拉市建塘镇财政收入的主要来源，当时的财政一度被称为"木头财政"。随着伐木产业的进一步发展，工业总产值在国民收入中所占的比重进一步提高，到 1980 年时，工业总产值约占国民收入的 30%。迪庆州的木材采伐量由 1971 年的 1900 立方米增加到 1980 年的 26600 立方米，形成了木材采运业为主的工业结构。"七五"期间（1986~1990 年），在改革开放政策的推动下，建塘镇当地政府以乡镇企业为突破口，以伐木、电力、采冶、加工为主体，初步形成了有地方特色的支柱产业。至 1990 年，建塘镇有中型木材采伐企业 1 个，采伐原木 3.6 万立方米/年，加工锯材 0.56 万立方米/年。

二 20 世纪 90 年代开始以旅游业为主的产业结构转型

20 世纪 70~80 年代，粗放型的经济增长方式对香格里拉市建塘镇的自然生态环境造成了深远的影响和破坏。从 20 世纪 90 年代开始，党中央开始关注另一个大局，就是加快中西部地区的发展步伐，并提出和实施了"西部大开发"战略，各种投资项目和政策开始向中西部地区倾斜。迪庆州政府审时度势，也做出了调整产业结构的重大决定。除保证农业、畜牧业、林业等传统产业以外，还合理开发林业资源，发挥迪庆州林业基础较好的优势，结合州内的自然资源、民族文化资源、地缘优势，全力打造"香格里拉"旅游品牌，大力开发当地的生态旅游业，迪庆州的旅游业开始进入发展阶段，林业及林下产品的开发为香格里拉的旅游业打下了坚实的基础，也起到了重要的支撑作用。2000 年以后，在旅游业的带动下，当地的农、林、牧、副、服务等行业也获得了更多的发展空间。这些相关行业的发展又进一步促进了当地产业结构的调整。旅游业发展以后，当地藏族家庭生计方式有了很大改变，农业、畜牧业在家庭总收入中的比重降低，以旅游业为主的第三产业成了当地藏族家庭收入的主要来源，且收入水平比传统生计方式有了很大提高。农业、畜牧业在国民经济中所占的比重进一步下降，以旅游业为主的第三产业成为当地的支柱产业，香格里拉市建塘镇实现了产业结构从以农业、畜牧业为主的第一产业向以旅游业为主的第三产业的转变，产业结构得到不断优化调整，旅游业的发展为绝大多数藏族在家门口实现就业和增加家庭经济收入创造了条件。

从整个迪庆州的产业结构比来看，1980～1995 年，第一产业占地区生产总值的比重一直保持在 40%左右，变动较大的是第二产业和第三产业。随着国家对木材砍伐的禁止，第二产业占地区生产总值的比重由 1981 年的 30.2%下降为 1995 年的 25.4%，到 2000 年，第二产业占地区生产总值的比重进一步下降为 18.8%。随着当地政府对旅游业的开发，以旅游业为代表的第三产业占地

区生产总值的比重逐年增长。1985 年，迪庆州第三产业的产值是
4215 万元，占地区生产总值的比重为 30.5%；1999 年，第三产业
的产值是 35479 万元，占地区生产总值的比重上升为 43.6%；
2006 年，第三产业的产值达到 206345 万元，占地区生产总值的比
重上升为 46.9%；2018 年，迪庆州地区生产总值构成：一、二、
三产业占 GDP 的比重分别为 5.8%、41.4%、52.8%；2019 年，迪
庆州累计完成地区生产总值 2512005 万元，同比增长 11.6%，第三
产业完成增加值 1404670 万元，同比增长 6.6%。一、二、三产业占
地区生产总值的比重为 6.2%、37.9%、55.9%，第三产业比重较
上年上升 3.1 个百分点。① 从以上数据可以看出：迪庆州的第三产
业的产值增长迅速，在地区生产总值中所占的比重有逐年增长的趋
势。至此，与 20 世纪 70~80 年代相比，迪庆州整个经济社会已经
发生明显的转型，以旅游业为主的第三产业对当地经济社会发展
的贡献与推动作用正进一步凸显。

　　旅游业的发展，进一步带动了香格里拉市当地经济社会的全
面发展。“十一五”期间，迪庆州的地区生产总值年均增长率为
19.91%，2006~2010 年，地区生产总值增加了 49.12 亿元，在全
国 10 个藏族自治州中的排名由第 5 名提升到第 2 名；在云南省内
各州市中的排名由第 4 位上升到第 3 位，人均地区生产总值增加
了 12313 元，农民人均纯收入年增长率为 13.58%。2010 年当地农
民人均纯收入达到 3347 元，城镇居民人均可支配收入 15996 元，
全州人民生活水平得到很大提高。②

　　迪庆藏族自治州 2015 年国民经济和社会发展统计公报显示：

①　中国共产党香格里拉市委员会党史研究室、香格里拉市地方志编纂委员会办公室编《香格
　　里拉年鉴 2015》，云南科技出版社，2016，第 240~250 页。
②　王德强、史冰清：《云南涉藏地区跨越式发展的实践与探索》，《云南民族大学学报》（哲学
　　社会科学版），2011，第 21~27 页。

2015 年，香格里拉市全年共接待国内外游客 1268.34 万人次（其中海外游客 75.0212 万人次），比上一年增长 17.4%，实现旅游总收入 1156269 万元，增长 19.0%，其中国内旅游总收入为 945130 万元，增长 23.8%；国内旅游总人数达到 1193.32 万人次，增长 18.8%；完成旅游门票收入 5.8 亿元，同比增长 10.3%。[1] 德钦县的发展情况在三个县市里居中，经济社会发展水平比香格里拉市略差一些，但从总体看，比维西县要好一些，地区生产总值排第二，贫困人口占 20%；维西县在三个县市中经济社会发展水平排名最后，地区生产总值较低，贫困人口最多，贫困人口占总人口的比例高达 22.5%。从三个县市的产业结构比例来看，香格里拉市第三产业占地区生产总值的比重较高，为 61.4%，而维西县第三产业占地区生产总值的比重仅为 52.78%。可见，第三产业对当地经济社会的发展具有很大的推动作用。三个县市中，维西县的农林牧渔业总产值较高，为 72617 万元；德钦县的农林牧渔业总产值最低，为 26720 万元。总之，香格里拉市经济社会发展水平最高，地区生产总值在全州排名最高，贫困人口占总人口的比例在三个县市中是最低的，为 12.3%。[2]

2018 年，迪庆州累计完成地区生产总值 2175236 万元，同比增长 9.5%；地方财政收入 55124 万元，同比增长 14%；固定资产投资 1134712 万元，同比增长 16.5%；城乡居民人均可支配收入分别达到 35214 元、8663 元，同比分别增长 8.5%、9.5%。产业结构调整，农业稳定发展。烟叶、马铃薯、油菜、青稞、无公害蔬菜等产业得到重点发展，第一产业比上一年增加 48314 万元，

① 迪庆藏族自治州统计局：《迪庆藏族自治州二〇一五年国民经济和社会发展统计公报》，2015，第 1~10 页。
② 迪庆藏族自治州统计局：《迪庆藏族自治州二〇一五年国民经济和社会发展统计公报》，2015，第 5~15 页。

同比增长 6%；农业比上一年增加 55214 万元，同比增长 4.5%，农作物播种面积 33 万亩，大小牲畜存栏 377 万头（只）。全市工业经济保持稳中进一步发展的态势，实现第二产业增加值 519412 万元，同比增长 16%。规模以上工业增加值增长 20%，单位地区生产总值能耗下降 1.5%。第三产业发展壮大，实现第三产业增加值 775554 万元，增长 6.6%。2018 年，迪庆州共接待国内外游客 2410.2 万人次，同比增加 5.17%。旅游业总收入 1250012.99 万元，同比增加 7.98%，创旅游外汇收入 1210.2 万美元。[①]

2019 年，迪庆州累计完成地区生产总值 2512005 万元，同比增长 11.6%。其中第三产业同比增长 6.6%。全年完成非公经济增加值 1111274 万元，占地区生产总值的 44.2%。按总人口计算的人均地区生产总值为 61697 元，比上年增加 9028 元，同比增长 10.6%。一、二、三产业占地区生产总值的比重由 5.8%、41.4%、52.8%，调整为 6.2%、37.9%、55.9%。第一产业比重较上年上升 0.4 个百分点，第二产业比重较上年下降 3.5 个百分点，第三产业比重较上年上升 3.1 个百分点。2019 年，迪庆州共接待国内外游客 2201.77 万人次。其中接待海外旅游者 91.77 万人次，同比增加 2%；接待国内旅游者 2110 万人次，同比下降 9.1%。全年完成旅游业总收入 1657614.24 万元，创旅游外汇收入 2513.28 万美元。[②]

第二节　香格里拉市建塘镇旅游业的发展

从 20 世纪 90 年代开始，以旅游业发展为标志的地方经济社

[①]　迪庆藏族自治州统计局：《迪庆藏族自治州二〇一八年国民经济和社会发展统计公报》，2018，第 8~16 页。

[②]　迪庆藏族自治州统计局：《迪庆藏族自治州二〇一九年国民经济和社会发展统计公报》，2019，第 3~9 页。

会的转型，对整个迪庆州的经济社会产生了深远的影响。对于整个迪庆州而言，旅游业是带动全盘发展的引擎。在经济效益的驱动下，建塘镇当地藏族家庭生计方式发生转型。在旅游业发展过程中，藏族文化特色被不断地开发利用并得到不同程度的彰显，藏族文化与汉族等其他民族的文化进一步互相借鉴、互相学习、互鉴融通，各民族共享的中华民族文化符号进一步被开发。总之，旅游业的发展对香格里拉市建塘镇的经济社会及藏族文化的发展都产生了深远的影响。

一　当地的旅游资源

香格里拉市建塘镇地处滇、川、藏三省区交会地带，青藏高原南延部的"三江并流"的核心区域，是东部涉藏地区重要的物资集散地和商业中转站，也是东部涉藏地区重要的经济、文化枢纽。香格里拉市境内的自然生态资源和民族文化资源较为丰富。境内有历史悠久的茶马古道文化、独特的藏族文化及藏传佛教文化。人文景观和自然景观相结合，形成了当地独具特色的旅游资源。海拔在 4000 米以上的雪山有巴拉格宗雪山、浪都雪山、哈巴雪山等。另外，碧塔海、属都湖、纳帕海等高山湖泊及虎跳峡、白水台都是游客们喜爱的旅游景点。境内不同海拔区域具有不同的气候特征和自然风光，香格里拉市境内兼有亚热带、温带及寒带三种不同的气候特征。其中，河谷一带海拔较低，一般多为干燥炎热的气候环境，海拔较高的雪山一带则多为严寒的气候环境。

香格里拉市是藏、汉、纳西、白、彝等多民族聚集的地方，各民族的传统文化在这里和谐共生。藏族的赛马会、丹巴节、格冬节，纳西族的"二月八"，彝族的"火把节"等民族传统节日；藏族的锅庄舞、热巴舞、旋子舞，纳西族的阿卡巴拉舞，彝族的葫芦笙舞，傈僳族的对脚舞等少数民族风情文化都吸引着国内外的游客。雕刻着藏八宝图和藏传佛教内容的藏族民居建筑和松藏林寺的建筑文化，同样是当地独特的旅游资源。此外，遍布各处的古寺庙、古民居、古道、红军长征遗迹及民俗风情等人文生态资源都是无价之宝。这些历史文化已经将香格里拉市建塘镇的山山水水熏染上了浓浓的民族文化韵味与气息，必将源源不断地吸引国内外的朋友到此一游。

二　旅游业发展历程及现状

1992 年，原中甸县正式对外开放；1994 年，香格里拉市的旅游业开始起步；1997 年，云南省政府在新闻发布会上发布了《消失的地平线》一书中所描述的圣境即在迪庆州香格里拉市境内的消息，有力地推动了当地旅游业的发展，拉开了当地旅游业发展的序幕。据统计，1997 年，当地共接待国内外游客 54 万人次，其中海外游客 2.8 万人次；1998 年，当地接待的国内外游客达到 65.2 万人次，其中海外游客 3.8 万人次。2001 年 12 月 17 日，中甸县更名为香格里拉县，当地政府将旅游业列入重点发展行业，进一步加大对"香格里拉"旅游品牌的包装及宣传力度并全力打造普达措、梅里雪山、巴拉格宗大峡谷、滇金丝猴、虎跳峡等 5 家国家公园，以此为引领，继续做大做强"香格里拉品牌"。自此，当地旅游业开始进入快速发展阶段。之后的几年里，迪庆州加大对旅游基础设施的建设，加大对旅游市场秩序的规范与整治，不断提升当地旅行社的服务质量，进一步增强了当地旅游行业的综合实力和竞争力，实现了旅游业的持续、快速和健康发展。2005 年 9 月，在中央电视台举办的"魅力名镇"评选活动中，香格里拉市建塘镇独克宗古城获"中国最佳民族风情名镇"荣誉称号，提高了香格里拉品牌的知名度；同年 10 月，金沙江虎跳峡被评为"中国最美大峡谷"之一，虎跳峡从此名声大噪。2006年，"香格里拉品牌"入选中国旅游十大最具影响力品牌行列，并获"2005 年度中国最具活力的旅游城市"荣誉称号；同一年，香格里拉旅游品牌"心中的日月——雪山之旅"获得中央电视台（CCTV-2）频道评选的"中国十大完美旅游线路"金奖。2007年，香格里拉市荣获"年度最具活力的旅游地区"奖，香格里拉市的旅游业正在逐步走上正轨。

"十一五"期间，香格里拉市包括旅游业在内的第三产业得到迅速发展。旅游业被列为战略性先导重点培育产业。当地也加快推进了香格里拉市普达措等五大国家公园的基础设施建设，成功引进了一批国际知名酒店入驻迪庆州，旅游总收入由 20.08 亿元增加到 61.6 亿元，年均增长率约为 25.1%。^①"十二五"期间，当地旅游业得到快速的发展，成为迪庆州的支柱产业。据统计，"十二五"期间，迪庆州共接待国内外游客 6294 万人次，旅游总收入 420 亿元。2014 年，香格里拉市共接待国内外游客 1070.33 万人次，同比增加 19.2%；创造旅游业总收入 96.9 亿元，比上一年增长 12.9%，旅游总收入占地区生产总值的比重为 12.25%。2015年，迪庆州共接待国内外游客 1268.34 万人次（其中海外游客 75.0212 万人次），比上一年增长 17.4%，实现旅游总收入 1156269万元，增长 19%，其中国内旅游总收入为 945130 万元，增长 23.8%；其中国内旅游总人数达到 1193.32 万人次，增长 18.8%；完成旅游门票收入 5.8 亿元，同比增长 10.3%。^②

---

① 迪庆藏族自治州统计局：《迪庆藏族自治州二〇一八年国民经济和社会发展统计公报》，2018，第 3~9 页。
② 中国共产党香格里拉市委员会党史研究室、香格里拉市地方志编纂委员会办公室编《香格里拉年鉴 2015》，云南科技出版社，2016，第 456~460 页。

2018 年，迪庆州共接待国内外游客 2410.2 万人次，同比增加
5.17%。其中接待海外旅游者 90 万人次，同比增加 4.25%；接待
国内旅游者 2320.2 万人次，同比增加 6.17%。全年完成旅游业总
收入 1250012.99 万元，同比增加 7.98%，创旅游外汇收入 1210.2
万美元。

2019 年，迪庆州共接待国内外游客 2201.77 万人次。其中接待
海外旅游者 91.77 万人次，同比增加 2%；接待国内旅游者 2110 万
人次，同比下降 9.1%。全年完成旅游业总收入 1657614.24 万元，
创旅游外汇收入 2513.28 万美元。迪庆州以香格里拉品牌为依托，
整合自然生态景观和多元的民族文化资源，全面推进生态旅游项
目的建设。在文旅融合方面，迪庆州政府还打造了一批以民族文
化、生态文化、红色文化、茶马古道文化为主题的独具特色的旅
游文化产品。截至 2019 年 12 月，全州有 3A 及以上景区 15 家，
其中 4A 景区 4 家，5A 景区 1 家，旅行社共 46 家，旅游星级酒店
共 92 家，藏民家访近 24 家；民族节庆文化项目 20 个；红色旅游
线路 8 条；特色民居客栈共 140 多家；招商引资项目 125 项；旅
游从业人员 12.6 万人，占全州人口总数的 30.7%，直接从业人员
2.6 万人，占全州人口总数的 6.3%。①

第三节　与旅游业相关行业的兴起

一　道路的修建及运输业的发展

香格里拉市境内群山连绵，江河纵横，峡谷深切，地势险要。

---

① 迪庆藏族自治州统计局：《迪庆藏族自治州二〇一九年国民经济和社会发展统计公报》，2019，
第 5~12 页。

据史料记载，早在唐朝时期，就有与云南和西藏等地互通有无的记载，唐代以来，为顺应当地人民的需求，在中国西南和西北地区，以茶叶和马匹为主要交易内容，以马帮为主要运输工具的商品贸易通道，是中国西南民族经济文化交流的走廊。茶马古道是中国历史上最为著名的国际贸易古道之一，也是各涉藏地区之间贸易往来的重要通道。香格里拉市建塘镇是茶马古道由滇入藏的最后一程。据史料记载，这条古道始于7世纪吐蕃南下时期，宋朝时兴起，到清朝时达到鼎盛，民国晚期时逐渐衰落。茶马古道经过迪庆州的主干道超过800千米，加上辅助干道和支线，全长近3000千米，古道沿途至今还遗留着部分的古驿站、马店以及石刻等遗迹遗物。其中的十栏杆、二十四道拐、阿墩子、梅里水、岩瓦等19条路段至今仍保存完整，部分短途路段仍在运行。马帮及往来客商走出的这条泥石小路就是今日滇藏公路的雏形。在1957年之前，香格里拉市境内除茶马古道之外再无其他公路，对外运输全靠马帮驮运。金沙江环流375千米，江上无一座桥梁，渡江多用木船、木筏和皮筏，也有用溜索渡河者，交通条件十分险恶和落后。

受国内和国际形势的影响，滇藏公路的修筑是断断续续分段进行的。其中，中甸至德钦段公路于1958年9月正式开工，1959年10月竣工，全长182千米。德盐线于1958年12月竣工，全长113.09千米。[①] 1973年10月，滇藏公路全线竣工通车，全长715千米；其中，云南段长594千米，西藏段长121千米。[②] 1957年丽（江）中（甸）公路开始修建，以此为开端，至1990年，以

---

① 中交第一公路勘察设计研究院有限公司：《德钦至香格里拉二级公路工程可行性研究报告》，2015，第12页。

② 李志农、胡倩：《道路、生计与国家认同——基于云南藏区奔子栏村的调查》，《北方民族大学学报》（哲学社会科学版）2018年第3期，第43~52页。

滇藏公路、中乡公路为干道，以香格里拉县城为起点的四通八达的公路网基本形成，公路运输成为香格里拉全县运输的主要方式，建塘镇成为连接滇、川、藏及当地城乡的交通枢纽。东旺、硕多岗、冈曲、良美、兴隆、吾竹、洛吉、白水、格吉、吉仁、麦地、哈巴等12条大小河流上架有石拱桥、钢筋混凝土桥、柔性钢索吊桥和石台木面桥，乡村交通亦有较大改善，天堑变通途的交通状况尤为明显。① 水上交通工具有木船、木筏、猪槽船、皮筏、机动船几种。至20世纪90年代初，当地以陆路运输为主、水路运输为辅的运输格局逐步形成。

从1973年下半年开始，迪庆州政府拉开了对原始森林大规模开采的序幕，砍伐的木材通过各条公路源源不断地被运送出去，销往全国各地。伐木的收入成为该时期迪庆州政府财政收入的主要来源。因此，这一时期当地的财政也被称为"木头财政"。为了方便运输木材，以香格里拉县城为中心，当地政府重新扩修了各条通往林矿区的公路，这些公路多为简易的砂石路。晴天一身灰，雨天一身泥，即是20世纪70年代中甸县交通道路的真实写照。交通发展滞后、闭塞成为当地经济社会发展的瓶颈。据调查，1979~1984年的6年间，县财政在交通方面的投入资金严重不足，交通事业费在年度财政支出中仅为3.67万元。乡村道路、村际道路都是由各个生产队组织村民反复进行维修，却无力新建；其中，金江、三坝两条县乡公路养护费更少，路况一年不如一年，无力改造延伸，交通条件每况愈下。从1985年开始，中甸县人民政府才大力发展交通事业。1985~1990年的6年间，交通投资累计达1079万元，占全县累计固定资产投资的40.55%，平均增长59.31%，6年投资额是1958~1984年累计投资额的1.5倍。其中，

① 云南省中甸县地方志编纂委员会编纂《中甸县志》，云南民族出版社，1997，第624~627页。

1990 年投资 472 万元，占当年总投资的 52.44%，比 1985 年增长 9.3 倍。[①] 这一时期全县对发展交通重要性认识普遍提高，交通建设热情高涨。

总之，从 20 世纪 90 年代开始，全县对发展交通重要性的认识普遍提高，交通建设被提上议事日程。[②] 从 1990 年开始，当地政府将经济发展的重心放到了旅游业的开发上，并在 1997 年成功地打造了"香格里拉"品牌，大力开发当地的生态旅游业，迪庆州的旅游业开始进入发展阶段。到当地旅游的车辆和游客数量的急剧增加，让原本就薄弱的道路交通设施更加难以承受。为缓解日益严峻的交通运输压力，当地政府于 2002 年 2 月开始重新扩建了香格里拉市至德钦县的公路，将原有的砂石路扩建成了 6~8 米宽的柏油路；扩建后的公路运输承载能力翻倍。2010 年 1 月开始，迪庆州政府决定再次升级路面，将四级柏油路改造为国家二级公路，并于 2016 年正式完工通车。[③] 2018 年开始，香格里拉市交通建设的步伐进一步加快，在香丽高速、丽香铁路、香稻公路等重大项目的加快推进下，尼塔二级公路全面建成通车，旅游东环线二级公路、军马场到大雪山垭口二级公路开工建设，乡村公路建设成效显著，列入管养的农村公路里程达 2464.4 千米，路面等级不断升级、柏油公路里程数不断增加，有效地缓解了当地的交通瓶颈状况。从以上道路交通发展历程中可见，一直到 20 世纪 90 年代前，当地的交通运输条件都较为落后，严重制约了当地经济社会的整体发展水平。以下是对部分村民的访谈资料。

---

① 中国共产党香格里拉市委员会党史研究室、香格里拉市地方志编纂委员会编《香格里拉年鉴 2015》，云南科技出版社，2016，第 130~165 页。

② 中交第一公路勘察设计研究院有限公司：《德钦至香格里拉二级公路工程可行性研究报告》，2015，第 1~12 页。

③ 李志农、胡倩：《道路、生计与国家认同——基于云南藏区奔子栏村的调查》，《北方民族大学学报》（哲学社会科学版）2018 年第 3 期，第 43~52 页。

访谈 2-1：以前哪来的水泥路、柏油路，全部都是泥巴路、毛路。村子里只有毛路，遇上吹大风，到处都是灰，眼睛都睁不开。下雨天到处是稀泥巴，脚都落不下去。香格里拉能够发展到今天，以前我们想都不敢想。在 60 年代，吃饱饭才是大事。在小时候的记忆中，公路上几乎没有什么车辆。只要听见"三五"拖拉机从村里经过，大人小孩都会围在路边看热闹，感到好稀奇。①

访谈 2-2：我 2001 年刚到香格里拉的时候，整个城里面只有一条柏油路，公共汽车没有几辆，还很旧。藏族人以前靠放牧、伐木、种植为生，现在做导游、卖土特产的藏族人有很多。很多藏族人直接把家里的地承包给种植公司来种，收取租金，自己就从事一些较轻松的工作，收入还比以前高很多。随着道路的修建，环境也改变了不少。以前马路上随处都能看见牛、马之类的牲畜，现在都看不见了，都圈到家里了。总体感觉，随着道路的修建，藏族人的生活水平、生活条件都有了很大的提高和改善。路修好了，生活也就变好了。以前我们店里有个师傅，是附近村子里的藏族人，以前是开大车出去拉货的司机。他就见证了香格里拉这几十年来道路的变化情况，从最初的土路到后来的石子路，再到现在的柏油路，他开车都走过，他经常和我们感慨，香格里拉市道路的发展历史就是整个城市的变迁史。②

访谈 2-3：以前在家务农，2016 年开始自己买了辆二手

① 访谈人：笔者。被访谈人：鲁茸培楚，藏族。访谈时间：2020 年 8 月 1 日。访谈地点：建塘镇解放村。

② 访谈人：笔者。被访谈人：陈经理，汉族。访谈时间：2019 年 7 月 27 日。访谈地点：建塘镇阿若康巴·南索达庄园。

车，给游客提供导游、包车游览各旅游景区等服务。到香格里拉市旅游的人除了跟团游的，还有很多是自驾游的散客，我们的客户主要就集中在散客。外地自驾游的客人，很多不熟路的还是喜欢找我们带路的。纳帕海、松赞林寺、巴拉格宗大峡谷、梅里雪山、石卡雪山、普达措国家公园、白水台、虎跳峡这些景点都是外地游客喜欢的景点。根据顾客的需要，可以包车按天收费，也可以按景点路程计算费用，从 100 元到 500 元不等。除了带路，我们也代购门票，在旅游旺季的时候，一个月可以挣七八千。[①]

交通运输业的不断发展，加强了香格里拉市建塘镇各族人民与外界的联系与交往，开阔了各族人民的眼界，提高了各民族的生活质量。旅游业的发展进一步促进了当地交通运输业的发展。在旅游业的推动下，运输业进一步成为新兴产业。当地藏族人很多买了车，往返于各个景区之间拉游客，给游客提供导游、包车游览等服务。特别是在每年的旅游旺季时，在各条公路上都有许多营业的私家车，但是，随着买车跑运输人数的增加，该行业的竞争也变得越来越激烈。跨入"十四五"，迪庆州的旅游业发展备受关注，迪庆需争当旅游业转型升级的排头兵，为了实现这一目标，就需要按照一流的标准来完善当地的基础设施建设、推进重大项目建设。道路等基础设施建设的腾飞，将助力迪庆州旅游业迈上新台阶。

二　民宿客栈

香格里拉市旅游业的发展带动了当地民宿客栈行业的发展。

---

① 访谈人：笔者。被访谈人：藏族司机。访谈时间：2020 年 8 月 3 日。访谈地点：建塘镇依拉草原景区。

据独克宗古城商会不完全统计，截至 2019 年 7 月，古城里共有 1000 多户商家。其中，有 90% 是外来的商户，本地的藏族只占到 10% 左右。原因是大量的外来人口流入以后，就把当地的房租炒得很高，本地藏族在古城里有房产的，大多数选择把房子出租给外来商户做生意，收取房租。房租根据房屋的大小、所在位置来定，一般 5 万至 10 万元/年。对于房主来说，每年都能有固定的房租收入。随着旅游业的发展，藏族家庭收入水平的提高，独克宗古城里原有的很多藏族居民搬到城郊购置土地并重新修建了房屋，而将古城里的老宅改造成酒店、客栈承包给外来的商户经营。这些客栈主要集中在独克宗古城内及其周边的几个社区。

从总体来看，独克宗古城里的藏族民居建筑变化不大，多为在原址的基础上重新翻新和改造，但是居住及使用的人群却已经发生了很大改变。经过改造的住房，大多保留了藏族传统建筑的风格，同时增加了集吃、住、休闲娱乐于一体的综合功能，更具有体验性。独克宗古城里的民宿客栈档次很全，涵盖了高、中、低档的所有等级，从大众化的民宿客栈到精品小资客栈及高端客栈都有，价格几十元一晚到上千元一晚不等，可以满足不同消费者的不同需求。客房价格一般在旅游的淡季和旺季有一定的变化。商家都想方设法地把房子租出去。尽管如此，对于承包商户而言，情况还是不太客观，由于竞争激烈，有很大一部分民宿客栈在亏本。2020 年以来，旅游业受到新冠疫情很大的冲击，随着游客数量的急剧减少，独克宗古城里的绝大多数民宿客栈在亏本。还有不少客栈已经维持不下去，转让经营了。虽然很多藏族房东减免了房租，但是民宿客栈转让的情况还是很多。这一情况也对藏族房东造成了很大的影响。以下是 2019 年 7 月笔者对独克宗古城部分客栈的访谈情况。

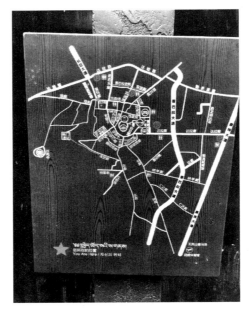

图 2-1　建塘镇独克宗古城布局

（拍摄时间：2019 年 7 月 20 日，拍摄地点：建塘镇独克宗古城，拍摄人：笔者）

图 2-2　独克宗古城月光广场一角

（拍摄时间：2019 年 7 月 20 日，拍摄地点：建塘镇独克宗古城，拍摄人：笔者）

访谈 2-4：古城里本地藏族开客栈的有一些，总体看不算多。"信仰之家""开心花园""原住民"都是本地藏族开的客栈。6 月至 10 月这段时间是旺季，生意还可以。冬季是淡季，游客太少，生意就不太好了。我们家共有 20 多间客房，这几天每天近 80% 的客房可以住满，普通标间 180 元/晚，豪华标间 300 元/晚。我们每天都会帮有需要的客人安排旅游线路，还可以根据客人的需求来安排行程。我们也会给客人推荐各种旅游优惠套餐。比如：早上去普达措，下午去松赞林寺，晚上去藏民家访，订一天的行程就比单独去一个景点要划算。①

访谈 2-5：我们家一共 18 间客房，房价从 1080 元/晚到 1980 元/晚。一般需要提前预订才能入住，因为基本都是满客。在旅游旺季的时候，不预订就住不了。我们家一般都是回头客。我们店里的服务员都是本地藏族人，扎巴先生本村里的藏族老乡居多。他们待人很真诚、热情，他们都很真诚地为每一位客人服务，来我们这里的客人反馈说比住星级酒店的感觉还好。②

据了解，在香格里拉市建塘镇独克宗古城里，当地藏族开客栈、酒店的总体数量不多，只占到古城客栈总数的 15% 左右。比较有代表性的是阿若康巴·南索达庄园和桑珠别院这两家藏族文化酒店。这两家的老板都是当地藏族，两家酒店都有一定的规模。这两家酒店从装潢风格上就融入了传统的藏式风情和马帮文化，

---

① 访谈人：笔者。被访谈人：扎西江楚，藏族。访谈时间：2019 年 7 月 24 日。访谈地点：建塘镇独克宗古城。

② 访谈人：笔者。被访谈人：陈经理，汉族。访谈时间：2019 年 7 月 27 日。访谈地点：建塘镇阿若康巴·南索达庄园。

主体建筑是用土木石和青瓦混合组成，风格别致。

桑珠别院：用藏族文化打造的高档酒店，占地 2000 多平方米，建筑层高三层，共有七幢小楼，精致典雅、别具特色。酒店还专门为住店的客人配置了藏族文化体验的活动与场所，如烹制酥油茶、抄送藏文等藏族文化体验活动。

阿若康巴·南索达庄园（尼仓院子）：位于香格里拉市建塘镇独克宗古城金龙街东廊小白塔附近，建筑面积 1500 平方米，外貌造型以藏式建筑特色为主，内部的装饰也体现了浓郁的藏式民族风格，客栈内的所有房间及装饰都是木质结构的，具有古老的文化气息。同时客栈又布置得很温馨，让入住的客人感觉如同家一样的温暖。阿若康巴·南索达庄园从名字和建筑设计里都包含着大量的藏族文化，不仅注意居住的舒适感，而且注重藏族文化的展示。除此之外，老板扎巴先生还在做藏族文化传承方面的工作，开设了藏族手工艺品店、唐卡绘画中心等藏族文化传承的示范店。

图 2-3　阿若康巴·南索达庄园

（拍摄时间：2019 年 7 月 24 日，拍摄地点：建塘镇独克宗古城，拍摄人：笔者）

进入"十四五",为进一步打造"世界的香格里拉",香格里拉市建塘镇更需要建一批高端的酒店,不断提高管理水平从而以高品质取胜。

图 2-4 桑珠别院藏式酒店

(拍摄时间:2019 年 7 月 24 日,拍摄地点:建塘镇独克宗古城,拍摄人:笔者)

三 藏民家访

在香格里拉市旅游业的发展过程中,藏民家访是一个比较有代表性的品牌产业,是当地旅游业发展进程中成功的典范,它的产生及发展历程充分展现了香格里拉市藏族家庭生计方式转型的历程。藏民家访从产生至今,已经成了云南涉藏地区民族文化产业的重要组成部分。藏民家访是以藏族传统文化为原型,以当地旅游业的发展为契机,是当地藏族在旅游业发展的过程中,结合自身条件和优势积极探索出来的一条致富之路，是集餐饮、歌舞表演、文化交流于一身的旅游文化产品。藏民家访现在经过不断包装，已经被打造成当地民族文化的展示舞台。香格里拉地区的藏民家访大多数集中在州政府及市政府所在地建塘镇，分布在金龙、仓房等不同社区。

目前在建塘镇，经当地政府批准后授牌经营的藏民家访有 20 余家。从布局来看，以建塘镇镇中心为起点，东面及东北面有 14 家，东南及西南面有 9 家，西北面有 4 家。按照各家所在位置所属的社区分别由金龙社区、仁安路社区、诺西村社区、汪池卡社区、北门街社区等各个社区管辖。由于活动一般都在傍晚，所以在市区里的藏民家访更受游客的喜爱。藏民家访一般都会提供免费的接送服务，非常方便。藏民家访的地点大多数设在藏族自家的房屋内，由藏族的自住房屋翻新加固改造而成。

在调研期间，我们也参加了几次藏民家访，了解到的流程如下。第一，由卓玛和扎西向来宾献哈达（白色献给朋友），并敬上三杯青稞酒。第二，带领来宾参观二楼的经堂。游客可自由选择在此烧香祈福。第三，向游客介绍藏式建筑文化。藏式房屋中最有标志性的是中柱，中柱即指藏族家屋中的顶梁柱，中柱往往象征着一个家庭的财富。所以，只要实力允许，选用的木料一般是越粗越好。第四，向游客介绍子母锅的象征意义。子母锅一般设置在二楼的火塘旁边。子母锅一般由两个大锅和两个小锅组成，代表一个家庭里的四代同堂，人丁兴旺。两个大锅里盛放的水主要供家人平日使用，两个小锅里盛放的水平时主要供牲畜使用。四口锅紧紧地绑在一起，象征着这个家庭的团结与和睦，永不分离。火塘里的火一般是不能熄灭的。第五，向游客介绍藏八宝。藏八宝分别是宝伞、宝瓶、右旋、莲花、吉祥结、金鱼、胜利幢、白螺，八宝来源于藏传佛教。第六，向游客介绍水缸。水缸一般会设置在火塘的正对面，代表丰收的意思。第七，向游客介绍唐卡。唐卡是藏族文化中最独特的能够代表民族文化的绘画艺术形式之一，具有很高的收藏价值。第八，向游客介绍藏家的农牧类产品。从节目内容上看，节目以热巴舞、旋子舞、洞经古乐演奏等经典的藏族歌舞表演为主。晚餐结束以后，一般会宴请所有宾客到院子里，点上篝火，一起跳锅庄舞来结束行程。狂欢式的展演方式，将藏族文化中的各种不同元素在短时间内以浓缩的形式向游客展示。游客可以一边品尝藏族美食，一边欣赏藏族歌舞表演，在此过程中，还可以参与互动。参加过藏民家访的游客都表示，通过藏民家访，他们对藏族的传统文化有了更直观的了解。藏民家访以它独特的展演方式在游客与藏族文化之间架起了一座沟通的桥梁。该行业还进一步带动了当地相关产业的发展，农业、畜牧业及民族手工艺品等产业都从中受益不少。随着各个产业的发展壮大，当地经济社会也得到迅速发展，地区生产总值也在逐年攀升。

第四节　藏族家庭生计方式的转型

在20世纪70~80年代，除农业、畜牧业、采集业之外，木头砍伐及运输是很多藏族家庭从事的生计方式。随着当地经济社会的转型，旅游及相关产业的迅速发展，当地藏族家庭生计方式逐渐发生改变。旅游业及相关行业和传统生计方式相比，可以较快地获得更多的经济收入，所以很多藏族民众将更多的时间和精力投入旅游业。但是，当地的旅游业也分淡季和旺季，所以，在不同的季节里，家里的生计方式会有不同的侧重点。一般在旅游旺季时，藏族会把主要精力放在旅游业上，淡季时重心则在农业及畜牧养殖上。通过调研，在生计方式转型较为典型的建塘镇解放村，从藏族人到其所处的家庭，都获得了更多的发展机会。

一　从单一的农牧业到兼营旅游业

农牧业是香格里拉市藏族传统的生计方式，也是藏族传统的经济来源之一。旅游业发展以后，从事与旅游相关的产业变成了很多藏族家庭收入的主要来源。旅游业的发展，为藏族带来了更多的就业机会和更高的经济效益。在旅游业的带动下，当地很多传统产业发生了变迁，很多藏族家庭的生计策略也发生了变迁，这些变化在旅游景区附近的藏族村落尤为明显。

以前为了自家食用而种植的青稞，现今被制成青稞面、青稞酒，进一步被包装成了旅游特色产品，以前自家食用的牦牛肉、黄牛肉现被制成了牦牛肉干等旅游特色产品，变成了外地游客喜爱的送亲朋好友的最佳特色礼品。很多藏族民众也从传统的农民转变为兼营旅游及相关产业的旅游从业人员，甚至有部分藏族家庭生计方式直接发生转变，放弃了原先的种植、养殖工作而固定地从事旅游业。随着旅游相关产业的开发，很多藏族民众获得了更好的个人发展平台和机会。他们结合当地的自然资源优势、民族文化特色、自身的特长等因素，逐步找到了适合自己的职业发展方向。从总体情况看，藏族民众花在旅游业上的时间和精力远远超过了花在农业及畜牧业上的时间和精力。新的生计方式为藏族民众带来了更多的经济效益、个人发展空间，提高了藏族民众的生活质量，提高了藏族民众的交往能力。为了解旅游业对依拉草原附近村落藏族民众生活的影响，我们以访谈 2-6 为例。

访谈 2-6：香格里拉市旅游业的发展对我们的生活影响很大。总体来看，这几年我们的生活水平比以前提高了很多。从吃的、穿的到住的都有很大改变。现在交通比以前更方便了，外地的物资也可以运到香格里拉，总体感觉是日子越来越好过了。依拉草原现在也被开发成一个景区，来这里的人很多。特别是每年 5 月到 10 月，旅游旺季游客最多。我们附近的村民每家都出工来草原给客人牵马。一般能牵马的时候全家都来牵马，这个活儿挣得多。但是，也有季节性，一年就这么几个月好赚钱。到冬天游客就少很多了，我们主要干农活。附近几个村子来牵马的人很多。一般规定每家出 3 匹马，人牵马是没有工钱的，每天按马走的趟数来结算工钱。依拉草原上骑马线路主要有 2 条，近的这条线路来回 40 分钟左右，收费 150~200 元/人；远的那条线路来回要一个多小时，收费 250~300 元/人。游客可以自己选择。旅游旺季人多

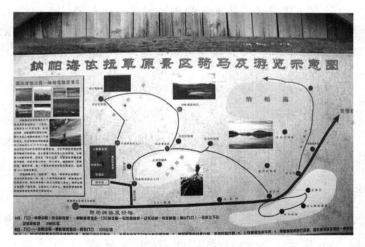

图 2-5　纳帕海依拉草原骑马路线

（拍摄时间：2019 年 8 月 1 日，拍摄地点：建塘镇解放村，拍摄人：笔者）

的一天还是可以赚几千元的，最少也有几百元，赚的钱比种地还是多得多了。旅游旺季每家都有固定的几个人来牵马，其他的人还要兼顾放牛和地里的农活。香格里拉冬天温度太低了，来旅游的人相比夏天少很多，我们就不牵马了，以农活和放牧为主。①

图 2-6　藏族新的生计方式——牵马

（拍摄时间：2019 年 8 月 1 日，拍摄地点：建塘镇解放村，拍摄人：笔者）

个案 2-1：香格里拉市纳帕海附近马场运作模式以及对居民收入的影响（以哈木谷马场为例）。

1. 马场的运作模式：香格里拉市纳帕海依拉草原附近各个马场运作模式基本一致，一般都以有实力的个体大老板承包为主。之前也有集体组织办马场的情况，最终因利益纠纷等问题告终。承办马场的个体大老板一般都有一定的经济实力和社会关系。因为现在到香格里拉市旅游的游客，大多数

① 访谈人：笔者。被访谈人：安吾西沙，藏族。访谈时间：2019 年 8 月 1 日。访谈地点：建塘镇依拉草原。

都是从大理、丽江等地过来的旅游团，马场老板必须与旅行社搞好关系，需有一定的经济实力和人脉，才能与旅行社签订协议，带游客到自己的马场。承包者一般都是以年为单位签订合同，也有三年一签的马场。一般以游客的数量来结算酬金。当地的出租车司机或者是导游如果带游客到马场，也可以获得一定的回扣。此外，承包者每年还需要缴纳一定的管理费给当地居委会，牵马的农户工资是日结的，根据牵马的趟数和路线的远近来结算工资。

2. 对当地藏族收入的影响：纳帕海依拉草原周边几个村落来牵马的藏族家庭的年收入比起从事传统生计的藏族家庭来说还是非常可观的。在一些地理位置较好且有一定规模的马场（如哈木谷马场），当地藏族家庭一年中最主要的收入来源就是牵马所得。据调查，牵马的收入甚至远远超过了捡松茸的收入，很多藏族家庭在整个旅游旺季，全家人都在景区里牵马及从事很多旅游服务项目，如射箭、租赁藏式服装、烧烤摊、摄像等。在这些项目中又数租服装和射箭这两个项目最赚钱。在旅游旺季，一家人牵马加上其他旅游项目，每天可以赚1000多元。因此，旅游业及相关产业所获得的收入成为景区附近村落生计方式转型的藏族家庭收入的主要来源。

从访谈2-6及个案2-1中可以看出，依拉草原附近几个村落的藏族，每年5~10月旅游旺季，家里的老老少少都来草原牵马。这个项目消耗体力小，收益较高，工资一般是日结。通过此项旅游项目，每年每家都可以赚几万元。相比传统的生计方式，这种生计方式的收益有很大的提高，有助于藏族家庭生活水平的提高。可以说，旅游业的发展为当地的藏族家庭带来了新的生计方式和机遇，旅游业及相关产业所获得的收入成为景区周围村落藏族家庭收入的主要来源。

二　从农牧民到旅游从业人员

随着香格里拉市建塘镇旅游业的开发与兴起，很多藏族民众从农牧民转变为旅游从业人员。据了解，香格里拉市建塘镇有很多导游、客车司机、部分酒店和客栈的主管、"藏民家访"的经营管理者及服务员等，是本地藏族人，在从事旅游业之前，很多人在家务农，是地地道道的农民。藏族民众是如何从农牧民转变为旅游从业人员的，我们以个案2-2、2-3为例。

个案2-2：建塘镇诺西村的"阿丫藏民家访"成立于2004年。它的创建者鲁茸顿珠是诺西村的一个普通藏族人。据了解，她家祖祖辈辈都是农民，和其他藏族人一样，主要以从事农业和畜牧业为生。当地旅游业发展以后，她在看到其他村里有人开藏民家访挣了很多钱后，就萌生了自己也开一家藏民家访的想法。在创建之初，全家人都是一边经营饭店，一边兼顾农业和畜牧业。后来生意走上正轨，为了扩大规模，家里2012年购入一辆大巴车，由鲁茸顿珠的父亲和哥哥负责开车往家里拉客，全家正式开始转型专门从事旅游业。鲁茸顿珠的弟弟白天带客人到各个旅游景区游玩，傍晚再把客人都送到"阿丫藏民家访"，形成了一条龙产业链。有了稳定的客源后，"阿丫藏民家访"的生意越做越红火。鲁茸顿珠的二哥上过大学，他在昆明上学期间，专门参加了主持人相关培训，学会了主持和司仪，毕业后回到家乡就主要负责"阿丫藏民家访"的主持和司仪等工作；鲁茸顿珠的弟弟高中毕业后没有继续升学，他考取了导游证，在当地专门从事导游工作。家里的生意步入正轨以后，他就固定地把团队游客带来，为"阿丫藏民家访"带来了源源不断的客源。此外，家里的亲戚能动员的都动员到"阿丫藏民家访"工作，各司其职，各尽所能。可以说，她家所有家庭成员的生计方式都发生了转型，从地地道道的农牧民转变成了旅游从业人员。此外，鲁茸顿珠家依然饲养着牦牛、藏香猪、鸡和羊，雇用了一些人专门负责饲养，为的就是尽可能地给游客提供原生态的食材。正因如此，"阿丫藏民家访"的回头客较多，生意红红火火。

个案 2-3：在香格里拉市旅游业的发展过程中，藏民家访是藏族民众获得较高经济收益的典型行业。据调查，在2005 年到 2015 年期间，当地每家藏民家访年纯利润加上协会年终分红，在 50 万元以上。2015 年之后，不再有专门的协会对其进行管理，所有的藏民家访都是自主经营、自负盈亏，受市场影响波动较大，许多藏民家访开始出现季节性、阶段性亏本经营的状况。但从总体来看，现在还在经营的藏民家访还是赢利的。香格里拉冬季气候严寒，每年的 11 月至次年的 2 月为旅游淡季，游客较少，为避免亏损，很多藏民家访会选择季节性的歇业。藏民家访里的工作人员有签订合同的长期工，也有短期聘请的临时工。在藏民家访正常经营时，老板会按照双方签订的合同按时足额发放工资，到年底的时候，视全年的赢利情况，还会有一些分红和奖金。在季节性歇业时，为缩减开支，老板会解雇短期聘请的临时工。从总体看，各家支付的工资水平基本持平，一般的服务员和表演人员工资为 2000~3000 元/月，中层管理人员的工资为 3000~

4000 元/月，个别有资质的主持人收入略高一些，为 4000~
5000 元/月。可见，正常营业期间藏民家访为当地人提供了很
多的就业岗位和就业机会，为从业人员带来了不菲的经济效
益。据访谈，很多从业人员表示他们每月获得的工资收入比
从事传统农牧业时高出许多，生计方式转型为他们带来了较
高的经济效益。

随着当地旅游业及相关行业的发展，许多藏族民众的身份从
农牧民转变成了旅游从业者，彻底摆脱了农民的身份。许多人从
中获得了更大的发展平台，寻找到了巨大的商机和发展前景。伴
随着旅游业的发展，村落之间的发展水平、村民之间的经济收入
水平及社会地位也发生了一定程度的变化。随着收入水平的变化，
社会认可度也慢慢发生变化，以前的邻居可能处于不同的社会层
级里，即便是在同一个旅行社、同一家客栈、同一家藏民家访中，
从业者之间也有分层，从经理、管理层到普通员工均不相同，社
会分层随之形成。社会分层的出现，使村民或居民间的关系也发
生了较大的变化，业缘关系开始成为当地藏族的族际交往中重要
的社会关系。总之，传统的生计方式是基于土地等自然资源的生
计方式，而以旅游业为依托的生计方式则对人口流动、族际交往
的依赖性更强。

三　农牧产品延伸成旅游消费品

传统生计下，藏族民众生产的农牧产品大多是自给自足。现
今随着旅游业的发展，藏族民众的经济意识、市场意识已经形成，
并在逐渐强化。当地藏族从事农牧业的重心已经发生改变，过去
主要是自给自足，现今更多是为了获得经济效益。当地主要的农

作物有青稞、小麦、玉米、土豆、荞麦等，饲养的牲畜主要有牦牛、犏牛、绵羊等，采集的林下产品有松茸、虫草、雪莲花及各类珍贵的药材，这些都是很受欢迎的旅游消费品。旅游业发展以来，农牧产品也进一步被加工延伸成旅游消费品，农牧产品借助旅游业也完成了"华丽的转身"，被贴上了"原生态""绿色食品"等标签进一步得到推广。这些被贴上标签的农牧产品的价格和利润空间都比它作为普通农副产品时高出许多，农牧产品销售收入也成了当地藏族民众收入的重要组成部分。贴上标签后的农牧产品，如青稞面、酥油茶、荞饼、牦牛肉、羊肉等，变成了具有香格里拉涉藏地区特色、藏族特色，能够让游客尽情地感受藏族饮食文化的旅游消费品，以个案 2-4 为例。

个案 2-4：旅游业开发以来，藏族的经济意识、市场意识已经逐步形成，并逐渐强化。各个村落的藏族以前是以游牧、农耕为主，藏族以前养牛是为了自己家里喝酥油茶、吃肉及生活中的农耕需要。现在藏族的思维意识改变了，农牧产品除自给自足外，更多的是为了获得经济效益。就连村子里的藏族老奶奶都出来做生意了，她们把牛奶、奶渣等奶制品卖给游客，五块钱一碗，都有赚钱的意识了。

从总体来看，随着旅游业的发展，进城务工及从事旅游业的人员在逐步地增加，而从事传统农牧业生产的人员在逐步减少，农牧产业的产出率从总体看也有下降的趋势。游客们在到达藏民家访的门口时，会有年轻的藏族男女为游客献上青稞酒和哈达。他们一边品尝着藏族的各种美食、美酒，一边欣赏着热情奔放的藏族歌舞表演。在这种特定的氛围及角色扮演中，游客不再是普通的游客，而化身成了"扎西"和"卓玛"。在此过程中，藏族传统文化得到进一步的展示及传播，游客也充分地体验和解读了藏族的饮食文化和歌舞文化。

　　此外，香格里拉市的特产可谓琳琅满目，有藏刀（卡卓刀）、银制的各种饰品、八宝图、天珠、玛瑙、尼西土陶制品、木制的各种手工艺品及各类特色旅游食品。此外，当地的一些名贵药材也受消费者喜爱，如雪莲花、冬虫夏草、贝母、藏红花、当归、麝香等。旅游业的发展也进一步带动了这些行业的发展，以个案2-5、2-6为例。

　　个案2-5：卡卓刀　在藏族的日常生活中，藏刀是随身配备之物，它既可辟邪，又可以作为食肉的餐具。佩戴藏刀会给人内心一种安全感，给人外表一种威武感，藏刀因为这些特性而受到藏族男性的喜爱。藏刀是藏族随身携带的吉祥信

图2-7　优品卡卓刀

（拍摄时间：2019年7月5日，拍摄地点：香格里拉市建塘镇独克宗古城，拍摄人：笔者）

物，是涉藏地区久负盛名的民族工艺品。卡卓刀用料为上等的钢材，外观精美、藏族文化特色浓郁，具有较高的收藏价值和纪念意义。这一工艺品在旅游业发展过程中也得到了极大的宣传。当地旅游业发展以后，卡卓刀成为游客最佳的馈赠礼品之一。卡卓刀根据档次，从几百元到上万元不等，经营卡卓刀的藏族人每年都可以获得丰厚的收入。

个案 2-6：皮雕艺术馆　香格里拉市建塘镇独克宗古城的皮雕艺术馆由当地藏族拖顶根伽创办，旨在将唐卡绘画及皮革雕刻工艺完美融合。藏式皮雕技艺是经过严格选料，首先在皮革上绘制图案，其次使用雕刻刀在皮革上雕刻线条，再用各种印花工具雕琢出凹凸的层次及纹饰，最后通过各种手法（主要通过矿物颜料）进行染色，最终使画面立体生动、线条流畅、颜色绚丽。独克宗古城门店销售的款式有很多：

图 2-8　皮雕艺术馆

（拍摄时间：2019 年 7 月 5 日，拍摄地点：香格里拉市建塘镇独克宗古城，拍摄人：笔者）

单肩包、钱夹、藏传佛像等，价格也从几百元到上万元不等。皮雕艺术品受到许多外地游客的喜爱，成为游客到此留念、购买纪念品的优选特色产品，也是当地藏族家庭生计方式转型的典型渠道。

旅游业的发展改变了藏族传统的生计方式，使香格里拉市藏族家庭生计方式变得越来越多元化，村民的日常生活与旅游业联系得越来越紧密。生计方式的转型，使当地藏族人的生活发生了翻天覆地的变化，他们不再局限于农业、畜牧业等传统的生计方式，多元化的生计方式随之出现。随着经济的发展和收入水平的提高，藏族的需求结构也不断变化，传统的生计方式和生活方式已经无法完全满足藏族日益增长的对美好生活的需要。随着旅游业的发展，藏族原来相对封闭的生存环境和相对固化的利益分配模式被进一步打破。农业、畜牧业的基础性作用虽然没有改变，但在当地财政收入中所占的比重明显降低，在藏族家庭总收入中所占的比重也有大幅度下降的趋势。旅游业及与之相关的餐饮、酒店、住宿、手工艺品加工等行业在藏族家庭总收入中所占的比重也在逐年增加，很多藏族家庭以多元化的生计方式为主，旅游业的发展是藏族家庭生计方式变迁的助推器。

生计方式转型后，藏族的经济收入明显提高，藏族生活条件得到了极大的改善，他们的吃、穿、住、行等条件与从前相比都有了质的改变。藏族不仅住上了新房，使用上了煤气、天然气，配置了冰箱、电视机等现代化的家用电器，还骑上了摩托车、电动车或者购置了汽车。由于交通的发达及商业网络的覆盖，香格里拉涉藏地区的物资也越来越丰富，商品的种类和质量都比以前有很大提高，当地的文化教育资源和医疗卫生条件都有较大提高。

在新的生计方式下，不同社会群体都试图从自身角度出发不断进行调适，以期在新的生计方式中谋求自身利益的最大化。在调适的过程中，藏族的族际交友面扩大了。随着藏族和其他各民族流动人口之间交往的加深，族际通婚率也明显提高；在族际通婚率提高的基础上，藏族的人口素质得到很大提高。

香格里拉市建塘镇的藏族家庭生计方式发生转型，与当地经济社会的转型密不可分。但是从藏族个人来讲，归根结底是由经济效益的驱动所导致的。理性的藏族人会在特定的时间和空间范围内选择能够带来更高经济效益的生计方式。西方经济学的古典经济学派的基本观点指出：在一定的时间和空间范围内，总存在人类需求欲望的无限性和自然资源的稀缺性这对矛盾，相对于人类无限增长的需求而言，自然资源总是相对稀缺的，面对资源的稀缺性，人类社会必须做出选择，即"经济选择"的问题。所以，若把香格里拉市建塘镇藏族家庭生计方式变迁放在藏族整体社会变迁与发展的历史进程中来看，这种变迁是必然的，是顺应社会变迁规律的。从传统的农牧业、采集业到林业，再到现今以旅游业为主的多元生计方式，都能很好地诠释藏族在各个不同历史时期对其所处的自然环境和人文社会环境的调适。

20 世纪 70~80 年代，粗放型的经济增长方式对香格里拉市建塘镇的自然生态环境造成了深远的影响和破坏。从 20 世纪 90 年代开始，党中央开始关注另一个大局，就是加快中西部地区的发展步伐，并提出和实施了"西部大开发"战略。在此背景下，迪庆州政府审时度势，做出了调整产业结构的重大决定，除保证农业、畜牧业、林业等传统产业以外，全力打造"香格里拉"旅游品牌，大力开发当地的生态旅游业，促使当地经济社会发生重大转型。在整个州经济社会转型的背景下，建塘镇当地藏族家庭生计方式随之发生转型，多元化的生计方式随之出现。在依拉草原景区附近的很多村落，藏族家庭的生计方式都发生了很明显的变化，从单一的农牧业到兼营旅游业，从农牧民到旅游从业人员；农牧产品延伸成旅游消费品。新的生计方式为藏族家庭带来了更多的经济效益，扩展了他们的发展空间，提高了他们的生活质量。与以往藏族从事的传统的生计方式相比，与 20 世纪 90 年代以前相比，从事旅游业及与旅游相关的行业的生计方式给处于迪庆州香格里拉市建塘镇的藏族及其社会文化都产生了深远影响，带来了前所未有的机遇和挑战。以旅游业发展为契机，香格里拉市建塘镇在近 30 年的历史发展进程中呈现区域经济跨越式发展的特点。

第 三 章

生计方式转型中藏族的族际交往空间进一步被重塑

香格里拉市建塘镇近 30 年来经济社会的转型主要表现为以旅游业为主的产业结构调整，地方经济社会的转型促使了当地藏族家庭生计方式的转型。所以，本书以旅游业发展的重要性、冲击性为导向，考虑旅游业发展背景之下藏族家庭生计方式转型中藏族的族际交往问题，因为在此视域下藏族的族际交往已经和传统生计方式下的交往完全不同，而是实现了更广阔空间中的族际交往。

族际交往对一个民族的发展至关重要，善于交往的民族往往更容易获得发展所需要的社会资源。族际交往是各民族之间接触、交流和往来的一种形式，各民族之间的交往及民族内部的交往与他们所从事的生计方式有着密切的关系。各民族所从事的生计方式类型往往会影响该民族日常生活及族际交往的各个方面，包括衣、食、住、行、社会交往、宗教信仰等。在当地旅游业开发以前，当地藏族主要从事农业、畜牧业、松茸采集等，他们大部分时间在农忙，社会交往较单一，以亲缘性社会交往和地缘性社会交往为主。随着旅游业的发展及生计方式的转型，藏族传统的自给自足的生计方式被改变，各民族之间的交往交流与分工协作的关系进一步加强，各民族在经济、政治、文化等方面的联系也日益强化。生计方式的转型使藏族的交友范围、交友方式、交友结构等都发生显著的改变。在亲缘性社会交往和地缘性社会交往的基础上，业缘性社会交往成为藏族重要的社会交往形式。根据实地调查走访，我们了解到生计方式转型中藏族的族际交往空间进一步被重塑，主要体现在以下几个方面。

第一节　藏族交友范围及交友方式的改变

生计方式转型以后的藏族与其他各民族交往更加密切。业缘关系是香格里拉市建塘镇藏族家庭生计方式转型以后建立的新型族际交往关系，生计方式转型中藏族交友范围的扩大主要体现在业缘关系的建构。业缘关系主要是指由于生计方式的转型，在新的生计方式中建立起来的一种新型交往关系，它对社会资源有重要的整合作用，对构建和谐民族关系也有重要的促进作用。生计方式转型以后的藏族交友方式更加多样化，藏族传统的交友方式以面对面的交流沟通为主，现代的交友方式则以网络通信为中介的交流沟通为主。随着网络、电视、手机在香格里拉市建塘镇的普及，藏族的交友方式也在不断更新。

一　业缘性社会交往扩大了藏族的交友范围

各族群成员如果只在族群内部频繁互动，不利于社会资源的整合，只有跨族群成员之间的频繁互动才有助于社会资源的整合。生计方式转型以后的藏族与其他各民族群体互动频繁，交往密切，有利于社会资源的流动与整合。除个别民族与当地藏族有更深层次的交往以外，业缘性社会交往大部分是建立在经济利益上的交往。从总体而言，业缘性社会交往具有对社会资源整合的作用。在业缘性社会交往的基础上，藏族的族际交往范围和人群得到显著扩大。业缘关系是香格里拉市建塘镇藏族的新型族际交往关系。生计方式转型中藏族交友范围的扩大主要体现在业缘关系的建构与拓展。为了将事业不断做大做强，藏族需要将交往的人群范围扩展到更宽广的人群中，并花时间和精力努力经营维护好这些关系。

根据费孝通先生的"差序格局"理论，生计方式转型中的藏族以自己为中心点向外不断扩展，从亲缘性、地缘性社会交往关系逐步向外扩展到以客户为主的业缘性社会交往关系。[①] 亲缘性、地缘性、业缘性社会交往关系相互交织，构成了藏族新的交际网络空间和社会文化空间。传统生计中藏族的交往对象更多是本地的汉族、傈僳族、白族、纳西族等民族，但是随着生计方式的转型，藏族的族际交往空间、交往范围、交往程度已经完全被改变，藏族的族际交往关系慢慢由"同心圆的关系"向"网络状的关系"发展。

茶会歌，藏语称"擦丫"，是当地藏族青年男女之间一种传统的交友形式，流传于香格里拉市高寒坝区的建塘、小中甸两镇，是香格里拉不同于其他涉藏地区的文化现象。在以前交通、通信不发达的年代，举办茶会歌是当地藏族青年男女交友择偶的重要渠道，通过参加茶会歌就可以认识村里或邻村的青年男女。锅庄舞，在香格里拉涉藏地区对锅庄舞有不同的称呼，建塘镇、小中甸把锅庄"果卓"称为"擦拉"，即欢乐玩耍之意；在东旺、格咱又把锅庄"果卓"称为"卓"；在香格里拉藏族把锅庄"果卓"习惯地称呼为"嘎卓"，嘎是欢乐，卓是舞，全意就是欢乐舞。从

---

① 费孝通：《江村经济》，北京大学出版社，2012，第113~124页。

香格里拉市藏族对锅庄的称呼和使用场景说明锅庄舞就是欢乐舞、
快乐舞，所以凡遇喜庆佳节、新居落成、婚嫁喜事，人们不分男
女老少都要跳个通宵，表示欢乐、祝福之意。在香格里拉市建塘
镇传统社会中，茶会歌和锅庄舞都是不同青年异性之间认识交往
的重要场合。但是，随着当地经济社会的整体发展，这一情况已
经发生改变，传统的茶会歌和锅庄舞已不再是交友的主要场合，
更多是一种具有欣赏性质的民族文化表演。

　　改革开放以后，随着社会主义市场经济的形成与发展，全国
各地的交往与联系有日益加强的趋势，香格里拉地区也有很多藏
族人到外地求学、打工、做生意，他们的交友范围和老一辈藏族
人相比，又有了更大的突破。当地旅游业发展以来，香格里拉市
已经真正成为外地游客心中的圣地。源源不断前来的国内外游客
在促进当地经济发展的同时，也进一步扩大了当地藏族交友的人
群范围。在旅游业发展的推动下，生计方式转型以后的藏族人生
存发展空间也得到了很大的拓展，交往人群范围已由亲人、亲戚、
熟人慢慢扩展至"陌生人"，业缘关系成为亲缘型社会交往、地缘
型社会交往之外的重要的社会交往关系。这种业缘关系主要是指
在做生意及业务往来的过程中建立起来的一种新的交往关系。业
缘关系的建构，有助于各种行业的进一步发展，业缘关系维系得
好与坏也会影响到生意的好坏，以个案 3-1、3-2、3-3 为例。

　　　　个案 3-1：据当地"阿丫藏民家访"的老板说，她家与
　　近 50 个旅行社、近 200 个导游有合作关系。导游把游客带来
　　后，可以提取 10 元到 100 元不等的中介费。这样，导游和藏
　　民家访之间就建立了一种业缘关系。在旅游旺季，每家藏民
　　家访每天的接待量大致都在 100 人次以上。生计方式转型后

从事旅游业及相关行业的藏族人，有大量的机会与国内外游客接触交流，交友范围得到很大的拓展。尽管有时接触的时间非常有限，但这样的交流机会对藏族的族际交往起到了至关重要的作用。

个案 3-2：松茸产业在香格里拉市建塘镇也是发展得较好的特色产业。据解放村村民扎西讲，他家做松茸生意已经有 10 多年，一开始只是简单从村民手里收购松茸再拿到市场转卖，后来在香格里拉松茸批发市场租了一间商铺，专门收购批发松茸。现在每天都和来自全国各地的游客打交道。除在店里销售外，他还用微信抖音在网络上进行销售，他的客户遍布全国各地，网络销售进一步拓展了他家的松茸销售渠道。每当收到高品质松茸时，他就发布在微信朋友圈和抖音平台里，一般都会有客户进行询价并成功交易。每年在松茸集中上市的旺季里，除店里正常的销售以外，他每天通过网络销售也可以卖出 15~30 公斤松茸。通过微信、抖音等网络平台销售松茸的过程，其实也是他的交友圈扩大的过程。总之，随着生计方式的转型，藏族的交友人群和范围已经明显拓展，并借助网络、手机等通信设备及平台有不断扩大的趋势。

个案 3-3：生计方式转型以后，藏族接触人群范围明显地改变了，思想意识也明显发生转变。以前接触的就是附近的居民，旅游业开发以后，接触的有可能是外地人，甚至是外国人。与外界的接触程度明显发生变化。以前在利益发生冲突时，他们首先考虑的是血缘关系和地域关系涉及的人，比如说：本地人在遇到矛盾的时候会团结一致对外。旅游业发展以后，他们眼界开阔了，思维意识也发生了变化，更加有大局意识，族际交往中更注重经济利益合作关系，血缘关系和地域关系有淡化趋势。现如今有矛盾冲突，他们首先考虑的是事业、经济利益、维护社区稳定等。

香格里拉市建塘镇的藏民家访，客人大多数是导游推荐的来自四面八方的游客。对于经营者而言，这些客人就是他的业缘关系网。藏民家访的经营对导游和旅行社的依赖非常强，一般每家藏民家访都会和上百个导游及旅行社建立业务上的往来关系，与导游和旅行社建立的合作越多，生意才能越红火。业缘关系是香格里拉市藏族生计方式转型后的新型族际交往关系，这种新型族际交往关系具有多元化和复杂化的特点。它对社会资源有重要的整合作用，对构建和谐民族关系也有重要的促进作用。

二　现代通信工具让交往变得更加高效便捷

随着旅游业的发展，藏族的族际交往空间、范围、程度已经完全被改变。除日常相处的乡里邻居之外，藏族接触的人群有扩大及复杂化的趋势，由"熟人"社会交往慢慢变为与"陌生人"的社会交往。他们以前的交友形式和范围较为单一，多为邻里之间的礼尚往来与走动，现在交友方式和形式则更加多样化。藏族不仅有当地的朋友，也有很多外地和国外的朋友。传统农村里的人际交往方式以面对面的沟通交流为主，聊天、唠嗑是每天藏族日常生活的一部分，交友也多表现为在一起喝青稞酒、酥油茶，聊天，跳锅庄舞，开茶会歌，等等。由于生活环境相对闭塞，聊天、唠嗑是藏族群众获取外界信息的主要渠道。

现在生活节奏变快了，随着现代化交通和通信的发展，藏族群众的交友方式增添了许多现代化的气息。朋友之间更习惯用手机等现代通信手段来交流与联系。打个电话、发条微信也就联络了彼此之间的感情和友谊。很多藏族人表示，自从有了手机和互联网，现在更习惯通过手机和网络进行沟通和联系，既节省时间，又方便快捷。除了打电话，通过微信聊天或者拨打视频电话也是他们常用的交流方式。特别是年轻藏族人，使用手机和网络沟通的时间和频率更高。当谈及传统面对面的沟通交流方式与借助现代通信手段的交友方式的优劣比较时，受访藏族人表示，通过手机的沟通交流更快捷方便，不受时间和空间的限制，交往范围更广，交流效率更高。但是有些场合和事情面对面的沟通方式较为合适。人们常说，见面三分情，有些重要的事情，当面沟通效果更好。所以，很多藏族人还是觉得应当视具体情况来选用不同的交流方式。

　　另外，在香格里拉市的藏族中历来都有互帮互助的传统习惯。这种互帮互助不仅是本民族内部，也包括族际互助。无论是受灾，还是平日家里的红白事，周围的邻居朋友只要知道的都会尽自己的力量伸出援手。在农村，人情往来也是各家各户每年的主要开销之一，每年少则几千元，多则上万元。在访谈过程中，被访藏族人说记不清自己到底送出过多少礼金。但是，家里如果有红白事的时候，也会收到村里其他人回赠的礼金。而且，随着交友范围的扩大，藏族的外族朋友和外地朋友也有很多。当问到对外地朋友的红事或者白事如何表达时，大多数藏族人表示会通过打电话及微信转账发红包的方式来表达祝贺或者问候，挂礼的金额会根据朋友的亲疏程度来决定，从一百元到上千元不等。这样，藏族这种互帮互助的传统习惯通过现代通信手段得到进一步的传承与拓展。为了解老一辈藏族人和青年一代藏族人交友方式的区别，我们以访谈 3-1、3-2 为例。

访谈 3-1：老一辈藏族人和青年一代藏族人的交友方式变化很大，我爷爷那一辈的交友人群是非常简单的，他们的朋友一般都是周围的邻居，很少有跨区域和外族的朋友，外族朋友较少。到我父亲这一辈，交友的人群又有新的变化。父亲在年轻的时候是开货车的，去过很多地方，接触的人也比较多，所以和爷爷那一辈相比，我父亲的交友圈就扩大很多，在思想上和范围上都有很大突破。随着交通和通信设施的发展，交友对象已经不受地理位置的限制和影响。到了我们这一辈，我们的交友范围就更广了，交友方式也更新颖。除了周围和学校认识的朋友，还有很多朋友是通过 QQ、微信等社交平台认识的。到了大学以后，认识和接触的人更多，交友的选择面更广。总之，比起我爷爷和父亲那一辈，我们的族际交友范围更广了。①

访谈 3-2：老一辈藏族更拘束一些，更注重交往的礼节和礼仪。到藏族家里去做客，老一辈人会给客人献哈达。黄色一般献给活佛、僧人、喇嘛及比较尊贵的客人；白色一般献给朋友，代表吉祥如意的意思。老一辈藏族在有尊贵的客人到来的时候，会杀牛、羊、猪等来招待客人，青年一代接待朋友可能会在家里面做客，也可能到外面的饭馆吃饭。杀牛、杀猪这些风俗都简化了，更随意一些。②

综上所述，老一辈藏族和青年一代藏族的交友方式差异很大。老一辈藏族更习惯传统的以面对面为主的沟通交流方式，他们觉

① 访谈人：笔者。被访谈人：扎巴江仓，藏族。访谈时间：2020 年 7 月 30 日。访谈地点：建塘镇解放村。
② 访谈人：笔者。被访谈人：卓玛，藏族。访谈时间：2020 年 8 月 7 日。访谈地点：建塘镇独克宗古城。

得见面说话三分情，有些重要的事情，当面沟通效果更好。而青年一代藏族更适应现代化的交友方式，他们觉得通过手机的沟通交流更快捷方便，不受时间和空间的限制，交往范围更广，交流效率更高。不同年龄藏族人的交友方式已经发生明显的代际差异。

三　外来人口的流入进一步扩大了藏族的族际交往人群

人口流动是市场经济环境中资源有效配置及区域经济发展的客观要求，也是促进各民族交往交流交融的有效途径。近年来随着香格里拉市旅游业的稳定发展以及相关招商引资项目的实施，大批来自不同地区不同民族的外来流动人口到香格里拉市建塘镇寻找商机。前期调查情况显示，建塘镇独克宗古城里90%的商户由外来流动人口经营，建塘镇已成为香格里拉区域重要游客和流动人口的集散中心。外来人口的流入，扩大了当地的劳动力市场，不仅对当地经济起到推动作用，也促进了建塘镇社会资源的循环与流动。游客和流动人口的流入，进一步扩大了建塘镇藏族的族际交往人群。随着大批外来流动人口和当地乡村各民族进城人口交集建塘镇，建塘镇现有民族种类变得更加多元化。此外，在参与市场经济及利益角逐的过程中，当地各世居民族与外来民族之间不断上演着利益分配和资源配置的博弈，各民族之间的利益关系格局也不断变化、重塑。在利益分配和资源配置的博弈过程中，各民族之间的交往更加深入，族际关系格局也更加复杂和多变。

（一）不同风俗习惯和宗教文化碰撞容易产生矛盾

外来流动人口的风俗习惯和香格里拉市建塘镇各少数民族的风俗习惯有着很大的差异，他们远离家乡，在一个陌生的环境里，情感上缺乏亲友的关爱，在与少数民族接触的过程中语言交流上也不是很通畅，在这种背景下很容易产生矛盾，如果不及时进行疏导，容易引发一系列的社会问题。跨地域流动的外来人员来自不同地区，都带着当地的宗教信仰和文化认同，他们的流入对香格里拉市建塘镇以藏传佛教为主导的藏族文化会产生一定的冲击。在这种跨文化的交往过程中，各民族的价值观念、文化背景差异、思维模式等方面存在巨大的差异，容易引发文化方面的冲突与矛盾，导致各民族心理上的隔阂。宗教信仰和文化认同的差异，多种宗教信仰的碰撞在一定程度上会扰乱人们的价值观，不利于民族关系的和谐发展，也会影响正常族际交往。政府和社区需要在宗教信仰和文化方面加以宣传和引导，减少不同文化和不同宗教信仰之间的冲突，避免民族矛盾激化。

（二）流动人口的大量流入加剧了当地的就业竞争

虽然当地招商引资建设项目需要大量的劳动力，各种企业的进驻也会带来大量的工作机会，但是在目前的用人体制里，采用的都是劳动力市场化机制，香格里拉市建塘镇本地藏族求职者仍然不具备优势。许多外来企业会更倾向于选择雇用有经验的汉族工人，因为语言沟通便利。这些由汉族人主导的企业对于香格里拉市建塘镇的少数民族青年来说是他们所不熟悉的，他们心中可能会产生一定的文化隔膜和文化紧张，这种心理会在一定程度上使他们对就业竞争更加敏感。对于香格里拉市建塘镇本地少数民族来说，跨地域人口流动人员以经商和务工为主，而一些进入外来企业的当地民族仍然处于商业利益链的底层，他们的期望收入和现实形成鲜明对比，容易产生心理落差。这种理想和现实的冲突容易引发族际交往冲突。这就需要政府及时进行干预，大力宣传正确的价值观，及时遏制不良之风，引导各族人员树立正确的财富观念和劳动观念。

（三）对当地居民造成的生存压力

大量流动人口流入建塘镇以后，在一定程度上打破了当地原有的人与自然生态环境之间的平衡关系，改变了香格里拉市建塘镇原有的民族构成与族际交往格局。流动人口分享了当地原有的教育资源、医疗资源、社会资源及社会福利，并对当地民族的文化（如语言文化、宗教信仰、民族习俗等）造成一定的冲击，这些文化上的冲突也会对当地各民族及其后代产生深远的影响。以上各方面的冲击，会使当地各民族对外来流动人口较为排斥。此外，随着外地游客的大量流入，当地的藏文化或多或少都有被同化的情况。跨区域流动人口大规模流入对香格里拉市建塘镇来说，客观上加速了当地经济社会的发展，为香格里拉市建塘镇的经济和社会发展带来更多的机遇和挑战。一般性的商业竞争和就业竞争如果得不到很好的解决就容易上升为民族问题，应该引起当地政府的重视，针对出现的问题提出合理的对策，及时解决族际交往产生的各种矛盾，实现多民族携手合作、共同繁荣。

群际接触理论认为，负面印象、抱有偏见以及行为歧视都是导致群际冲突的主要原因。群际接触有助于增进彼此之间的了解、缓解交往中的焦虑、让彼此之间产生共情。美国社会心理学家奥尔波特认为接触可以分为积极的接触与消极的接触。满足四个条件的接触才是积极的接触：平等地位、共同目标、群际合作、制度支持。可见，族际接触与交往并不一定能建立和谐的族际关系，和谐的族际关系需要满足一定的条件才能建立。香格里拉市建塘镇各民族之间的关系总体是和谐融洽的，笔者认为除满足以上四个条件外，最关键的是当地各民族之间建立了稳定的经济利益共同体关系。经济利益共同体的建立是香格里拉市建塘镇各民族交融的必要条件和助推器。

前期对各民族流动人口在当地融入情况的调查研究表明，影响外来流动人口社会融入的因素是多方面的，外来流动人口的

"收入水平"和"来当地的时间"长短对其融入当地社会有显著影响。随着外来流动人口收入水平的提高,其社会融入程度明显增强;随着外来流动人口在当地居住年份的增加,其社会交往及社会融入程度也明显增强。汉族流动人口认为自己已经融入和正在融入当地社会的占被调查汉族人口总数的87.3%。从总体情况看,汉族流动人口与当地社会的融入度相对较高,且融入的意愿较强;纳西族流动人口认为自己已经融入和正在融入当地社会的共占被调查纳西族人口总数的97%,纳西族流动人口大部分来自丽江宁蒗等地,在生活习惯与民族文化方面与香格里拉的藏族都有很多相似的地方,故其融入程度相比其他民族更高,且融入意愿较强,是各民族流动人口中融入程度最高的民族;白族流动人口认为自己已经融入和正在融入当地社会的共占被调查白族人口总数的88.3%,白族流动人口大多来自大理巍山等地;彝族流动人口认为自己已经融入和正在融入当地社会的共占被调查彝族人口总数的90.3%;回族流动人口认为自己已经融入和正在融入当地社会的共占被调查回族人口总数的96.0%,被访回族人在建塘镇多从事松茸收购及清真饭馆的经营,与当地农牧民也建立了较为稳定的业缘关系,因此其社会融入程度也较高。由此可见,流动人口到当地居住的时间越长,收入水平越高,其在当地建立的人际关系社交网络也越稳定,随着与当地各民族之间交往的加深,其在当地的社会融入程度也越高。

四 藏族的族际交往空间进一步被重塑

族际交往是各民族接触、交流和往来的一种形式,各民族之间的交往及民族内部的交往与该民族所处的经济发展水平及所从事的生计方式有着密切的关系。一个民族所从事的生计方式类型往往会影响该民族日常生活及族际交往的各个方面，包括衣、食、住、行、社会交往、宗教信仰等。族际交往对一个民族的发展至关重要，善于交往的民族往往更容易获得发展所需要的各种资源。在从事传统的生计方式时，藏族的交往对象更多是本地的汉族、纳西族、傈僳族、白族、彝族、回族等，交往对象较为局限。随着旅游业的发展，外来人口的流入进一步扩大了藏族的族际交往范围；随着生计方式的转型，藏族的族际交往空间、范围、程度已经完全被改变。在经济全球化、城镇化、乡村振兴战略的背景下，香格里拉市的旅游业获得发展，大量游客和外来流动人口涌入建塘镇，当地的族群关系格局变得更加复杂。各民族之间的交往交流与分工协作关系进一步加强，各民族在经济、政治、文化等方面的联系也更加紧密。各民族在参与市场经济的过程中，利益分配和资源配置的博弈变得更加频繁，竞争中各民族之间更需要加强沟通与交流。在各民族的交往、交流中，藏族的族际交往空间进一步被重塑。

业缘关系是香格里拉市建塘镇藏族新型的族际交往关系。生计方式转型中藏族交友范围的扩大主要体现在业缘关系的逐步扩大。业缘型社会交往关系的出现进一步促进了当地社会资源的整合，这种业缘关系对构建和谐民族关系也有十分重要的作用。根据费孝通的"差序格局"理论，生计方式转型中的藏族以自我为原点，将族际交往关系网络一层层地向外推，从家人到亲戚、同族、同乡，再到客户、生意伙伴。亲缘性社会交往、地缘性社会交往和业缘性社会交往互动关系相互交织在一起，构成了香格里拉市建塘镇藏族新的交际网络空间和社会文化空间。藏族的族际交往关系慢慢地由"同心圆的关系"向"网络状的关系"发展。

第二节　藏族族际交友结构的多元化发展

近年来，随着香格里拉市旅游业的发展，全国各地不同民族的外来人口到建塘镇寻找商机，当地很多藏族人也加入其中。随着藏族家庭生计方式的转型，藏族与外来流动人口的交往频率也大大增加了。为了解当地旅游业发展后当地各民族的族际交往情况，前期我们做了相关的田野调查，选取了20名通晓汉藏双语的师生承担田野调查及数据采集工作。在调研之前，调查小组制定了详细的访谈提纲及问卷，并向相关学科的专家进行了咨询论证。在此基础上，调查小组于2017～2018年的寒暑假期间赴香格里拉市建塘镇进行了为期2年的田野调查工作。在访谈提纲中，设计了"同事民族结构情况""族际互助相帮情况""族际交友聚会情况"作为藏族族际交友情况的衡量指标。本次抽样调查共投放调查问卷1000份，收回有效问卷941份，被访谈的对象涉及酒店、客栈、藏民家访、旅游景区等各类旅游从业人员。在被访人群中：男性有495人，占总样本的52.6%；女性有446人，占总样本的47.4%；汉族有644人，占68.4%；藏族30人，占1.1%；纳西族34人，占3.6%；回族29人，占3.1%；白族171人，占18.2%，其他民族合计33人，占5.5%；个体工商户占54.6%；商业、服务业人员占25.1%；非技术劳动力占12.3%；其他行业合计共占8%。

一　藏族的同事民族结构更加多元化

旅游业的发展，为建塘镇当地居民创造了更多的就业机会。当地的藏族及其他各民族居民、大量周边的农村人口及外来流动人口共同组成了当地的旅游从业人员大军。截至2019年12月，全州有旅游从业人员 12.6 万人，占全州人口总数的 30.7%，直接从业人员 2.6 万人，占全州人口总数的 6.3%。[①] 除了当地的藏族，还有大量本地及外地来的汉族、纳西族、白族、傈僳族等其他民族。前期对当地各民族流动人口的调研情况统计如下。

表 3-1　各民族流动人口同事民族构成情况

单位：例，%

同事民族构成 民族类型		汉族	藏族	纳西族	白族	回族	其他民族	合计
藏族	计数	132	232	157	17	11	11	560
	所占比例	23.50	41.50	28	3	2	2	100
汉族	计数	606	367	179	286	60	109	1607
	所占比例	42.04	28.28	10.72	9.07	3.09	6.80	100
纳西族	计数	170	98	159	0	0	153	580
	所占比例	29.25	16.98	27.36	0	0	26.41	100
白族	计数	148	119	65	149	4	50	535
	所占比例	27.66	22.24	12.15	27.85	0.80	9.30	100
彝族	计数	183	85	85	106	21	140	620
	所占比例	29.55	13.64	13.64	17.05	3.40	22.72	100
回族	计数	138	155	0	0	126	91	510
	所占比例	26.97	30.34	0	0	24.71	17.98	100

　　Pearson 卡方值：123.072，渐进 Sig.（双侧）：0.000。

　　注：表中 Pearson 卡方值、Sig. 值是运用 SPSS 统计分析软件对数据做相关分析得出的检验结果。Pearson 卡方值、Sig. 值表明了卡方检验的显著性水平，Pearson 相关系数、卡方值越大、Sig. 值越小，表明了卡方检验的显著性水平越高（下同）。

　　藏族流动人口同事的民族类型累计为 560 例，共占样本总量的 12.7%，藏族流动人口的同事以汉族和藏族为主，共占样本总

---

　　① 　迪庆藏族自治州政府：《2019 年迪庆藏族自治政府工作报告》，2019，第 5~10 页。

量的 65%。（详见表 3-1）。

汉族流动人口同事的民族类型累计为 1607 例，共占样本总量的 36.4%，从统计表中可见，汉族流动人口的同事以本民族、藏族、纳西族、白族为主。

纳西族流动人口同事的民族类型累计为 580 例，约占总样本量的 13.1%。从统计表中可见，纳西族流动人口的同事以汉族、本民族、藏族为主。

白族流动人口同事的民族类型累计为 535 例，约占总样本量的 12.1%。其中汉族同事占 27.66%，藏族同事占 22.24%，本民族同事占 27.85%。在样本中，白族流动人口在工作场所与本民族、汉族和藏族接触较多。

彝族流动人口同事的民族类型累计为 620 例，约占总样本量的 14.1%。彝族流动人口的同事以汉族、白族、藏族、纳西族为主，分别占 29.55%、17.05%、13.64%、13.64%。

回族流动人口同事的民族类型累计为 510 例，约占总样本量的 11.6%，其中汉族同事占 26.97%，藏族同事占 30.34%，本民族同事占 24.71%，其他民族同事合计占 17.98%。

为进一步了解生计方式转型后藏族的"同事民族结构情况"，我们以访谈 3-3、3-4 为例。

访谈 3-3：我们店里雇的大部分都是当地的藏族、汉族、纳西族、白族、彝族。大部分是通过熟人介绍的，也有自己来应聘的。我们一般会针对不同的岗位和条件，面试来应聘的，被留下来的基本都是最符合条件的。在店里，大家都是以事业为主，以能为顾客提供最优质的服务为原则。店里有各项纪律规定，大家都能遵守。虽然属于不同的民族，但总体来看都还相处得不错。①

可见，生计方式转型后的藏族，在从事服务业的过程中，同事民族成分也更加多元化，随着与其他各民族同事相处与交流机会的增加，族际交往进一步深入，为族际通婚创造了条件。

> 访谈 3-4：我老家是四川甘孜的，我是汉族。我到这个建材市场两年多了。这个建材市场做生意的大多数是福建、湖南、四川过来的，像福建和湖南基本上都是亲朋好友把他们介绍过来的。我们四川人比较能闯，很多都是自己过来的，而且四川离这里也近，所以来做生意的人也很多的。店主之间的关系还是很好的，我们都经常来往。②

根据访谈 3-4，我们了解到在建塘镇建材市场经营地板的多来自四川省，四川人具有"能闯、能吃苦"的特性，多从事相对"累、乱"的行业。他们大多是由亲朋好友和老乡介绍到香格里拉市建塘镇从事建材销售行业的，形成"老乡带老乡""朋友带朋友"的业缘圈。这个业缘圈也是以地缘关系和朋友关系为依托的具有地域特征的"五金、地板行业圈"。再进一步分析该行业圈形成的原因。首先，四川省与香格里拉市建塘镇相邻，他们到建塘镇做生意有一定的地域优势；其次，"有货源"是该行业圈形成的原因之一，他们经营的木地板品牌产地多为四川省，靠近货源地且有地域优势成为四川人到香格里拉销售地板的必要条件。

---

① 访谈人：笔者。被访谈人：格桑，藏族。访谈时间：2017 年 8 月 2 日。访谈地点：建塘镇独克宗古城。
② 访谈人：笔者。被访谈人：李老板。访谈时间：2017 年 7 月 30 日。访谈地点：仁安建材城。

访谈 3-5：我老家是丽江永胜的，我是纳西族人，我到这个建材市场六个月了。我租了间铺面专门做实木门生意，同时也在这边找到绿化工程做，所以会在这边一直待下去，做得顺利的话会考虑在这边定居下来。当初选择来香格里拉是因为觉得这边还在大力开发，又是旅游城市，估计以后来这边旅游和定居的人会越来越多。所以选择了建筑材料这个项目和绿化工程。这个建材市场做木地板生意的大多来自四川，做卫浴洁具生意的福建人比较多，做五金生意的四川人占多数，做木门生意的很多都是丽江永胜过来的。大家都是听说这里市场好、竞争小，就跟随老乡过来开店了。建材市场里，也有本地人开的铺子，有汉族、藏族。大家相处得都很好。汉族的朋友做建材的比较多，多来自四川、广东，他们都很健谈，没事的时候大家也会聚在一起。建材市场里的藏族都很热情，有时下雨，或者客人少时，会请我和他们一起吃饭。遇到红事也会主动来邀请。因为都是在建材市场里，所以经常有下货上货的，人手不够时大家都会互相搭把手。我现在处得比较好的有汉族和藏族的朋友，汉族朋友给了我很多生意上的宝贵意见，而藏族的朋友都不把我当外人，所以相处得很愉快。①

从访谈 3-5 中我们发现，在建塘镇销售门窗、油漆的多来自云南丽江，形成"门窗、油漆行业圈"。与前述的经商者相同，该行业圈也多是依托地缘关系由"老乡带老乡"来到建塘镇经营门窗、油漆生意。永胜人有经商传统，在香格里拉市从事经商的较为常见。在地理位置上，丽江与迪庆相邻，且丽江为纳西族聚居

---

① 访谈人：笔者。被访谈人：和老板。访谈时间：2017 年 7 月 30 日。访谈地点：仁安建材城。

区，其风俗和饮食习惯部分与藏族相似。来到建塘镇的丽江人多与当地藏族朋友关系密切，客户群也以"朋友介绍"的方式形成。因此，地理区位优势与朋友关系优势成为丽江流动人口到建塘镇经营门窗、油漆行业的客观因素。

二 藏族的族际互助相帮民族范围更广

藏族在家里有婚丧嫁娶及乔迁新居的时候，都会邀约朋友们前来帮忙。一般是家里的亲戚或者是关系好的朋友才会互助相帮。"族际互助相帮情况"是衡量藏族族际交往中人际关系好坏的重要指标，前期对部分酒店、客栈、藏民家访、旅游景区从业人员访谈的情况统计如表 3-2 所示。

表 3-2　各民族流动人口族际互助相帮民族类型

单位：人，%

民族类型	族际互助相帮 民族类型	汉族	藏族	纳西族	白族	回族	其他 民族	从来 没有	合计
藏族	计数	10	11	9	0	0	0	0	30
	所占比例	32	35	27	2	2	2	0	100
汉族	计数	215	158	43	48	4	30	146	644
	所占比例	33.53	24.55	6.79	7.38	0.26	4.7	22.79	100
纳西族	计数	6	7	8	0	0	3	10	34
	所占比例	18.33	21.67	23.33	0	0	10	26.67	100
白族	计数	40	34	10	48	0	14	24	171
	所占比例	23.46	19.94	5.7	28.15	0	8.5	14.25	100
彝族	计数	4	3	2	2	0	8	12	31
	所占比例	19.6	9.81	4.8	3.7	0	24.83	37.26	100

民族类型 族际互助相帮 民族类型		汉族	藏族	纳西族	白族	回族	其他 民族	从来 没有	合计
回族	计数	4	10	0	0	9	1	5	29
	所占比例	15	33.33	0	0	29.42	4.6	17.65	100

Pearson 卡方值：335.444，渐进 Sig.（双侧）：0.000。

被访藏族与本民族在红白事中互助相帮的约占总样本量的35%，藏族与汉族在红白事中互助相帮的约占总样本量的32%，藏族与纳西族在红白事中互助相帮的约占总样本量的27%，藏族与回族、白族、傈僳族等其他民族在红白事中互助相帮的均占总样本量的2%（见表3-2）。

被访汉族流动人口与本民族有稳定的互助关系的占33.53%，排第一；与藏族有稳定的互助关系的占24.55%，排第二；与纳西族有稳定的互助关系的占6.79%；与白族有稳定的互助关系的占7.38%；在建塘镇从来没有参与过族际互助的占22.79%。可见，汉族流动人口在族际互助方面除本民族外主要与藏族交往密切。

被访纳西族流动人口与汉族有族际互助相帮的占18.33%；与藏族有族际互助相帮的占21.67%；与本民族有互助相帮的最多，占23.33%；从来没有参与过族际互助相帮的占26.67%；纳西族流动人口在族际互助方面除本民族外主要与藏族、汉族交往较多。

被访白族流动人口与汉族有族际互助相帮的占23.46%；与藏族有族际互助相帮的占19.94%；与本民族有互助相帮的占28.15%；被访白族中从来没有参与过族际互助相帮的占14.25%。可见，与白族流动人员来往较密切的除本民族外主要有汉族和藏族。

被访彝族流动人口与汉族有族际互助相帮的占 19.6%；与藏族有族际互助相帮的占 9.81%；与其他民族有族际互助相帮的占 24.83%。被访对象中从来没有参与过族际互助相帮的占 37.26%。彝族流动人口在建塘镇多从事临时性的工作，在一定程度上导致了他们的社会融入度不高。

被访回族流动人口与汉族有族际互助相帮的占 15%；与藏族有族际互助相帮的占 33.33%；与本民族有互助相帮的占 29.42%；被访回族中约占 17.65%的人表示从来没有参与过任何族际互助相帮，这可能与他们的饮食习惯及文化有关。

为进一步了解生计方式转型后藏族的"族际互助相帮情况"，我们访谈了当地的部分藏族，以访谈 3-6 为例。

访谈 3-6：丹增列谢夫妇都是建塘镇独克宗古城里一家餐馆的工作人员。丹增列谢是当地的藏族，他媳妇是丽江纳西族，属于族际通婚。据他说，他们结婚时，是按照藏族婚礼的仪式来操办的，迎亲时，仪仗队是他的朋友和亲戚，除了藏族外，还有汉族、纳西族、白族、傈僳族。送亲队伍则是女方家的亲戚组成的，都是丽江纳西族。[①]

生计方式转型中，当地各民族的族际互助关系也随之发生变迁。藏族在红白事中，除了邀请本民族的亲朋好友外，还邀请汉族、纳西族等其他民族前来相帮，而其他民族在红白事中也将藏族作为族际互助邀请的主要对象。随着藏族交友面的扩大，藏族与其他各民族之间互助的次数也随之增加，各民族之间的交往交

---

① 访谈人：笔者。被访人：丹增列谢，藏族。访谈时间：2019 年 7 月 15 日。访谈地点：建塘镇独克宗古城。

流交融有进一步加深的趋势。

三　藏族的族际交友聚会民族更加多元化

在人与人的交往过程中，聚餐和休闲娱乐是较为常见的途径，也是衡量朋友之间关系的重要指标。因此，藏族的"族际交友聚会情况"也可作为藏族族际交往的重要测量指标。

表 3-3　各民族流动人口族际交友聚会民族类型

单位：人，%

民族类型	族际交友聚会民族	汉族	藏族	纳西族	白族	回族	其他民族	从来没有	合计
藏族	计数	7	8	6	5	0	1	3	30
	所占比例	22	25	19	18	0	6	10	100
汉族	计数	263	158	56	56	17	30	64	644
	所占比例	40.78	24.56	8.66	8.76	2.6	4.71	9.93	100
纳西族	计数	10	7	10	3	0	0	4	34
	所占比例	30.88	19.12	30.88	7.36	0	0	11.76	100
白族	计数	46	35	12	63	1	6	8	171
	所占比例	26.82	20.53	6.84	36.3	1	4.21	4.3	100
彝族	计数	7	6	4	3	0	6	5	31
	所占比例	23.8	17.46	16.51	7.94	0	20	14.29	100
回族	计数	6	8	0	0	10	3	2	29
	所占比例	18.03	24.59	0	0	36.06	11.32	10	100

Pearson 卡方值：635.280，渐进 Sig.（双侧）：0.000。

被访藏族流动人口和本民族朋友一起交友聚会的排第一，约占 25%；和汉族朋友一起交友聚会的排第二，约占 22%；和纳西族朋友交友聚会的约占 19%；和白族朋友交友聚会的约占

18%；和其他民族朋友交友聚会的约占 6%；从来没有和朋友交友聚会的约占 10%（详见表 3-3）。

在被访汉族流动人口中，经常与本民族交友聚会的占 40.78%；和藏族交友聚会的占 24.56%；从来没有参与过任何族际交友聚会的占 9.93%。在访谈中了解到建塘镇的汉族流动人口很多从事建材销售、农贸市场零售及旅游业。

在被访的纳西族流动人口中，与本民族和汉族的朋友交往最为频繁，各占 30.88%；与藏族朋友交友聚会的占 19.12%；与白族朋友交友聚会的占 7.36%；从来没有参与过族际交友聚会的占 11.76%。

在被访的白族流动人口中，经常与汉族朋友有交友聚会的占 26.82%；与藏族交友聚会的占 20.53%；与本民族交友聚会的占 36.3%；与纳西族交友聚会的占 6.84%；与其他民族交友聚的占 4.21%；从来没有过族际交友聚会的占 4.3%。

在被访的彝族流动人口中，经常与汉族朋友交友聚会的占 23.8%；与藏族交友聚会的人数占 17.46%；与纳西族交友聚会的占 16.51%；与白族交友聚会的占 7.94%；与其他民族朋友交友聚会的占 20%；从来没有交友聚会的占 14.29%。

在被访的回族流动人口中，与本民族交友聚会的占大多数，约有 36.06%；与汉族交友聚会的占 18.03%；与藏族交友聚会的占 24.59%；与其他民族交友聚会的占 11.32%；从来没有族际交友聚会的占 10%。为进一步了解生计方式转型以后藏族的"族际交友聚会"变化情况，我们以访谈 3-7 为例。

访谈 3-7：总体感觉当地各民族的交友圈还是以本民族圈和老乡圈为主。大理来的白族，更多会和他们的老乡交往，丽江来的纳西族更多会和他们的老乡来往。我很喜欢结交朋友，我的朋友有很多民族，有本地的，也有外地来旅游认识的。总体来看，以藏族、汉族和纳西族为主，回族朋友只有一个，他是做餐饮的，白族朋友有 2 个，都是做生意的。一般相处较好的朋友，在有红白事时都会互相帮忙。我参加多一些的是藏族、汉族、纳西族朋友家的婚礼和葬礼，傈僳族、彝族和回族的没有参加过。平时也是和汉族、纳西族、白族的朋友在一起的时候多，大家在一起吃饭，喝酥油茶、喝青稞酒、聊天，还可以一起上山捡菌子、野炊。[①]

　　生计方式影响了藏族的族际交往及社会关系。在不同的生计方式中，藏族的行为方式、族际交往、风俗习惯以及民族文化等都各有不同，如在传统生计方式下藏族和其他各民族的交往与合作就相对较少，很多事主要依靠家庭内部成员来完成，亲缘性社会交往渗透在藏族生活的各个方面。在新的生计方式下，藏族则加强了与其他各民族的交往与合作，藏族的行为方式、族际交往都发生了改变。随着手机等现代通信工具的推广普及，藏族的交往方式和社会交往空间得到进一步扩展。总之，随着社会的发展，藏族的交往方式从过去单一的交往模式向多元化的交往方式转变。生计方式转型中的藏族，族际交往的广度和深度都得到很大的拓展。

　　马克思主义哲学有关唯物史观的两对不同的矛盾和哲学范畴：生产力决定生产关系，经济基础决定上层建筑。族际交往对一个民族的发展至关重要，善于交往的民族往往更容易获得发展所需

---

① 访谈人：笔者。被访谈人：鲁茸农布，藏族。访谈时间：2019 年 8 月 1 日。访谈地点：建塘镇独克宗古城皮雕艺术店。

要的社会资源。各民族之间的交往及民族内部的交往与他们所从事的生计方式有着密切的关系。在传统的生计方式下，当地藏族的交友以亲缘性社会交往和地缘性社会交往为主，交往对象主要是本地的汉族、傈僳族、白族等。随着旅游业的发展及生计方式的转型，各民族在经济、政治、文化等各方面的联系也日益强化。生计方式的转型使藏族的交友范围、交友方式、交友结构等都发生显著的改变。在亲缘性社会交往和地缘性社会交往的基础上，业缘性社会交往成为藏族重要的社会交往形式。生计方式转型中藏族交友范围的扩大主要体现在业缘关系的逐步扩大。这种业缘关系对社会资源整合的功能是显而易见的，对构建和谐民族关系也有十分重要的作用。亲缘性社会交往、地缘性社会交往和业缘性社会交往互动关系相互交织，构成了香格里拉市建塘镇藏族新的族际交往空间和社会文化空间。

随着现代通信工具手机的普及，藏族的族际交往关系正慢慢由"同心圆的关系"向"网络状的关系"发展。老一辈藏族和青年一代藏族的交友方式区别很大。老一辈藏族更习惯传统以面对面为主的沟通交流方式，他们觉得见面说话三分情，有些重要的事情，当面沟通效果更好。而青年一代藏族则更适应现代化的交友方式，他们觉得通过手机的沟通交流更快捷更方便，不受时间和空间的限制，交往范围更广，交流效率更高。总之，不同人群交友方式的差异化较为明显。

近年来，随着香格里拉市旅游业的发展以及相关建设项目的实施，吸引了大量的外来流动人口，建塘镇已成为香格里拉区域重要的游客集散中心。外来人口的流入进一步扩大了藏族的族际交往人群，藏族的族际交往达到了前所未有的广度与深度。香格里拉市建塘镇的族际交往关系正日益广泛、深入和复杂。群际接触理论认为满足平等地位、共同目标、群际合作、制度支持等四个条件时的接触才是积极的接触，族际接触与交往并不一定能建立和谐的族际关系，和谐的族际关系需要满足一定的条件才能建立。香格里拉市建塘镇各民族之间的关系总体是和谐融洽的，笔者认为除满足以上四个条件以外，最关键的是当地各民族之间建立了稳定的经济利益共同体关系。经济利益共同体的建立是香格里拉市建塘镇各民族交融的必要条件和助推器。

第 四 章
生计方式转型中藏族使用语言的变化

　　语言是人类群体特殊使用的一套符号系统，既是一个民族与其他民族交流的工具，又是该民族传统文化延续的载体，从该民族使用的语言中往往能看出该民族历史变迁的痕迹。语言同时具有文化性和实用性。在多民族杂居的区域，语言使用的情况还可以反映出各民族之间交往与交融的程度。从各民族使用的语言中，也可以清晰地了解各民族的思维模式。语言包含在各民族文化的范畴之中，脱离了文化，语言只是一个空壳，没有内涵和实际意义。如果没有语言，文化也就失去了被记载与传承的载体。一方面，语言是一种民族文化的象征符号，代表着该民族文化中的特殊意义，与该民族的族群认同、族群边界息息相关，是一个民族区别于其他民族的重要特征之一；另一方面，民族语言是族群内部、族群与族群之间互通有无、进行文化交流的重要媒介手段。在经济全球化不断发展的今天，藏语和国家通用语言的交融性进一步得到体现。随着藏族与汉族之间交往与交流的深入，藏语中的部分词汇也有借鉴国家通用语言的情况。因此，对香格里拉市藏族语言使用的情况进行调查研究，可以帮助我们更好地了解藏族与汉族等其他各民族交往与交融的程度。

第一节　藏族家庭内部及对外交流使用语言的变化

在长期交往交流交融的历史进程中，香格里拉市建塘镇各民族之间互相学习和使用对方语言的现象较为普遍，特别是在藏族家庭生计方式转型的过程中，出于与其他民族交往与交流的需要，他们对国家通用语言的学习需求明显增加了。

一　藏族家庭内部使用语言情况的变化

为了解在生计方式转型的过程中，藏族对国家通用语言使用的变化情况，我们对香格里拉市建塘镇解放村春宗社族内婚、族际通婚的不同藏族家庭内部使用语言的情况做了调查，选取了不同年龄段及不同受教育程度的藏族群众作为受访者。具体情况见表4-1。

表4-1　调查对象基本情况

村寨名：香格里拉市建塘镇解放村春宗社

编号	1	2	3	4	5	6
姓名	鲁茸培楚	拉茸扎西	鲁茸顿珠	七林汪堆	安吾西沙	安翁
性别	男	男	男	男	男	男
年龄	56	30	28	57	61	50
文化程度	初中	大专	本科	小学	小学	小学
母语及水平	藏语，熟练	藏语，熟练	藏语，熟练	藏语，熟练	藏语，熟练	藏语，熟练
配偶民族	藏族	纳西族	汉族	藏族	藏族	藏族

表 4-2　藏族家庭内部语言使用情况

交际双方		调查对象					
		鲁茸培楚	拉茸扎西	鲁茸顿珠	七林汪堆	安吾西沙	安翁
长辈对晚辈	父母对子女	藏语	藏语	藏语	藏语	藏语	藏语
	祖辈对孙辈	藏语	藏语	藏语	藏语	藏语	藏语
	公婆对儿媳	国家通用语言	国家通用语言	国家通用语言	藏语	藏语	藏语
晚辈对长辈	子女对父母	藏语	藏语	藏语	藏语	藏语	藏语
	孙辈对祖辈	藏语	藏语	藏语	藏语	藏语	藏语
	儿媳对公婆	国家通用语言	国家通用语言	国家通用语言	藏语	藏语	藏语
同辈之间	祖父母之间	藏语	藏语	藏语	藏语	藏语	藏语
	父母之间	藏语	藏语	藏语	藏语	藏语	藏语
	兄弟姐妹之间	藏语	藏语	藏语	藏语	藏语	藏语
	儿子与儿媳	国家通用语言	国家通用语言	国家通用语言	藏语	藏语	藏语
主人对客人	对本族客人	藏语	藏语	藏语	藏语	藏语	藏语
	对非本族客人	国家通用语言	国家通用语言	国家通用语言	国家通用语言	国家通用语言	国家通用语言
	对陌生人	国家通用语言	国家通用语言	国家通用语言	国家通用语言	国家通用语言	国家通用语言

　　通过访谈 4-1 进一步了解建塘镇解放村藏族家庭内部语言使用的情况及他们对子女学习国家通用语言的态度。鲁茸培楚和妻子都是藏族，属于族内婚。他们的儿子鲁茸顿珠娶了当地的汉族，属于族际通婚。他们的家庭结构具有一定的代表性。以下是具体的访谈情况。

　　访谈 4-1：我家里有 8 人，我和老伴都是藏族。女儿和儿子都已经成家了。女婿是本地藏族，儿媳妇是本地汉族。我们在家里一般都习惯用藏语交流。和儿媳妇之间用国家通用语言交流的多一些，她能听一些藏语，但不太会说，儿子和儿媳之间也主要用国家通用语言交流。有朋友来家里做客时，如果对方会说藏语，我们就用藏语交流，感觉更亲切一些；如果是其他民族的朋友来做客，就用国家通用语言交流。进城或者和村里的人打交道时，碰见藏族同胞就使用藏语，遇见汉族和其他少数民族的熟人就讲国家通用语言。村里的汉族刚开始时只会讲国家通用语言，不会藏语，在家里和赶集买东西都用国家通用语言交际。在村里待久了以后，他们也慢慢学会听藏语了，开始用藏语向藏族买东西，就慢慢变成同时会藏语和国家通用语言两种语言了。这些族际通婚家庭里的小孩子也是同时会讲藏语和国家通用语言两种语言，而且两种语言都还讲得不错，能灵活自如地运用，学习国家通用语言还是很有必要的。国家通用语言要会说，便于他们和别人打交道，可以找到好的工作。藏语也要会说，毕竟是我们自己的母语，会讲藏语也可以传承本民族的历史传统文化。我很喜欢看电视，看新闻联播，以前没有电视的时候，我很喜欢听收音机，听多了，国家通用语言就说得越来越流利了。现在来这边旅游的人很多，我们家也会做些酸奶、奶渣之类的东西拿出去卖，和客人交流一般还是使用国家通用语言，说得多了也就越来越流利了。①

通过以上访谈，建塘镇解放村春宗社藏族家庭内部语言使用

---

① 访谈人：笔者。被访谈人：鲁茸培楚，藏族。访谈时间：2020 年 8 月 1 日。访谈地点：建塘镇解放村。

有如下特征。

在藏族与藏族结合的族内婚家庭中，藏语是家庭成员之间日常生活中使用的主要交际用语。无论是长辈与晚辈之间交流还是同辈之间交流，都更习惯使用藏语。藏语的使用在代与代间没有明显的差异，家庭中藏语保留得较好，母语在家庭内部很有活力，如鲁茸培楚、七林汪堆、安吾西沙、安翁的家庭。在藏族与其他民族结合的族际通婚家庭中，长辈与晚辈、孙辈之间交流更习惯使用藏语，公婆与非藏族的儿媳之间交流则更习惯使用国家通用语言，儿子与儿媳之间交流则更多使用国家通用语言。可见，在族际通婚家庭中，藏语和国家通用语言都是家庭成员主要使用的交际用语，且国家通用语言的使用频率比族内婚家庭更高，如拉茸扎西、鲁茸顿珠的家庭。

被访的藏族大多都是藏汉双语使用者，既能熟练地使用藏语，又会使用国家通用语言。在与客人交流时，根据客人使用语言的情况决定使用哪种语言。如表4-2所示，在与本民族的客人交流时，6人全都优先使用藏语，而如果交流对象是其他民族，6人全都优先使用国家通用语言与对方交流。一旦发现交流对象既会讲藏语又会讲汉语时，6人都表示还是会选择使用藏语来交流。他们认为，讲藏语能够更快地拉近彼此之间的距离，彼此之间更容易获得好感和信任。

二　藏族家庭对外交流使用语言的变化

为进一步了解藏族对国家通用语言使用的情况，我们对被访藏族家庭的成员在外使用语言的情况做了进一步调查，具体情况如下。

香格里拉市建塘镇解放村春宗社被访藏族表示在生产劳动、

买东西/赶集、开会发言、婚嫁丧葬、宗教仪式等不同场合下，会选择使用不同语言进行交流，主要使用的有国家通用语言和藏语，这6位被访对象都是汉藏双语使用者（详见表4-3）。

表 4-3　藏族家庭外部语言使用情况

不同场合＼姓名	鲁茸培楚	拉茸扎西	鲁茸顿珠	七林汪堆	安吾西沙	安翁
打招呼	藏语	国家通用语言	国家通用语言	藏语	藏语	藏语
聊天	藏语	国家通用语言	国家通用语言	藏语	藏语	藏语
生产劳动	藏语	国家通用语言	国家通用语言	藏语	藏语	藏语
买东西/赶集	藏语	国家通用语言	国家通用语言	藏语	藏语	藏语
看电视节目/新闻	藏语	国家通用语言	国家通用语言	藏语	藏语	藏语
看病	藏语	国家通用语言	国家通用语言	藏语	藏语	藏语
开会发言	藏语	国家通用语言	国家通用语言	藏语	藏语	藏语
婚嫁丧葬	藏语	藏语	藏语	藏语	藏语	藏语
宗教仪式	藏语	藏语	藏语	藏语	藏语	藏语

其中，鲁茸培楚、七林汪堆、安吾西沙、安翁4人都是50岁以上的中老年人，他们表示在与其他民族交往时，主要还是使用藏语，只有当对方听不懂藏语时，才会选择使用国家通用语言交流，和熟人之间见面打招呼、聊天、买东西/赶集、看病、开会发言、婚嫁丧葬、宗教仪式等公共场合都主要使用藏语进行交流，在日常交往中，藏语的使用频率最高，平时也更喜欢看藏语转播的电视节目/新闻。拉茸扎西、鲁茸顿珠2位被访对象都受过大专及以上的教育，属于青年一代的藏族。鲁茸顿珠的妻子是汉族，属于族际通婚，他们表示，由于在学校里主要使用国家通用语言和老师同学们交流，在公共场合与其他民族交流时，也更习惯使用国家通用语言；如果和只会藏语的藏族人交流时，才会优先使

用藏语。但是，在一些特殊场合，如在参加本民族的婚嫁丧葬及宗教仪式时，则主要还是使用藏语。通过访谈 4-2 进一步了解藏族家庭外部语言使用的变化情况。

> 访谈 4-2：我们平时在赶集时主要看交流对象，如果和藏族老乡买东西，一般就用藏语，和汉族、纳西族等其他民族买东西就用国家通用语言，使用哪种语言主要看是否好沟通。平时在家里一般更喜欢看中文频道，汉语节目要丰富一些。新闻和电视剧都喜欢看，我父母他们还是更习惯看当地的藏语频道，也很喜欢收听藏语广播。藏语在一些特殊场合使用得要更多一些。比如说，参加藏族的婚礼或葬礼时，一般用藏语交流多一些，藏族的婚礼或葬礼有很多仪式是需要用藏语交流来完成相应流程的，如果请喇嘛来也是用藏语念经。如果在藏族和其他民族结合的婚礼仪式中，虽然也有一些藏族的婚嫁仪式，但是整个过程中主要都是用国家通用语言来交流的，现在还有很多与其他民族通婚的，也会使用其他民族的语言，总的来说，就是入乡随俗。①

改革开放前，当地藏族生活空间较为封闭，交往对象较为局限单一，与外界联系较少，如果遇到不懂藏语的外来民族，就无法交流。改革开放后，特别是随着建塘镇旅游业的发展，面对全国各地源源不断的游客，藏族使用国家通用语言的能力及要求进一步提高了，懂国家通用语言更方便与游客交流，也能赚更多的钱。因此，藏族学习国家通用语言的动力也更足了。据了解，青

---

① 访谈人：笔者。被访谈人：鲁茸顿珠，藏族。访谈时间：2020 年 8 月 1 日。访谈地点：建塘镇解放村。

年一代的藏族在学校接受的基本都是国家通用语言教学，都能熟练地使用国家通用语言进行交流。老一辈的藏族，特别是没有上过学的部分藏族老人，主要还是习惯用藏语进行交流，但也有部分被访老人说他们虽然不会说国家通用语言，但他们能听懂新闻等电视节目。据了解，这些不会说国家通用语言的老人基本都没有上过学，很多人从小到大能接触到的人除家里的亲戚以外就是左邻右舍，大家平时交流都说藏语，除能听到周围一些嫁过来的民族说的方言外，很少能听到其他民族语言。以前电视、网络、广播也不像现在这么普及。一些受过小学教育的老人表示，以前在学校里老师也是用藏语教学的，村里人接触一般也都用藏语打招呼，加上以前当地经济比较落后，很多家庭没有经济能力供更多的孩子上学，很多五六十岁的老人特别是藏族女性没有上过学。

改革开放后，在国家相关政策的扶持下，涉藏地区的经济社会有了很大的发展，藏族的生活质量和水平得到了极大的提高，青年一代的藏族到外地上学、打工的也越来越多。加上当地旅游业的发展，大量国内外游客的涌入，懂国家通用语言成为必不可少的一项技能。随着旅游业的发展，一些生计方式转型的藏族发现，开餐馆、做导游、开客栈等挣钱多的行业都需要懂国家通用语言文字，学习国家通用语言的重要性和必要性进一步凸显。通过调查可以看出，随着藏族交往范围和人群的扩大，藏族对国家通用语言学习的动力更足了，语言学习与经济效益直接挂钩，获取经济利益在某种程度上也转化成了藏族学习国家通用语言的动力。熟练掌握国家通用语言文字是不同民族之间有效沟通交流的前提条件，使用国家通用语言文字可以有效消除不同民族沟通交流时的障碍，拉近彼此之间的心理距离，增加认同感，提高沟通的效率。综上所述，香格里拉市藏族生计方式的转型有效推动了国家通用语言文字在当地的进一步推广普及。

第二节 不同藏族家庭中藏语及汉语使用的代际差异比较

随着藏族与其他民族之间族际通婚数量的增加，藏族的族内婚家庭与族际婚家庭的语言使用情况出现一些代际差异，族内婚藏族家庭中藏语使用的频率较族际婚家庭高，而族际婚藏族家庭中国家通用语言使用的频率较族内婚家庭高。为了解不同藏族家庭内部语言使用的代际差异情况，我们还是用以上受访者家庭的情况进行比较：①鲁茸培楚，配偶藏族；②拉茸扎西，配偶纳西族；③鲁茸顿珠，配偶汉族；④七林汪堆，配偶藏族；⑤安吾西沙，配偶藏族；⑥安翁，配偶藏族。

一 族内婚的藏族家庭内部语言使用的代际差异

个体习惯使用什么语言在很大程度上受到周围语言环境、交流对象和母语的影响。家庭内部使用什么语言，直接关系到下一代的语言选择和语言能力的形成。在族内婚的藏族家庭中，藏语的使用频率较高，以个案 4-1 为例。

　　个案 4-1：安翁的父母（第一代）：安翁的父亲 73 岁、母亲 70 岁，夫妻二人都是藏族，族内婚，建塘镇解放村村民，在家务农，夫妻二人的交流用语为藏语，对外交流也主要使用藏语，会说简单的国家通用语言。

　　安翁夫妇（第二代）：安翁夫妇是族内婚，丈夫安翁，建塘镇解放村村民，小学学历，会说并且能够熟练掌握国家通用语言。妻子央金，藏族，初中学历，夫妻二人之间的交流用语为藏语，对外交流语言为藏语和国家通用语言，但还是以藏语为主。

　　安翁的儿子（第三代）：安翁取品，22 岁，毕业于云南民族大学，汉藏双语使用者，在家和父母讲藏语，对外交流语言为藏语和国家通用语言。

　　据安翁介绍，他不担心藏语在家庭中衰退，他的家庭成员虽然在外边讲国家通用语言，但是回到家后，交流用语为藏语。安翁认为后代们是否具有使用母语的能力与长辈的语言态度有很大的关系，家长要在家庭中讲藏语，孩子才能将母语传承下来。安翁一家三代藏语使用没有出现较明显的代际差异，主要有以下几方面的原因。

　　（1）族内婚。安翁家庭的第一代和第二代人都是族内婚姻，家庭用语主要是藏语，家庭中第三代没有出现藏语使用水平明显衰退的现象。

　　（2）父母的语言态度及语言使用环境。安翁认为，小孩子能否具有使用母语的能力和父母的语言态度有关系。安翁的儿子虽然在外使用国家通用语言，但是回到家后，与家庭成员之间还是主要使用藏语交流。因此，安翁一家三代人的藏语使用水平没有出现明显衰退的现象。

二　族际婚的藏族家庭内部语言使用的代际差异

　　在建塘镇的族际婚藏族家庭中，随着其他民族成员的进入，家庭成员结构发生变化，家庭内部使用藏语和国家通用语言的情况也随之发生变化。以个案 4-2 为例。

个案4-2：拉茸扎西的父母（第一代）：父亲55岁，藏族；母亲51岁，藏族，族内婚，建塘镇解放村村民，在家务农，夫妻二人的交流用语为藏语，对外交流也主要使用藏语。

拉茸扎西夫妇（第二代）：拉茸扎西，30岁，香格里拉市建塘镇五村村民，大专学历，妻子和丽霞，纳西族，夫妻二人是在建塘镇打工时认识的，夫妻二人的交流用语为国家通用语言，和丽霞会听藏语，但基本不会说。

拉茸扎西的儿子（第三代）：格茸，8岁，在建塘镇读小学，学校里老师主要用国家通用语言教学，他和同学、老师主要用国家通用语言进行交流，在家和其他家人之间主要讲藏语，和母亲则主要用国家通用语言进行交流。

通过以上分析，拉茸扎西一家三代藏语使用水平出现了明显的代际差异，主要的差异表现在第一代、第二代和第三代间藏语的使用水平上。拉茸扎西的父母（第一代）族内婚，夫妻二人在家里使用的主要语言为藏语，拉茸扎西夫妇（第二代）族际婚，家庭内部交流使用语言已发生改变，由藏语转变为国家通用语言。拉茸扎西的儿子（第三代）上学以后，语言环境进一步发生改变，国家通用语言成为主要使用的语言。

经调查，在香格里拉市建塘镇的中小学中，教师在课堂上基本都用国家通用语言进行教学，学校里要求教师与学生使用国家通用语言进行交流。藏族学生在课堂上总体来说是使用国家通用语言的，在课后与同伴之间会同时使用藏语和国家通用语言进行交流。所以，在校学生基本都是交叉使用国家通用语言和藏语。接受过教育的藏族总体来讲国家通用语言水平比没有受过教育的藏族要高。国家通用语言掌握的熟练程度也与受教育程度密切相关。随着受教育程度的提高，藏族国家通用语言使用的水平也得到了进一步提高，国家通用语言水平的提高有利于藏族与其他民族之间的沟通交流，有利于进一步促进香格里拉地区各民族之间的交融。

旅游业的发展，为当地藏族提供了更多的就业机会，也为各民族之间的交往搭建了更好的平台。随着生计方式的转型，藏族使用的语言已明显发生变迁。生计方式转型后，与其他民族交往机会的增加进一步促使了藏族学习国家通用语言。在各民族交流的过程中，国家通用语言的使用频率进一步提升了。在族际通婚的藏族家庭内部，母语的使用频率明显下降，而国家通用语言的使用频率却明显上升。随着通婚人群范围的扩大，国家通用语言成为族际通婚家庭内部及与外界交流使用的主要工具。为进一步了解族内婚藏族家庭、族际婚藏族家庭内部成员在使用本民族母语及国家通用语言方面更具体的差异情况，我们用以下访谈资料进行补充。

访谈4-3：在家里和家人交流主要还是说藏语，我在外面做生意需要和来自不同地方的客户打交道，更习惯说国家通用语言，现在我感觉我的国家通用语言说得比藏语还好，有时候在家里国家通用语言也会脱口而出，我家里的人听习惯了，慢慢地他们也会用国家通用语言和我交流了。①

访谈4-4：我父亲是当地的汉族、母亲是藏族，我是跟着父亲的姓氏。我的父亲从小是在涉藏地区长大的，所以他藏语说得比较流畅，我母亲是当地土生土长的藏族，母亲在

① 访谈人：笔者。被访谈人：泽西，藏族。访谈时间：2020年8月2日。访谈地点：建塘镇解放村。

当地的小学当老师。家里有我和弟弟两个孩子，我们平时在家里都是藏语掺杂着国家通用语言交流的，因为生活在城区，平时外出买东西用国家通用语言交流比较多，我父亲和母亲之间也是藏语和国家通用语言掺杂着一起使用，而我和弟弟一般更习惯用国家通用语言交流，在城里大家都更习惯用国家通用语言交流，到周围城郊和农村就更习惯讲藏语，会使用不通顺的藏语和其他人交流。我现在也是镇上小学的老师，在学校里我们都是用国家通用语言进行教学的。我的儿子则是只会听藏语，完全不会说藏语了，他在家里和对外都是讲国家通用语言。①

访谈 4-5：从事旅游业之后对当地居民使用语言还是有很大影响的，我们村里的居民基本上每家都有人来草原这边牵马了，和客人接触的机会多了，主要用国家通用语言进行交流，慢慢地我们都会主动学习国家通用语言。之前像我妈妈她们老一辈一句完整的国家通用语言都不会说的，现在她跟我们一起来草原牵马，慢慢地她也可以用国家通用语言和客人沟通了。我现在常年都在草原牵马，接触的客人多了，有时候听口音都能猜得出客人是哪里人。在家里面，我的两个儿子在上小学，主要受学校环境的影响，在学校里老师主要用国家通用语言授课，所以他们在学校里也用国家通用语言交流，他们平时在家交流都更习惯用国家通用语言，在和家里的长辈沟通时则会使用藏语和国家通用语言。②

访谈 4-6：香格里拉市的藏族使用的文字和其他涉藏地

① 访谈人：笔者。被访谈人：牛晴，汉族。访谈时间：2020 年 8 月 3 日。访谈地点：建塘镇解放村。

② 访谈人：笔者。被访谈人：拉茸扎西，藏族。访谈时间：2020 年 8 月 2 日。访谈地点：建塘镇解放村。

区一样，但是在语音上有所区别，在语音的发声上没有改变，香格里拉涉藏地区的语音是比较古老的发音方式，所以有和其他涉藏地区藏族聊天互相听不懂的情况，就只能用国家通用语言交流了。但是，总体而言，大多数老一辈藏族在平时的日常生活中更喜欢用藏语交流。在与其他民族通婚的家庭中，他们表示也能听懂其他民族的语言。但平时在家里交流时除一些专有名词外更习惯用藏语交流（专有名词如打火机、手机、家用电器、酱油、醋等一些以前涉藏地区没有的东西，则借用汉语的表达法）。青年一代的藏族比较幸运，大部分都受过九年义务教育，多多少少都会说一些国家通用语言。因此，平时在日常生活中使用国家通用语言的频率比老一辈更高。在外工作和学习的藏族和其他人交流时，首先使用的是国家通用语言，一些人使用国家通用语言的熟练程度甚至超过了藏语。青年一代藏族在家里和父母还是使用藏语交流，但是和上过学的兄弟姐妹之间则是用国家通用语言进行交流，因为他们觉得有一些词用国家通用语言表达会更清楚。随着网络等通信设施的普及，更小一些的藏族孩子就算在家里也不怎么说藏语，他们深受电视、手机等电子设备的影响。一些藏族还鼓励孩子多说国家通用语言，因为他们觉得国家通用语言是主流语言，说汉语对孩子以后的前途更有帮助。①

通过调研，建塘镇解放村春宗社藏族家庭内部成员语言使用有如下特点。

第一，家庭语言环境对藏族使用语言有显著影响。在族际通

---

① 访谈人：笔者。被访人：格茸初杰，藏族。访谈时间：2020年8月5日。访谈地点：建塘镇独克宗古城。

婚藏族家庭内部，藏语的使用在中老年一代与青年一代中出现明显的代际差异。中老年藏族虽然也会讲国家通用语言，但他们表示更愿意使用藏语。青年一代藏族则相反，他们对国家通用语言的运用能力较年长者更强一些。总之，在族际通婚藏族家庭内部，藏语的使用在中老年一代与青年一代中出现明显的代际差异。

第二，教育水平在一定程度上影响了国家通用语言和藏语的使用。受教育程度较高的人，如拉茸扎西和鲁茸顿珠，两人均为大专及以上学历。据他们说，在读书期间，除了上小学时有藏族老师，其余大多数都是汉族老师。国家推广国家通用语言，学校要求学生在校一律使用国家通用语言，拉茸扎西、鲁茸顿珠在公共场合或者有其他民族的朋友时，他们都更倾向使用国家通用语言与对方交流，普通话也说得较好。

第三，藏族对本民族的语言都有着深厚的感情。若一些重要场合或者传统节日仪式中，如婚嫁丧葬、宗教仪式，绝大多数藏族会选择用藏语进行交流，认为这样才能更好地传承本民族的文化。

第四，获取经济利益在某种程度上转化成了藏族学习国家通用语言的动力，进一步调动了藏族学习国家通用语言的积极性。通过开展普通话培训班，可以有效提高当地藏族学习和使用国家通用语言的能力。

在长期的交往交流交融的历史进程中，香格里拉市建塘镇藏族使用的语言与国家通用语言交融的现象十分明显，在香格里拉城区及附近村落的藏族使用藏语的人群在慢慢减少，使用国家通用语言的人群比例随着时间的推移也在不断增加，涉藏地区使用国家通用语言人群的增加有利于国家通用语言的普及。在国家通用语言普及的过程中，应该重视对藏族传统文化，特别是语言文化的传承与保护。各民族之间如果交融度较高时，就会有语言借用的现象出现。因此，语言的借用情况往往是衡量不同民族之间交融程度的重要指标。

第三节　生计方式转型中国家通用语言的推广普及

在生计方式转型中，藏族更需要使用国家通用语言与外来各民族进行沟通交流，国家通用语言的作用及重要性进一步凸显。

一　生计方式转型中藏语借用国家通用语言表达的情况

香格里拉市藏语属于康巴方言，建塘藏语属于藏汉语系藏缅语支系，建塘藏语是现今建塘镇当地藏族交际的主要工具。建塘藏语与西康方言中的昌都、乡城、理塘、巴塘等地藏语难以完全交流，与县境东旺、尼西、格咱等乡交际口语及使用的词汇也有一定的区别，与邻近的小中甸镇也有不尽相同的地方，但在香格里拉市区内藏族之间的藏语交流不受影响。在建塘镇独克宗古城里，藏族大多数都是兼用藏语和国家通用语言，一般是藏语夹杂着国家通用语言进行交流，镇境内乡村中多数青年村民也通晓国家通用语言。

据史料记载，香格里拉市藏族使用的藏语属康方言南路土语。根据现代藏学及语言学家的研究成果表明，建塘（不单是建塘）藏语中还保留了不少藏族先民之一的西羌部落及白兰羌语，近年来有不少学者对《后汉书·西南夷传》中所记的用国家通用语言记音的《白狼歌》进行研究后发现：与建塘藏语同音同义的词不少，如盐、米、人、我、肉、心、山等；又如第 40 句"推潭仆远"中的"推"是藏语（tei）的音，是至今建塘镇藏语中还使用着的词。随着近几年对西夏语研究的深入，西夏语中有不少与建塘镇藏语同源的词汇。藏语表述中句子的主要成分是主语和谓语。宾语、定语、状语是次要成分。基本语序是主语—宾语—谓语。例如：teny^{53} kadzuo^{23} z^{55} 你去哪里？我去山上。在复句中，根据各分句的关系选用不同的连词。如复句是选择式的，用连词 mi^{13} ne^{53} 并冠于各分句的前面。如 mi^{13} ne^{53} tsna^{13} cy^{53} 或者请喝茶，或者请饮酒。复句是层次关系的，用连词 m^{11} tsne^{3} 不但、不止或 na^{1} s^{53} 特别，加在前一分句的后面。复句是排斥关系的，用连词 m^{13} tu^{53} 除非。复句是因果关系的，用连词 tna^{53} kn^{53} 因为。尽管方言有别，而藏文在全涉藏地区是一致的，仅存在读音的区别，建塘语音与拉萨语音有所不同。[1]

香格里拉市建塘镇地处滇、川、藏接合部，是整个迪庆州的经济文化中心。藏族在繁衍发展的历史过程中，借用汉族、纳西族等其他民族语言词汇的情况有很多。从总体来看，在建塘镇当地的政治、经济、文化发展的进程中，藏语借用国家通用语言表达的情况都很突出。例如：当地政府部门中表示行政级别的词语，"科员""处长""局长"。一些常见的生活必需品，包括日常的食品、蔬菜、家具等名称，都是直接借用汉语词语的，如"菜刀""大白菜""茶""板凳"。

20 世纪 90 年代以来，随着当地旅游业的发展，在各民族流动人口不断融入建塘镇的过程中，当地藏语中又融入了很多包括国家通用语言在内的各民族的新兴的语言词语。随着藏族家庭生计方式的转型，藏族与外界的交往交流进一步加深了。在各民族交往交流的过程中，建塘镇当地藏语借用国家通用语言表达的情况进一步增多，一些与旅游业相关的词语，在原来的藏语中都是没

---

[1]　建塘镇志编纂委员会：《香格里拉建塘镇志》，云南民族出版社，2019，第 110~112 页。

有的，这些词语都是直接借用国家通用语言进行表达的，如旅行社、游客、大巴车、组团游、汽车、飞机、旅游公司等。总之，随着社会的变迁与发展，藏语借用国家通用语言进行表述将会是藏语发展的一种新趋势。这些借用的词语，丰富了藏语中的词语，发展了藏民族的语言文化。

二　藏族的语言文化形貌被重塑

语言是人类群体特殊使用的一套符号系统，既是与其他民族交流的工具，又是该民族传统文化延续的载体，从该民族使用的语言中往往能看出该民族历史变迁的痕迹，语言同时具有文化性和实用性。在多民族杂居的区域，语言使用的情况可以反映出各民族之间交往与交融的程度。从各民族使用的语言中，也可以清晰地了解该民族的思维模式。在生计方式转型中，藏族的语言文化形貌进一步被重塑，主要体现在以下两个方面。

一是语言的使用。建塘镇四周群山环绕，由于所处地理环境险恶，交通滞后，当地藏族与外界的交往与联系一直较为不便。一直以来当地老一辈藏族与人交流都主要使用藏语，在藏族的族内婚家庭中，藏语是家庭成员之间日常生活中使用的主要交际用语。在生计方式转型以后，随着交往人群的扩大，藏族与其他民族的交流语言逐渐被国家通用语言所代替，藏族使用国家通用语言的频率比以前大大提高了。国家通用语言的作用进一步凸显，藏语只能在藏族家庭内部使用或在村落及固定的交际对象中使用，且在族际通婚家庭内部，藏语使用的频率有进一步下降的趋势。

总体来看，青年藏族表现出来的对国家通用语言的学习态度比中老年藏族要更积极和适应一些，长辈们在面对日新月异的新环境时已经失去了优势，很多中老年藏族表示学习新的知识感到很费力。正如米德提出的三种文化传承的类型：前塑文化、同塑文化、后塑文化。香格里拉藏族正处于后塑文化之中，青年藏族对时代发展与变迁的适应程度及对新鲜事物的接受能力比老一辈藏族更强。米德还指出在后塑文化中，长辈应虚心向青年人学习，才能够跟得上时代的步伐，消除代沟。[①] 在多民族聚集的区域，使用国家通用语言进行交流是各民族有效交往交流交融的必要条件。国家通用语言文字为各民族的交往交流交融，架起了一座桥梁。云南涉藏地区藏族使用双语的现象为我们正确处理推广国家通用语言与传承少数民族语言文字的关系，提供了鲜活的案例。

　　二是词汇的借用。从总体来看，在香格里拉市建塘镇的政治、经济、文化发展的进程中，藏语借用国家通用语言表述的情况都很突出。特别是从 20 世纪 90 年代以来，随着当地旅游业的发展，在各民族流动人口不断融入建塘镇的过程中，带来了很多新兴词语。随着藏族家庭生计方式的转型，藏族与外界的交往交流进一步加深了。在与各民族交往交流的过程中，建塘镇当地藏语借用国家通用语言表述的情况进一步增多，一些与旅游业相关的词语，在原来的藏语中都是没有的，这些词语都是直接借用国家通用语言来表述。这些借用的词语，进一步丰富了民族语言词汇，发展了藏民族的语言文化。总之，随着时代的变迁与发展，藏语借用国家通用语言表述是藏语发展的一种新趋势。

三　国家通用语言在当地的推广普及

　　习近平总书记在新疆、西藏等地召开的座谈会上多次强调现阶段各地在开展民族工作时要牢牢把握铸牢中华民族共同体意识

---

① Leslie A. White, *The Evolution of Culture: The Development of Civilization to the Fall of Rome*, New York: Mc. Graw-Hill, 1959, pp. 10–15.

这一主线，不断增进当地各民族对中华民族这一共有身份的认同感，要深刻认识到中华民族是一个不可分割的命运共同体，一荣俱荣、一损俱损，应把强化各民族的铸牢中华民族共同体意识作为各地开展民族工作的重点抓紧抓好。2021年8月，在中央第五次民族工作会议上，习近平总书记指出，铸牢中华民族共同体意识，就是要引导各族人民牢固树立休戚与共、荣辱与共、生死与共、命运与共的共同体理念。党的十八大以来，习近平总书记多次强调，推广普及国家通用语言文字是铸牢中华民族共同体意识的重要途径，在推广普及国家通用语言文字的过程中，应注意科学保护各民族的语言文字，尊重和保障少数民族语言文字的学习和使用。这一论述再次深刻揭示了国家通用语言文字对各少数民族地区铸牢中华民族共同体意识相关工作推进的重要性，也为我国少数民族地区的各族人民学习国家通用语言文字及正确处理国家通用语言文字与少数民族语言文字之间的关系指明了方向。

习近平总书记强调，文化认同是最深层次的认同，要认真做好推广普及国家通用语言文字工作。语言文字是历史的载体，是各民族沟通交流的桥梁和纽带，通用语言文字在一个国家内部起着凝聚人心的重要作用。我国是由56个民族构成的14亿人口的大国，中华民族的文化得以传承发展了几千年得益于国家通用的语言文字。对中华文化的认同，是铸牢中华民族共同体意识的必要条件。笔者认为应通过宣传教育进一步增强香格里拉市建塘镇各族人民对中华文化的认同，突出其精神内核。中国是一个有五千年历史的大国，文化底蕴深厚。通过宣传及学习中国的历史文化，有助于进一步增强香格里拉市建塘镇当地各民族对伟大祖国的认同，进一步增强各民族对中华民族的认同。在宣传教育的过程中，推广普及国家通用的语言文字就显得十分重要。

2021 年以来，迪庆州在全州范围内进一步加强对国家通用语言文字的推广普及工作，主要通过规范各民族说普通话及使用规范汉字的习惯，加大推广普及国家通用语言文字宣传力度。结合当地的实际情况，制定《迪庆州宗教领域 2021 年推广普及国家通用语言文字工作方案》，有计划、分步骤地推广普及国家通用语言文字工作。首先对全州宗教教职人员使用国家通用语言文字、普通话的过级率等情况进行摸底和排查，并建立电子档案，根据摸底和排查的情况，有针对性地开展各种培训。另外，在一些公共活动场所摆放国家通用语言文字的图书、报纸杂志。通过以上措施，有效推动了全州各民族运用国家通用语言的水平和能力。铸牢中华民族共同体意识相关工作的推进，充分发挥了国家通用语言文字的重要作用，进一步铸牢了当地各族人民的中华民族共同体意识。

香格里拉市建塘镇由于长期交通滞后，当地藏族与外界的交往与联系一直较为不便，藏语一直都是当地藏族的主要交际用语。在与其他各民族交往交流的历史过程中，藏族开始使用国家通用语言。从 20 世纪 90 年代以来，随着地方经济社会的转型，在生计方式转型中，随着交往人群的扩大，藏族与其他民族之间更需要使用国家通用语进行交流，国家通用语言的作用及重要性进一步凸显。在多民族聚集的地方，使用国家通用语言进行交流是各民族交往交流交融的桥梁和必要条件。国家通用语言现在是香格里拉市建塘镇流动人口主要使用的语言，国家通用语言为各民族流动人口与建塘镇当地各民族之间架起了一座桥梁。此外，从 20 世纪 90 年代以来，随着地方经济社会的转型，在当地旅游业的发展过程中，各民族流动人口不断流入香格里拉市建塘镇，当地藏语中又融入了很多其他民族语言词语。在生计方式转型中，藏语借用国家通用语言词语表达的情况逐渐增多，一些与旅游业相关的词语也随之出现，这些借用的词语，进一步丰富了藏族的语言文化，藏族的语言文化形貌进一步被重塑。

近年来，迪庆州以铸牢中华民族共同体意识为主线，聚焦民族地区抓牢学校教育，多措并举全面深入推广普及国家通用语言文字。坚持把国家通用语言文字作为教育教学基本用语用字，把语言文字规范化要求纳入教育教学各个环节。牢牢守好民族团结这条"生命线"，以铸牢中华民族共同体意识为主线，突出各民族共有共享的中华文化符号和中华民族形象，促进民族文化繁荣发展，切实增强中华文化认同，着力构筑中华民族共有精神家园。国家通用语言文字在当地铸牢中华民族共同体意识相关工作的推进中发挥了重要作用。

第 五 章

生计方式转型中藏族民居建筑
及居住格局的改变

香格里拉市建塘镇因地理位置及气候差异，藏族的住宅建筑形式和风格差异很大。从总体上看，住宅建筑风格与藏族所从事的生计方式类型息息相关。此外，涉藏地区常年严寒的气候和自然环境造就了农区和牧区两种不同的建筑风格。在农区的藏族居住的房屋以固定建筑为主，而在牧区的藏族由于每年需要在不同的牧场之间来回搬动，居住一般以活动建筑——帐篷为主。藏族家庭在生计方式转型后，随着收入的大幅度提高，很多藏族人将原来的老旧房屋进行翻新及改扩建。重新建造的房屋无论从结构、用料还是质量等方面都有了很大改善和提高。

第一节　生计方式转型中藏族民居建筑的变化

一　香格里拉市建塘镇藏族传统的民居建筑

香格里拉市建塘镇藏族民居建筑风格与藏族所从事的生计方式类型息息相关。涉藏地区常年严寒的气候和自然环境促成了藏族独特的生计方式、模式，藏族传统的生计方式类型大致可以划分为农区和牧区两种，在农区和牧区藏族的建筑风格各有不同。在农区的藏族居住的房屋以固定建筑为主，而在牧区的藏族一般以帐篷为主。

牧民帐篷一般是用牦牛毛织成的，由于具有保暖、通风、防腐性强、易拆卸和搬迁等特点，深受牧民的喜爱。搭设帐篷选址一般在背风、向阳、略有斜坡的草地上。帐篷搭建好以后，一般需要在顶部开一道天窗，尺寸大约 0.6 米宽、1.5 米长。天窗需配有活动的盖帘，可以根据天气变化来开合。帐篷的门一般选择开在背风处，分左右帐抄合而成。帐篷搭建好以后，还需要在帐篷的周围砌一圈高 30 厘米左右的水台，防止虫蚁爬入；在帐篷的左右两边和下方还需要挖几条排水沟，防止雨水渗入。牧区帐篷的颜色一般为黑色和白色。从外形来看，有的牧区帐篷形似歇山式屋顶形状，帐篷平面呈正方形或长方形；也有的像一个扣置的或倒置的钵，底部平面为不规则椭圆形，被称为蚌壳形或覆钵形；还有的帐篷为尖顶式简易帐篷。帐篷内部用两个支撑杆子高高顶起，在两个支撑杆子之间搭设灶台，摆放供奉的贡品，灶台上方为供奉神灵之处，放有佛像。

休闲帐篷一般是用棉织品编织而成的，其搭建过程与牧民帐篷相似。区别在于使用的材料不同，牧民帐篷是用牦牛毛织成的，而休闲帐篷是用棉织品编织而成的，颜色以白色等浅色为主。休闲帐篷只在外出游玩或传统节庆、演出活动时临时搭建和使用，对材质的要求没有牧民帐篷高。休闲帐篷分为大、中、小三个型号，大号帐篷最多可容纳上百人，常在藏族家里办喜事或丧事时使用；中号帐篷最多可容纳几十人，常在村里有节庆活动时使用；小号帐篷一般只可容纳三五人，常在外出游玩时使用。以上两种帐篷在装饰上，都喜欢在帐篷交角处和帐篷底部绘制花边，花边样式以藏八宝中的图案居多，以上两种帐篷均属于普通休闲帐篷。

豪华帐篷用料比普通帐篷更考究，做工更精细，但价格昂贵，是中、下层农牧民和普通平民百姓无法负担的，豪华帐篷一般供寺庙僧侣或土司、贵族使用，在松赞林寺中现在依然可见这种豪华帐篷。帐篷顶部和底部一般都双层加固，帐篷外层彩绘上藏八宝中的图案，如宝伞、宝瓶、右旋、莲花、吉祥结、金鱼、胜利幢、白螺等。除黑色和白色以外，红、黄、蓝等颜色也会出现在帐篷上。所以，寺庙帐篷更显得色彩斑斓。帐篷内层多用彩色布料映衬，在阳光下显得十分华丽。

与牧区藏族不同，农区藏族居住的房屋以固定的建筑为主，以前建造房屋的用料以泥、石头、木头为主，分为泥木混合结构、石木混合结构几种。按不同的人群层次划分有农牧民住宅、僧侣住宅、贵族或土司头人住宅、普通城镇居民住宅几类。香格里拉地区藏族的住宅建筑因地理位置及气候差异，建筑形式和风格有很大差异，总体上可分为高原、河谷两类。老式藏族民居的用料一般是当地的材料：土、石头和木材。屋顶主要采用的是土或者是闪片，故老式藏族民居也称为"闪片房"或者"土掌房"。"土掌房"又称碉楼，藏语称"空巴"。碉房的结构分石头垒的和土方两种。解放前两层房多数是比较富裕的人家才能住，现在在建塘镇却较为普遍了。一般上层住人，下层分为住室、伙房、库房。上下时有梯子，分为木质梯子或石砌台阶梯，梯旁有一皮绳，上下楼梯时可以扶抓。家境较好的不用石块砌，而用木头做成楼梯，在从前很少，但在现今的藏族人家中却很常见。房顶平台上一般用作打碾场，用连枷打青稞。屋顶上、门上都挂有经幡或经布。

二　香格里拉市建塘镇藏族民居建筑的变迁

从总体看，香格里拉市建塘镇藏族的住宅建筑与当地的自然地理环境、气候、藏族所从事的生计方式类型都有很大关系。藏族所从事的生计方式类型也对他们的生活习惯、居住格局、民族文化、社会关系等都产生了深远的影响。在藏族生计方式转型的过程中，由于所从事生计的需要、家庭收入的增加等原因，很多藏族都将原来的老旧房屋进行翻新、重建，重新建造的房屋结构、用料和质量都有了很大改善和提高，对于部分生计转型的藏族来说，家屋不仅仅是个人居住的场所，更是从业的场所。总之，在生计方式转型中藏族的建筑文化风貌进一步被重塑，民居建筑风貌的改变是藏族生活方式改变中的具体体现之一。

（一）藏族民居的重修与扩建

建塘镇的部分藏族村落和东旺干热河谷地区，藏族民房多为传统的藏式碉房，碉房建筑的规模大小是以柱的多少来衡量的，小则 12 柱，最大为 48 柱，纵横网状排列，一般为抬梁结构。先筑墙后竖柱、架梁，四面筑墙，墙里竖柱，少则二层，多则三四层。房屋建造在平地上的，一般逐层叠架；房屋依山而建的，则逐层靠山收进，远看呈阶梯状重叠，每层都有土掌，楼层再加楼板，冬暖夏凉。墙体厚重，由下向上逐渐收进。三面多窗，采光面广，门窗上端彩绘斗拱作檐，房檐门窗全为雕饰彩绘，风格别致，远远望去就给人以美观、亮堂、舒适的感觉。底层为畜厩，二楼做伙房、宿舍、仓库，三楼做经堂、客房。楼层楼顶土掌平台，可供晒粮，散步眺览。金沙江边河谷地带的藏族民居建筑多沿地势相对较高的山坎而建，大多数人家选择用石块建房、砌墙。正大门多设在靠山一侧，根据各家的经济情况，有盖二层楼的，也有盖三层楼的，楼梯也是用石块堆砌而成的，一楼用来关牲口，二楼、三楼住人，房屋的设置与摆设与高原涉藏地区的藏族家住房基本相同。

　　建塘镇各村及独克宗古城内居民房舍基本为一个模式，与相邻的小中甸镇、格咱以及洛吉尼汝村大同小异。房舍多建于依山傍水、耕牧皆宜的地方，房舍均为两层，楼下为畜圈，楼上为居室。房屋三面为墙体，墙呈"秤砣"形，内侧与柱平行，外侧自下而上渐收分，朝里倾斜，墙体较厚，下层不开窗，楼上窗户也较小，旧时主要是为了防盗，同时有保暖作用。其二楼主要结构为正面屋檐较宽，藏语称"约孤"，两根"约孤嘎"（楼梯口的两根柱）之间安置楼梯，楼梯正对大门，大门与楼梯之间为院子，院内是喂牲畜、挤牛奶的地方，院墙根堆放木柴，院落一般很宽敞，木柴堆放很整齐。二楼一般为三楹，以中柱为核心布局，中柱一般很粗，中柱周围有较大的空间，是家人就餐、待客、就寝的地方。靠墙一侧设火塘，火塘上方置与火塘边相平的坐、睡兼用的床，藏语称"阁期"，是男性长者的座位，对面是妇女的座位。"阁期"对面的门旁是水柜，水柜十分讲究，雕刻精美，内置大铜缸盛水，壁上挂满闪亮的大小铜系。在二楼侧边一般都设有一间"拉康"（经堂），供置佛像、经文，也是接待喇嘛的住所。与水柜相邻的一间是仓库，供家里放置杂物使用。在火塘一侧，女性座位后有间卧室，叫作"姆尕孤珠"，一般为夫妻的住所。火塘上方的墙壁或墙板上均绘有"知诗达杰"（藏八宝）的图案。中柱顶两侧均镶有雕刻精美的柱幡，屋檐均雕有龙凤、云朵等图案，称"子贤方"（汉语叫法），是汉藏建筑文化结合的产物。楼顶为泥铺的平顶，平顶上方放置饲草，顶上盖上杉木板，也就是人们常说的"闪片"，屋板四周压上石块，以防风吹走。

现如今随着生活水平的提高，房屋内装饰、油漆、彩绘都极为普遍，走进建塘镇的藏族民居中，会给人一种富贵、华丽、庄重的感觉。建塘镇独克宗古城内的藏族民居房顶格式均与周边村落的"闪片"房相同，各社区有半数以上的居民住房结构亦一致，而街面上的民居建筑，因经商、作坊的需要，一般颜色、外观都有统一的要求，一楼为铺面，二楼为住所。藏族民居的空间布局充分体现了家庭成员之间的关系网络与家庭地位，充分体现了男性在家庭中的权力主导地位，体现了传统藏族家庭中的礼仪与价值观。

地处高原的建塘镇、小中甸、格咱乡、尼西乡、五境部分村社，藏族民居与老式的碉楼还是有许多相似之处，但又有很大的改变。藏族喜欢在屋顶插上风马旗，彩旗随风飘扬。房屋进深有四楹，宽三至五楹，外围用土围成墙，围墙很厚实，墙底约厚1.5米，墙顶约厚0.8米，此类土墙很牢固，具有很强的抗震性。藏族喜爱白色，外墙一般都使用白色黏土泥浆粉刷，与赤红色油漆大门相呼应，显得格外耀眼。围墙与天井的墙体连为一体，围墙墙头盖上长条木檐以遮雨，天井两旁各有一个平台，靠正大门旁的围墙顶部一般设有烧香台，藏族每月逢初一、十五或节庆时，会焚烧松柏枝、烧香。① 新建房屋大多是在传统碉楼建筑风格的基础上，吸收了汉族建筑风格中的穿斗式木结构的制作工艺，用木柱纵横排列，柱顶与十字横梁相衔接，将传统藏式碉楼的前楹改造为前廊，将墙柱改造为檐柱，在屋梁的顶端都雕刻有龙头，称之为龙头柱，房屋的前檐一般使用双层斗拱，并雕刻或者绘制有串枝莲、万不断、宝伞、莲花、吉祥结、胜利幢等藏式或者汉式

---

① 迪庆藏族自治州文化馆：《迪庆藏族自治州非物质文化遗产保护名录》（第一卷），云南民族出版社，2010，第7~77页。

中象征吉祥的图案。走廊前一般会安置木头护栏。以前藏家院落常使用土块砌墙，现在使用石头砌墙的居多。一般分为两层，一楼及院落多用作畜厩；二楼及以上一般用作生活场所。楼梯一般设置在二楼檐柱旁边，楼梯修建得大多平缓宽大，一般修建单数的台阶，九至十三级的台阶居多。在楼梯的底部砌有石台阶。二楼堂屋主要设置有佛堂、客厅、卧室。客厅是接待客人的地方，在客厅四周则分布着佛堂和卧室。

在我们去调研的藏族家，一上二楼展现在我们面前的是一个雕刻着龙凤的铜制大水缸，做工十分精美，水缸上方挂着十余个大小不等的铜瓢。从房内的中柱来看，二楼的客厅面积约占四楹，整个客厅显得特别宽敞气派，正中间的中柱最粗，直径1~1.5米，木料一般越粗的越贵。藏族民居建筑往往是以中柱的粗细来评价房屋的气派程度和主人家的实力，所以，中柱越粗越好，中柱直径皆在1米左右，一般以两人合抱为准。柱顶处的横梁和柱脚的"占玛"，都要与中柱的粗细相协调，屋梁直径在50厘米左右，屋梁与中柱交界处雕刻有雀替。水缸的对面设有火塘，主人家选用的是坚硬的西南桦制成长方形的木框，火塘中填实黏土，火塘上设有铁制的三脚架（据了解，过去更常用的是锅庄石），三脚架上设有不用的铁釜或者铜釜，供主人家日常生活烧水、煮酥油茶等使用。火塘四周的座次有很多讲究，一般右方为上座或尊贵座席，供家里的长辈或者尊贵的客人就座，靠壁橱或者神龛的一方一般是家里的妇女的座席，方便她们打酥油茶。靠壁橱或者神龛的墙面一般经过粉刷，再绘制上藏八宝的图案。屋顶一般用圆木和荆条铺垫，荆条具有防腐防水的作用，再用黏土铺垫成土掌，土掌上再用木马架设成人字形的屋顶，最后覆盖上以云杉木制成的木片（俗称闪片），从远处看整个建筑十分雄壮、美观。

　　旅游业发展以后，当地政府对村民现有住宅改造和新建住宅都有统一风格要求。为了凸显民族特色，建塘镇藏族新建房屋外墙的风格及颜色都做了统一要求，外墙一般采用暗红色及黑色相间的围墙。我们到建塘镇走访时，发现街道上建筑的外墙颜色都是整整齐齐的红色和黑色，色调十分协调和一致。

（二）藏族新建房屋质量得到极大的提高

　　生计转型后，随着收入的大幅度提高，很多藏族的生活质量也因此得到提高。直接表现为对老旧房屋的翻新及改扩建，重新翻新及改扩建的房屋结构、用料和质量都有很大改变。2010 年迪庆州第六次全国人口普查资料显示：香格里拉市建塘镇被调查的 1531 户中，自建住房的有 731 户，占 47.7%；购买商品房的有 137 户，占 8.9%；租赁其他住房的有 387 户，占 25.3%；购买二手房的有 42 户，占 2.7%；购买经济适用房的有 65 户，占 4.2%；其他共 169 户，占 11.0%。可见，生计方式转型以后的藏族中，约有一半的人选择自建住房。在这 1531 户中：钢及钢筋混凝土结构的房屋有 654 户，占房屋总数的 42.7%；混合结构的有 255 户，占房屋总数的 16.7%；砖木结构的有 220 户，占房屋总数的 14.3%；其他结构的有 402 户，占房屋总数的 26.3%。[①] 由此可见，香格里拉市建塘镇新建房屋的用料已经发生很大改变，过去以石头、泥土、木头的材质为主，现在则以钢及钢筋混凝土结构为主。

　　藏族在房屋修建方面支出比重增加了，住房的质量得到显著提高。旅游业发展以后，很多藏族都重新翻修了住房，现在大部

---

① 迪庆州第六次全国人口普查办公室：《迪庆州第六次全国人口普查资料汇编》，第 1171～1173 页。

分村民都住上了三四层的洋房，部分藏族由于经营家庭旅馆的需要，花重金对自家房屋进行翻新和装修，藏族在房子的装修和修缮方面的支出占家庭消费总支出的比重较高；据访谈的藏族讲："家里楼房从盖到装修，最少也要 100 多万。"随着当地经济的发展，藏族在改扩建房屋时，更加重视房屋的品质及室内外环境的优化，使住宅与现代文化生活相适应，传统工艺与现代技术相结合，采用先进的建筑材料，砖木结构、钢混结构等。通过调研，我们发现在新建的房屋中，许多比较富裕的藏族人家新建住宅时已经将原来的闪片房、土掌房改建成了钢筋混凝土结构。在解放村中，甚至有不少藏族将原来的木质结构部分和钢混结构部分结合在一起，根据天气变化及房屋的冷暖度选择居住的房间。覆盖院落屋顶的材料，很多藏族都选用了玻璃材质的保暖层。由于当地全年温度较低，冬天最低气温达零下 20 多摄氏度，玻璃的吸热能力较强，透光性较好，能够提高房屋的保暖性及抵御户外恶劣的气候环境。目前，在建塘镇很多藏族聚居的村落里，藏族新建的住房多为楼房，在松赞林寺、普达措等景区周围的藏族村落里更是一幢幢高档别墅拔地而起。据调查，建造房屋的支出成为香格里拉市藏族家庭主要的固定资产投资。另外，藏族家庭在生活水平提高以后更加注重房屋的品质与舒适度，房屋的装修支出也进一步增加了。为进一步了解生计方式转型以后，藏族的民居建筑的变迁情况，我们以访谈 5-1 为例。

图 5-1　藏族风格民居建筑

（拍摄时间：2020 年 7 月 30 日，拍摄地点：建塘镇解放村，拍摄人：笔者）

图 5-2　藏族人家的经堂

（拍摄时间：2020 年 7 月 30 日，拍摄地点：建塘镇解放村，拍摄人：笔者）

图 5-3　藏式中柱

（拍摄时间：2020 年 7 月 30 日，拍摄地点：建塘镇解放村，拍摄人：笔者）

图 5-4　玻璃材质的保暖层

（拍摄时间：2020 年 7 月 30 日，拍摄地点：建塘镇解放村，拍摄人：笔者）

访谈 5-1：香格里拉市建塘镇属于半农半牧区，藏族几百年来都是以农业和畜牧业为生，香格里拉市建塘镇藏族的建筑风格与生计方式是分不开的。我听爷爷（扎拉，藏族，66 岁）说他们小的时候（改革开放之前）住的都是毛坯房，只有一层，土木结构，家里基本没有什么装饰，只有几根柱子和火塘，家里的人白天围着火塘吃饭，晚上围着火塘睡觉。牛、羊等牲口也关在房前屋后，卫生条件非常差。当地一般只有土司等条件较好的人家才有二层楼住。改革开放后，特别是当地旅游业发展以来随着家庭收入的增加，住房条件得到很大改善。藏族居民住宅的建筑风格发生了很大变化，越来越多的藏族在建造房屋时都选择建成上下二层或者三层结构的住宅，在二楼及以上楼层可以根据自己的需要设置窗户的数量，建筑材料则以泥土和木料为主。一层的院落里都有关牲口和放置草料的地方，二楼及以上是客厅、卧室和经堂。二楼以上的空间很大，藏族是能歌善舞的民族，会在一些节日和婚嫁场合能在自家客厅里聚会、跳舞。现今藏族的房屋和之前老式建筑相比，还多了很多手工图案雕刻，以藏八宝图和藏传佛教内容为主。很多富裕的藏族人家从房屋外观到室内的客厅、佛堂等都做了精细的雕刻装饰。整体上看，现在藏族的房屋建筑里融入了大量的雕刻艺术和绘画艺术，内容丰富。近几年藏族房屋建筑的变化，房屋不论布局还是内部环境都更加注重美观，三层楼的房屋居多。房屋在用料上也是很考究的，百年老树做中柱、大理石装修的房子很常见，室内的雕刻工艺也十分讲究。但是，房屋的实用性却降低了，在冬天根本无法住人。因为香格里拉地区常年严寒，在冬天都需要在火塘烧火，但是这种房屋不能烧火，因为烧火会把木料熏黑，影响美观。①

从以上访谈中可以看出，香格里拉市建塘镇藏族的住房条件随着居民收入水平的提高已经有了很大的改善，很多藏族将原来的老旧房屋进行翻新、重建，重新建造的房屋结构、用料、质量和档次都有很大提高。从总体看，藏族居民住宅的建筑风格中融入了很多汉式建筑风格及现代化的元素。但是，新建房屋中火塘的设计不如老房子，房屋的实用性大大降低了。

（三）住房从自用到旅游从业场所

2010 年第六次人口普查资料显示：在香格里拉市建塘镇被统计的 4242 户家庭中，有 3766 户是生活住房，有 476 户兼作生产经营用房，约占总户数的 11.2%②。香格里拉市建塘镇部分藏族居民从农民向旅游从业人员的身份转变，都是在自家房屋里完成的。据调查，目前在建塘镇有 90% 正常营业的藏家客栈、藏餐厅和藏民家访的经营场所都是在藏族自家房屋里改造以后经营的。这样很大程度上节省了租用产地的费用，也把家里各种能调动的人力资源利用起来，也为家里的老年人和其他闲置的劳动力提供了再就业的机会。除外出学习、打工和已经有就业岗位的藏族外，留在家里的藏族基本都参与自家或者是村里的旅游项目的经营，在家里或村里就实现了就业。同时，这些经营场所又雇用了大量的人员作为管理者、服务员、演艺人员，解决了当地部分人员的就业问题，缓解了当地的就业压力与社会矛盾。

藏族民居建筑也为游客们提供了最为直观的藏族文化体验的

---

① 访谈人：笔者。被访谈人：扎巴江仓，藏族。访谈时间：2020 年 7 月 30 日。访谈地点：建塘镇解放村。

② 迪庆州第六次全国人口普查办公室：《迪庆州第六次全国人口普查资料汇编》，第 1169～1172 页。

场所。对于游客而言，整个藏族家屋都是藏族文化的展示窗口。游客可以很直观地体验到藏家传统的建筑文化，房屋里随处可见的雕刻或者绘制有串枝莲、万不断、宝伞、莲花、吉祥结、胜利幢等藏式或者汉式中象征吉祥的图案；雕刻着龙凤的铜制大水缸，铜瓢；象征着房屋主人实力的中柱；壁橱或者神龛；架着三脚架的火塘及铁釜或者铜釜；部分藏族开的客栈还会为客人现场煮酥油茶。整个藏族民居建筑都成了游客们享用藏餐、观看藏族歌舞表演的体验式娱乐场所。参与藏民家访的游客们在热情的卓玛和扎西的引领下走进藏家大院，穿过院落，踏上楼梯，到了二楼以后，首先经过的是经堂。在这里，游客们可以直观地感受到藏传佛教的文化气息，可以在经堂里烧香祈福，朝拜中柱。参观完经堂以后，游客们可到大厅里就座，准备用餐、看歌舞表演。在整个过程中，游客们可以更为直观地感受和体验到藏族的民族文化风情。改建后的房屋，供游客们参观、体验和娱乐变成了其更重要的用途。

在藏族家屋被改建成旅游从业场所的整个过程中，房屋的空间布局也进行了重大的调整，这个调整要满足游客参与体验藏族文化的需求，满足游客参观及参与互动的空间场所要求。在生计方式转型以前，香格里拉市建塘镇藏族传统的家屋大多是二层楼的结构，底层主要用于圈养猪、牛、羊等牲畜，伙房单独设立在院落中，第二层主要是经堂及卧室。生计方式转型后，为了配合经营的需要，原来圈养的牛、羊、猪等牲畜已经被圈移到房屋外面，原先关牲口的地方被改建成了演员们准备登台的准备室及仓库。二楼大厅也被打通了，变成了足够容纳上百人的大厅，二楼的走廊被改建成了音响室和工作台。二楼房屋改造以后只保留了经堂、神龛、火塘、水缸等功能区供游客参观，原来的卧室打通后都变成了大厅供游客用餐和舞台使用。经过这样的改造后，二楼的用餐区一般可容纳 100~200 人，舞台可同时容纳 20 余位演出人员。

访谈 5-2：从居住格局来看，总体上各个藏族聚居的村落没有太大变化，但是由于当地的道路的修建和城市的改扩建，有一些村落需要搬迁。2020 年在环湖路沿线因为道路扩建，周围的几个社区也需要搬迁。2020 年当地政府还出台了相关政策，需要对现在部分一楼还关有牲口的房屋进行改造，把人住的地方和关牲畜的地方进行分离，把牲畜关到房屋外面去。[1] 很多带经营性质的藏族家屋为了配合经营的需要，把原先关牲口的地方进行改造后变成了仓库。为了容纳更多客人，整个二楼大厅都被打通了。

藏族家屋在设计的过程中，无论是外观还是内部的构造往往都具有特殊的文化含义，被改造后的藏族家屋不仅仅是居住的私人空间，更是游客参与藏族文化互动的公共空间，传统的火塘的座次也不再严格要求，经堂也由仅供家庭成员进入变成供游客参观使用，整个家屋的空间布局进一步被重构，在整个家屋建筑被改造的过程中，藏族的精神文化空间得到进一步拓展。

第二节　生计方式转型中藏族居住格局的改变

一　藏族四邻民族的变化

四邻民族情况，即各民族在居住格局中互为邻里的状况，互

---

[1]　访谈人：笔者。被访谈人：扎巴江仓，藏族。访谈时间：2020 年 7 月 30 日。访谈地点：建塘镇解放村。

为邻里的居住格局为各民族之间的接触与交流提供了更多的机会和条件，互为邻里有助于各民族之间互相交往、增进了解、消除隔阂与偏见，在互为邻里的情况下，族际交往也更加频繁。近年来随着香格里拉旅游业的发展，建塘镇各民族流动人口不断增多。

我们随机走访了建塘镇独克宗古城里的 50 位当地藏族，了解他们的四邻民族情况，被访藏族的四邻居住民族样本总数为 106人。具体情况如下：汉族邻居合计有 22 人，占样本总数的20.75%，这些汉族多数是从四川、浙江、湖南等地过来的，多聚集在仁安建材城一带做建材生意；藏族邻居合计有 44 人，占样本总数的 41.51%，这些藏族有本地的，也有从四川、甘孜、西藏等地过来的；纳西族邻居合计有 11 人，占样本总数的 10.38%，这些纳西族主要来自丽江宁蒗，多数是同乡带过来做生意的，以服务行业为主（如餐饮业），多聚居在甸腊卡后街的"皮匠坡"一带，仓房街、北门街也有一些。白族邻居合计有 10 人，占样本总数的 9.43%，白族有经商的传统，这些白族多数是从大理过来的，以从事餐饮业为主，多数白族居住在古城北门街，部分住在城郊江克村。回族合计有 10 人，占样本总数的 9.43%，回族流动人员多来自云南大理巍山地区，他们主要从事松茸药材收购买卖、清真民俗小吃和农贸市场牛肉零售。大理巍山回族群体主要聚居在建塘镇旺池卡街一带，所以藏族的回族邻居很少；其他民族合计有 9 人，占样本总数的 8.49%。

从以上统计数据中可以看出，现在建塘镇独克宗古城里藏族的"四邻民族"成分呈现大杂居的趋势，除本地居住的各民族之外，更多是旅游业发展以后到当地做生意的汉族、纳西族、白族等其他外来民族，藏族的族际交往对象民族更加多元化。为进一步了解藏族四邻民族的变迁情况，我们对部分生计方式转型的藏族进行了访谈，主要包括他们的居住情况的变化，以访谈 5-3、5-4 为例。

访谈 5-3：这里的店员大部分都是当地的藏族，很多都是扎巴先生吉迪村的。来店里以前，他们很多都是农牧民，主要从事农业及畜牧养殖业。我们店里招聘服务员的时候，他们就到店里应聘。来的长的有十多年的，短点的有一年左右。现在他们很多都升成店里的主管、经理助理等了。他们的文化层次普遍都不高，但是他们做事都很用心，并且都会发自内心地为客人服务，这份真诚客人也是能感觉到的，所以我们店里回头客很多。客人对他们的服务一般都很满意，他们反馈说在这里比住星级宾馆感觉还好，房屋设施、餐厅提供的每一餐都融入了我们酒店独特的藏族文化元素。如果在村里，藏族结婚的年纪一般都会很小，很多人 14、15 岁就结婚了。如果我没有出来还在村子里，估计早就结婚了。来到店里以后，接触的人多了，思维、见识都和以前不同了。现在择偶标准也有一些改变，家里的长辈一般都希望还是找藏族，觉得本民族的生活习惯、文化背景都一致，在家里更好沟通和相处，我自己倒是觉得无所谓。居住格局方面还是有很大的变化：纳西族多数住在三坝乡，红旗村里多数是彝族，傈僳族多数住在维西县，我们之前住的吉迪村是藏族聚集的村落，除个别嫁进来的民族外，大部分都是藏族，我们的左邻右舍都是藏族。村子里的藏族土地很多，一家人有 100 亩地都是很正常的。一般都是在自己家的土地上盖房子。现在到古城店里上班，回村住不方便，我们就约了几个人一起在古城的仓房街社区里租房子住。建塘镇（中心镇）古城这边有很多其他民族，我们租住的社区里，有很多汉族，他们很多是从四川、江浙一带过来做建材生意的；有很多纳西族，主要是从丽江过来的，有开饭馆的，有做皮革、药材生意的；有回族，主要在松茸批发市场里收购贩卖松茸和开清真食馆。现在居住在古城，居住周围的有很多其他民族，但从社区的总体情况看，还是以藏族居多。和这些民族居住在一起，大家从早到晚在一起相处，很多人慢慢地也成为朋友了，有事还会互相帮一下。总之，现在来古城上班，我们居住的地点发生了变化，四邻民族情况也随之发生改变。[①]

访谈 5-4：我家祖籍是德钦的，因父母在建塘镇上班，所以我从小是在香格里拉古城的仓房社区里长大的。在我很小的时候，我们周围就居住着很多外来的民族，有汉族、白族、纳西族、彝族、傈僳族等。他们一般以两种方式到此定居的，一种是祖祖辈辈就在这里居住，有当地的户口，生活习惯深受藏族的影响，早上都是喝酥油茶、吃糌粑，这些民族与藏族的关系一般都很融洽，平时藏族有什么节庆活动，他们都会一起参加，关系很好。另一种情况就是近几年才到当地做生意的外来民族。大部分留下来的与当地藏族的关系都还不错，能适应当地的风俗人情和生活习惯。[②]

近年来随着香格里拉市建塘镇旅游业的发展，大量外来人口的流入，现在建塘镇独克宗古城里当地藏族的四邻民族成分呈现大杂居的趋势，除本地居住的各民族之外，更多是旅游业发展以

---

① 访谈人：笔者。被访谈人：独机卓玛，藏族。访谈时间：2020 年 8 月 5 日。访谈地点：建塘镇独克宗古城。

② 访谈人：笔者。被访谈人：斯那江楚，藏族。访谈时间：2020 年 8 月 6 日。访谈地点：建塘镇独克宗古城。

后到当地做生意的各个民族。本地藏族随着生计方式的转型，有很多也搬离了原来居住的村寨，随着居住地点的变化，藏族的四邻民族构成也发生了很大改变。

二　各民族流动人口的四邻民族构成

为了解当地旅游业发展以后各民族流动人口在当地的族际交往与融入的情况，前期我们做了相关的田野调查，选取了 20 名通晓汉藏双语的师生担任田野调查及数据采集工作。在调研之前，调查小组制定了详细的访谈提纲及问卷，并向相关学科的专家进行了咨询论证。在此基础上，调查小组于 2017～2018 年的寒暑假期间赴香格里拉市建塘镇进行田野调查工作。在访谈提纲中，设计了"同事民族结构情况""族际互助相帮情况""族际交友聚会情况""四邻民族构成情况"等作为流动人口族际交往情况的衡量指标。本次抽样调查共投放调查问卷 1000 份，收回有效问卷941 份，被访谈的对象涉及酒店、客栈、藏民家访、旅游景区等各类旅游从业人员。其中，被访流动人口的"四邻民族构成情况"如表 5-1 所示。

表 5-1　各民族流动人口四邻民族构成情况

单位：人，%

四邻民族构成 民族类型		汉族	藏族	纳西族	白族	回族	其他民族	合计
汉族	人数	510	343	130	110	20	100	1213
	所占比例	42.04	28.28	10.72	9.07	1.59	8.3	100
纳西族	人数	13	15	16	0	6	20	70
	所占比例	18.33	21.67	23.33	0	8.6	28.07	100

续表

四邻民族构成 民族类型		汉族	藏族	纳西族	白族	回族	其他民族	合计
白族	人数	112	114	30	97	0	25	378
	所占比例	29.63	30.16	7.94	25.66	0	6.61	100
彝族	人数	21	14	12	7	0	25	79
	所占比例	26.87	17.91	14.93	8.96	0	31.33	100
回族	人数	14	11	9	7	47	2	90
	所占比例	15	12.5	10	7.5	52.5	2.5	100

Pearson 卡方值：697.210，渐进 Sig.（双侧）：0.0000。

在收回的 941 份有效问卷中，汉族有 644 人，受访汉族的四邻民族累计有 1213 例。其中汉族邻居占 42.04%；藏族邻居占 28.28%；纳西族邻居占 10.72%；白族占 9.07%；回族占 1.59%；其他民族占 8.3%。可见，汉族流动人口在建塘镇的居住邻居以本民族、藏族、纳西族和白族为主。

在收回的 941 份有效问卷中，纳西族有 34 人，受访纳西族的四邻民族累计有 70 例。其中汉族邻居占 18.33%；藏族邻居占 21.67%；纳西族邻居占 23.33%。纳西族流动人口在建塘镇除本民族以外，主要和藏族、汉族做邻居。

在收回的 941 份有效问卷中，白族有 171 人，受访白族的四邻民族累计有 378 例。其中汉族邻居占 29.63%，藏族邻居占 30.16%，白族邻居占 25.66%，纳西族邻居占 7.94%，其他民族合计占 6.61%。白族流动人口在建塘镇的居住邻居以藏族、汉族、本民族为主。

在收回的 941 份有效问卷中，回族有 29 人，受访回族的四邻民族累计有 90 例。其中汉族邻居占 15%；藏族邻居占 12.5%；本民族邻居占 52.5%。回族流动人口与本民族做邻居的比重较大。

这可能与回族特殊的饮食习惯及民族文化有关。

大量流入的外来人口，居住在建塘镇独克宗古城。这些流动人口的涌入，使当地原有的居住格局发生改变，当地藏族的居住格局和族际交往关系变得更加复杂化，独克宗古城里各民族大杂居的居住格局进一步凸显。

三　生计方式转型中藏族建筑文化及居住格局的重塑

香格里拉地区藏族的住宅建筑文化风貌与当地的地理位置及自然环境都有很大的关系，且受藏族所从事的生计方式的影响。涉藏地区常年严寒的气候和自然环境造就了农区和牧区不同的建筑风格。在农区的藏族居住的房屋以固定建筑为主，而在牧区的藏族由于每年需要在不同的牧场之间来回搬动，居住一般以活动建筑——帐篷为主。旅游业发展以后，在藏族家庭生计方式转型的过程中，由于所从事生计的需要、家庭收入的增加等原因，很多藏族都将原来的老旧房屋进行翻新、重建，重新建造的房屋结构、用料和质量都有了很大改善和提高。对于部分生计转型的藏族来说，家屋不仅仅是个人居住的场所，更是从业的场所。香格里拉部分藏族从农牧民到旅游从业人员的身份转变，都是在自家房屋里完成的。据调查，目前在建塘镇90%正常营业的藏家客栈、藏餐厅和"藏民家访"的经营场所都是在藏族自家房屋里改建而成。藏族民居建筑为游客们提供了最为直观的藏族文化体验的场所。在藏族家屋被改建成旅游从业场所的整个过程中，房屋的空间布局也进行了重大的调整，这个调整既要满足游客参与体验藏族文化的需求，又要满足游客参观及参与互动空间场所的要求。总之，在生计方式转型中，随着生计的需要，藏族的建筑文化风貌已经被改变，民居建筑风貌的改变是藏族生活方式改变的具体体现之一。

马克思主义哲学有关唯物史观的两对不同的矛盾和哲学范畴：生产力决定生产关系，经济基础决定上层建筑。斯图尔德认为，生产技术与人的"行为"方式之间有很大的关系，生产技术水平可以影响人类的行为方式。藏族所从事的生计方式类型也对他们的风俗习惯、居住格局、社会关系等都产生了深远的影响。从建塘镇独克宗古城的居住格局来看，各民族之间呈现大杂居、小聚居的居住特点。生计方式发生转型的藏族，随着所从事生计的需要，居住的地点会有所改变，四邻民族情况随之改变，四邻民族成分也呈现多样化的趋势，藏族不仅和本民族做邻居，还和其他各民族外来流动人口做邻居。对比老一辈藏族以村寨为主的居住格局来说，藏族现今的居住格局已经发生很大变化。总之，随着生计方式转型，藏族的居住格局进一步被重塑。

随着香格里拉市建塘镇当地经济社会的转型，藏族所从事的生计方式也随之发生转型。在参与旅游业的过程中，当地藏族的生产方式与生活方式已经发生很大改变。从总体看，香格里拉市建塘镇藏族的住宅建筑与地理位置、气候、生计方式类型有很大关系，藏族所从事的生计方式类型也对他们的风俗习惯、居住格局、社会关系等都产生了深远的影响。在藏族家庭生计方式转型的过程中，由于所从事生计的需要、家庭收入的增加等原因，很多藏族都将原来的老旧房屋进行翻新、重建，重新建造的房屋结构、用料和质量都有了很大改善和提高，家屋的用途也有了新的拓展，对于生计转型的藏族来说，家屋不仅仅是个人居住的场所，更是从业的场所。总之，在生计方式转型中藏族的建筑文化风貌进一步被重塑，民居建筑风貌的改变是藏族生活方式改变及生活水平提高的集中体现，也是藏族传统文化形貌进一步被重塑的具体体现。

　　另外，从外来流动人口聚集较多的建塘镇独克宗古城来看，古城里的各民族之间呈现出大杂居、小聚居的居住特点。生计方式发生转型的藏族，随着所从事生计的需要，有很多也搬离了原来的村寨到古城居住，随着居住地点的变化，藏族的四邻民族构成也发生了很大改变，除本地世居的各民族之外，更多是外来的各民族流动人口。对比老一辈藏族以村寨为主的居住格局来说，生计方式转型以后的藏族居住格局已经呈现多样化的发展趋势，生计方式转型中藏族的居住格局进一步被重塑。

第 六 章

生计方式转型中藏族的族际通婚变迁

  族际通婚是衡量多民族国家中民族关系的重要指标。在民族关系研究中，族际通婚通常被视作厘清两个族群之间边界、判断二者亲近程度的一个关键指标。由于不同族群成员之间的亲密接触和相互联姻可以反映出族际交往的深度，所以，族际通婚在民族关系的研究中有一定的研究价值。族际通婚是相对于族内婚而言的，在本书中特指藏族与其他民族之间缔结的婚姻。在藏族的衍生发展过程中，文成公主嫁给松赞干布开启了藏族的族际通婚先河，被传为佳话。婚姻是实现不同民族之间姻亲关系和血缘关系的重要途径，族际通婚为各民族之间的交融与互嵌关系创造了条件，通过族际通婚建立起来的关系，比一般的族际交往中的其他关系都要更加牢靠。

  各民族之间的通婚情况能够反映出各民族之间交往与交融的程度。只有当两个民族之间的关系在整体上比较融洽时，他们的成员才有可能出现一定规模的族际通婚。族际通婚组建的家庭不仅代表了不同个体之间的关系，还代表了各自分属民族之间的关系与交融。族际通婚受到很多因素的制约：社会背景与社会地位、受教育程度、所从事的职业、个人收入与财产情况等。此外，两个民族长期以来的关系、居住格局、文化认同、语言沟通程度、宗教信仰、族群规模大小、对族际通婚的态度等也会影响不同民族之间的通婚。在香格里拉市建塘镇藏族的族际通婚家庭中，家庭成员往往还保留着各自的民族的文化特征，但这些民族文化又能彼此融合与共存。

第一节 藏族的族际通婚变化趋势

在当地旅游业开发以前，香格里拉藏族主要从事农业、畜牧业、松茸采集等生计方式，他们大部分时间都在农忙，社会交往对象较单一，以亲缘性社会交往和地缘性社会交往为主，在此基础上，他们的结婚对象也主要局限于本村或附近几个村落。生计方式的转型使藏族的交友范围、交友方式、交友结构等都发生显著的改变。在亲缘性社会交往和地缘性社会交往的基础上，业缘性社会交往成为藏族重要的社会交往形式。随着藏族的族际交往广度和深度的不断拓展，藏族的族际通婚状况也随之发生变迁。

一 族际通婚圈的扩展

通婚圈是建立在婚姻关系上的人际交往圈，通婚圈形成的社会基础源于婚姻。通婚圈的扩展是香格里拉市建塘镇藏族族际通婚变迁中较为突出的一个方面。近年来，当地旅游业得到了持续快速发展，外来人口和当地乡村各民族进城人口交集建塘镇。当地藏族也看到了旅游业发展带来的巨大商机，纷纷加入旅游业大军。随着民宿客栈、藏民家访、藏餐厅、手工艺品加工等与旅游相关行业的兴起，许多藏族家庭传统的生计方式慢慢开始发生变迁。藏族家庭生计方式从单一的农牧业到兼营旅游业，藏族从单纯的农牧民转变为旅游从业人员，生计方式转型的香格里拉市建塘镇的藏族，对个体而言，是个人行为，对于其所处的整个社区而言，原有的社会结构也因此发生改变。

"社会结构的变迁带来了婚姻家庭结构的变迁，通婚圈也必然随之发生变迁。"社会流动空间的扩大是通婚圈扩大的必要前提和基础，在人口流动过程中，族际交往频率的增加是藏族通婚圈扩大的必要条件，族际交往越频繁，族际交往程度越深，发生族际通婚的可能性就越大。人口流动速度加快与族际交往频率增加是促进香格里拉市建塘镇藏族族际通婚圈扩展的必要条件。为进一步了解生计方式转型中藏族的族际通婚圈扩展情况，我们以访谈6-1、6-2、6-3为例。

> 访谈6-1：我大约是24岁成的亲，本村的老人给介绍的、父母包办的，结婚前我们双方都没见过面，老伴是四村那边的人，两边家长谈了以后，觉得各方面条件都还可以，就把婚事订下来了，老伴是她娘家人骑着马送过来的。[①]
>
> 访谈6-2：我是1965年结的婚，当时只有17岁，我的婚姻是父母包办的。以前我们藏族结婚的年龄一般都很小，很多都是十多岁就结婚了，一般就是村内或者是附近几个村子互相找找，父母亲戚帮忙介绍的，我们接触的人也不多，很多人找的对象都是从小就认识的了，知根知底。[②]
>
> 访谈6-3：格茸初杰18岁以前在家务农，2008年应聘到独克宗藏民家访做歌手，在那里认识了服务员和金花，和金花是丽江纳西族，两人相处了一段时间后，双方都很满意，双方的文化习俗也融合，就结婚了，据格茸初杰说如果不到

---

① 访谈人：笔者。被访谈人：扎巴，藏族。访谈时间：2020年7月20日。访谈地点：建塘镇解放村。

② 访谈人：笔者。被访谈人：格藏，藏族。访谈时间：2020年7月20日。访谈地点：建塘镇解放村。

藏民家访做歌手，还是在家务农，应该会在本村或附近村落找对象，因为在家务农能接触的人太少了，没有什么可以选择的空间。①

从以上访谈中得知：香格里拉市建塘镇纳帕海依拉草原附近的解放村与其他以传统农业、畜牧业为主的少数民族聚居村落相似，这类村落受地域限制，社会流动性较小，人与人之间的交往范围比较局限，以血缘、姻亲关系的交往和地缘性社会交往为主，交往对象较为单一。生计方式转型以前，当地交通较为闭塞，藏族的族际交往范围仅限于本村或者附近村落。因此，本村及邻村一直以来都是解放村藏族择偶的主要地域范围，通婚半径非常狭小，属于典型的村内婚和村际婚，县际、省际、族际婚很少见。

从当地部分50岁以上的藏族老人口中得知，在改革开放以前，该村藏族的通婚半径约为5千米，通婚圈面积仅约80平方千米，也就是说，解放村的老一辈藏族都在方圆约80平方千米的区域范围内找对象，血缘关系很近。改革开放以后，特别是在当地旅游业发展以后，依拉草原被开发成了当地的热门景区，络绎不绝的外地游客为藏族带来了丰厚的收入，解放村里有很多藏族在旅游旺季时就到依拉草原景区给游客牵马、当向导、购买门票，这部分藏族家庭的生计方式已经明显转型。随着接触人群范围及族际交友范围的扩大，藏族的族际通婚半径也有明显扩大的趋势。另外，在当地经济社会转型的过程中，建塘镇外出打工及求学深造的藏族也越来越多。

据初步统计，2000年以后，解放村通过外出务工外嫁的藏族

---

① 访谈人：笔者。被访谈人：格茸初杰，藏族。访谈时间：2020年8月5日。访谈地点：建塘镇独克宗古城。

女子有 19 人，其中县际婚 15 人，省际婚 4 人；娶到外地媳妇的藏族小伙子有 2 人，属于省际婚。这个数字虽然不大，但对比之前的情况，跨省及州市的族际通婚的出现对于这个闭塞的藏族村落而言有着深远的意义。在流出的人口中，藏族女性嫁给其他民族男性的比例比藏族男性娶其他民族女性的比例高出许多，特别是有一定的学历和技能的藏族女子更容易找到中意的非藏族男性。如前所述，自 2000 年以来解放村外嫁的藏族女性有 19 人，而娶到外地媳妇的藏族小伙子仅有 2 人。此外，我们随机在村子里访谈了几位正在外地上学的藏族姑娘，她们都表示，找对象不一定要找藏族，如果遇到中意的人，什么民族都可以接受。族际通婚圈的扩展，长远来看有利于藏族整体人口质量的提高。

二　婚嫁礼俗的变迁

历史上，香格里拉市建塘镇藏族的婚姻形式曾有一妻多夫、一夫多妻和一夫一妻三种。一妻多夫，曾是云南涉藏地区解放以前最典型的婚姻形式之一，多存在于土司、富商、领主等上流社会中，若一户藏族家中有几个兄弟，就只为长兄一人举行婚礼。婚后，长嫂分别与家里其他几个兄弟同居，兄弟之间一般能和睦相处。这种婚姻习俗存在的历史背景是涉藏地区在旧社会普遍存在的份地制，即每户一份地一份税，如果几个兄弟都分别结婚，就可能导致分家。一旦分家，家庭的经济实力将会被分散而削弱，而每户又需要承担一份税的负担，一妻多夫既保存了家庭的经济实力不被削弱，稳定家庭经济和社会地位，又减轻了家里的赋税压力。一夫多妻是指藏族男子同时娶姐妹二人为妻，一般明媒正娶姐姐或者妹妹中的一人，其他姐妹则随之嫁入家中，与姐夫或者妹夫同居后结为夫妻。这种婚姻形式与汉族古时候男子娶妻纳妾有所不同，这种婚姻形式主要流传于佛山、云岭、羊拉、奔子栏等乡。为保障各民族在婚姻中的各项权利，《中华人民共和国民法典》中明确规定："实行婚姻自由、一夫一妻制。禁止包办、买卖婚姻和其他干涉婚姻自由的行为。"相关法律的出台促使藏族"一妻多夫""一夫多妻"等婚姻形式的改革，也改革了部分由父母主张的包办婚姻。一夫一妻制，是现在唯一受《中华人民共和国民法典》保护的婚姻形式，现在香格里拉市建塘镇藏族的婚姻基本上都是一夫一妻制。国家婚姻制度与现代婚恋观深深地影响改变了藏族的传统婚姻缔结方式，出现了从包办婚到自主婚的转变，婚姻程序也由传统事实婚向基于法律制度保障的法律婚姻转变。以前香格里拉市建塘镇藏族的婚姻大多数是父母之命、媒妁之言的指定婚姻模式，现今则以自由恋爱的居多。过去藏族结婚前需要合婚，就是结婚双方把名字和生辰八字写下来，请高僧看过之后签字认可的文书就算结婚生效了。现今藏族的法律意识增强了，都知道结婚需要到民政局领取结婚证，有结婚证的婚姻才受法律保护，以前证明婚姻事实的文书现今已经被结婚证所取代。

香格里拉市建塘镇藏族的婚配程序大致可以分为以下几个阶段：合婚，求婚，送亲，迎亲。在结婚的当天还会举行跳弦子、跳锅庄、歌卜游戏等，而在建塘镇则以跳传统的锅庄舞为主，跳舞双方以对唱方式进行比赛，跳到第二天天亮，待早茶后送走送亲队，婚礼便告结束。建塘镇藏族婚姻习俗为当地藏族全民传承，具有十分广泛的群众基础，婚习礼仪内容丰富，风格各异，具有突出的民族风格和地域特征，有较高的艺术性和观赏性。

从香格里拉市建塘镇藏族的婚嫁习俗中可以感受到浓厚的藏族文化韵味，婚嫁仪式中可见其繁杂程度，从结婚环节中亦可以看出藏族对神灵的崇拜和对祖先的敬仰之情，藏传佛教对藏族的日常生活及民族文化的影响较为深远。其中，藏族的婚嫁礼俗中体现了藏族历史悠久的民族传统文化色彩，从送亲到迎亲的一系列婚礼程序中可以窥见藏族讲孝道、尊老爱幼、守礼仪，夫妻双方之间互敬互爱、追求和谐美好生活的价值观念，这与现当代我国提倡的社会主义核心价值观是相符的。

随着时代的变迁与发展，尤其受全球化和城镇化进程的影响，香格里拉市建塘镇藏族的婚嫁习俗发生了很多变化。特别是生计方式转型以后，随着藏族与各民族交往的加深，藏族的思想意识也慢慢由封闭走向了开放，一些现代的思想观念与藏族传统的思想观念交织在一起，新时代的婚姻观念及婚嫁标准逐渐被更多的藏族青年所接受。在田野调查中我们发现：藏族新的婚嫁习俗在保留了传统文化的同时更能适应现代社会的发展节奏。现今青年一代藏族婚礼的时间与以前相比已经大大缩短了，现今藏族嫁娶一般一两天就可完成。如果藏族与汉族、白族等其他民族通婚，则藏族传统的婚礼仪式会进一步简化，许多婚嫁环节只是走形式。比如说，之前在送嫁和接亲许多环节唱的歌曲，通婚民族之间由于不同的民族文化差异，只要意思表达到即可，不再拘泥于特定的婚嫁对歌环节。当地藏族和我们说，随着生活节奏的加快，现在本地藏族与藏族的族内婚礼仪式也有简化的趋势，对歌环节只是唱一唱，主要起到活跃气氛的作用，不用像以前嫁娶那样，非要把所有环节的歌都唱完。

婚礼举办形式也发生改变，现今建塘镇城里的藏族在结婚时，很多都是找婚庆公司来操办，婚礼流程也是让婚庆公司设计的，包括婚车接新娘、新娘租婚纱礼服、到酒店包酒席款待双方的亲朋好友、婚礼仪式请专门的司仪主持、全程摄像等，现今单纯依靠亲戚、朋友和街坊邻里帮忙办婚礼的已经很少，筹办婚礼花费的钱比以前增加了，但是却节省了人力成本。这一转变，也标志着香格里拉藏族的生活方式向着现代化的方向迈进。为进一步了解生计方式转型中藏族婚嫁礼俗的变迁情况，我们以访谈 6-4 为例。

　　访谈 6-4：我们藏族是不需要彩礼的，一直以来都是老大在当家，不管男女，是老大就当家。去提亲时只需要带一个酥油饼，两个砖茶，几壶青稞酒和哈达即可。以前大多数人结婚都是父母包办，很多人到结婚的时候，双方都还没有见过面。以前条件非常艰苦，结婚当天去接新娘就是骑马或者走路，之后条件好一点了就用拖拉机、大车之类的交通工具。以前也不照什么婚纱照，现在年轻人结婚条件更好了，接亲队伍里面全部都是豪车。以前结婚在家里会有老人的祝福（"给查"），要讲的特别多，现在简化了，也就是走走形式。以前结婚时间比较久，一般要两三天，晚上跳锅庄舞，可以跳上两三天，现在一天晚上都跳不下去。此外，现在举行汉式婚礼的人也多，到酒店摆酒席，到 KTV 唱唱歌。以前，我们父母的观念还是非常保守的，不支持自由恋爱，更不会支持和其他民族通婚，我和妻子都是藏族，在结婚之前是没有见过面的，也没有谈过恋爱。现在时代改变了，我不会干涉我儿子的婚姻。他喜欢就行，我们都能接受。现在的青年人都是自由恋爱，族际通婚的也很多。[①]

　　婚嫁习俗是民族文化中重要的一部分，体现了该民族文化中

---

①　访谈人：笔者。被访谈人：七批，藏族。访谈时间：2020 年 8 月 1 日。访谈地点：建塘镇解放村。

的风俗习惯与约定规则。藏族的族际通婚变迁反映了藏族传统文化在现代社会中的调适、变迁与适应。在当地经济社会转型的背景下，在生计方式转型的过程中，随着交往人群的扩大，香格里拉市建塘镇藏族传统的婚嫁习俗中融入了很多现代化的元素。从合婚到完成婚嫁的整个过程中在保留了藏族传统文化的基础上，又融入了汉族等民族的文化元素，并且有进一步向现代化发展的趋势。总之，在以市场化及对外开放为主题的现代化发展进程中，藏族的民族文化随着时代的发展也在发生着改变，而且现代性的特征逐渐呈现，少数民族文化中逐渐渗透的现代性特征正在慢慢重塑着藏族的传统婚嫁习俗。

三　择偶标准的变化

择偶标准是个人在评估自身及所在家庭环境的条件状况后，在选择婚配对象时对另一半预先设定的条件标准。一个人的择偶标准往往受到多方面因素的影响。在不同的社会发展阶段及经济社会环境中，择偶标准往往会受到特定的社会价值观的影响而有不同的侧重点，择偶标准还与本人的家庭背景、生长环境、受教育程度、经济条件、社会地位等都有很大的关系。

在 20 世纪五六十年代，香格里拉市建塘镇藏族适龄青年的婚姻基本都由父母长辈包办，受传统道德思想观念的影响，民族成分及生辰八字都是藏族重要的择偶标准，且社会分层及等级制度十分明显，门当户对也是重要的婚配标准，如土司的女儿是不会许配给普通藏族的。有结亲意向的双方家长先洽谈，初步谈妥之后再通过媒人完成婚姻的后续程序。夫家对儿媳妇的要求有贤惠、相夫教子、顺从丈夫、孝敬老人等，对女婿的要求有忠厚老实、吃苦耐劳、有担当、人品好等。

　　20 世纪 90 年代以来，当地藏族生计方式转型以后，全方位开放的交往方式使藏族的眼界、思想意识与从前都不一样了，青年一代藏族的择偶标准与老一辈相比，也有了很多改变。根据对当地藏族常住人口及流动人口调研的情况统计：青年一代藏族在择偶时更看重对方的综合素养，身高、相貌、健康状况等身体素质，受教育程度、个人生活习惯、所从事的职业、经济收入条件等都是择偶的重要标准，除此之外，人品才干、两人感情、志趣爱好等因素也是藏族青年择偶的重要参考指标。在这些标准中，个人根据自身的情况又会有不同的考察重点。总体来看，藏族青年择偶的标准呈现多元化发展的趋势。

　　此外，长辈对晚辈婚姻选择的干涉程度已经大大降低，藏族青年男女更多是自由恋爱，长辈更加尊重晚辈的选择，对于择偶标准只是建议而不再加以干涉。青年一代藏族自由恋爱的意识增强，女性在择偶时的个人意愿更加突出。过去受价值观念及宗教文化信仰桎梏、没有选择权的传统婚姻正逐步被建立在共同感情基础、情投意合、经济条件、受教育程度等综合条件基础上的现代婚姻所取代。随着经济社会的发展，建塘镇的藏族在多元文化的影响下，传统婚姻模式正在向着现代婚姻模式转变。我们对建塘镇常住藏族青年做了关于择偶条件的相关统计（详见表 6-1）。

表 6-1　新时代藏族的择偶标准

单位：人，%

择偶因素	人数	所占百分比	择偶因素	人数	所占百分比
家庭背景	118	8.2	两人感情	295	20.5
人品	980	68.2	宗教信仰	7	0.5

择偶因素	人数	所占百分比	择偶因素	人数	所占百分比
职业	12	0.8	文化程度	11	0.8
民族成分	13	0.9	合计	1436	100.0

资料来源：对当地藏族常住人口发放问卷 1500 份，收回有效问卷 1436 份，根据数据统计整理而成。

有 88.7% 的人选择了"人品""两人感情"两大因素，只有 0.9% 的人选择"民族成分"。女性在爱情与婚姻面前考虑更多的是情感因素，特别是接受族际通婚的女性对民族成分因素考虑得较少。说明在少数民族中，有很多人已经冲破了"族群婚姻限制"，感情、人品成为结婚的主要因素。为进一步了解青年一代藏族择偶标准的变化情况，我们以访谈 6-5、6-6 为例。

　　访谈 6-5：我们是同事，在一个中学教书的时候认识的，当时学校里也没有多少老师，又都到了结婚的年龄，由于当时认识的人也不多，在同事的介绍下，我们就认识了。家里给我很大的自由和选择的权利，所以我还是以自己的意愿选择了结婚对象。当时自己并没有考虑到对方的民族身份，因为自己觉得不同民族间结婚没有什么障碍，在当地的历史上，藏族和纳西族通婚的现象也很普遍。主要考虑的还是工作，大家都有一个稳定的工作对家庭好。[1]

　　访谈 6-6：我们都在一个单位上班，平时接触得比较多。在选择结婚对象时，主要考虑的还是感情方面的因素。当时家人对于和其他民族的结婚还是反对的，但我在家里是少有

---

[1]　访谈人：笔者。被访谈人：卓玛，藏族。访谈时间：2020 年 8 月 7 日。访谈地点：建塘镇独克宗古城。

的知识分子，家里给我很大的自由和选择的权利，所以我还是以自己的意愿选择了结婚的对象。①

根据实地调查，当地有很多藏族青年男女表示不排斥族际通婚，并把人品及双方情投意合放在择偶的首位。与此同时，他们表示对传统婚姻观念里的一些优秀的传统文化也会传承延续。民族语言与宗教信仰依然是他们在选择结婚对象时的重要参考因素。香格里拉的藏族青年汲取了现代婚姻里的积极因素，并在族际通婚的过程中诠释了传统婚姻的意义和内涵。

四　不同年龄段藏族的族际通婚比例

年龄是研究族际通婚时需参考的一个重要指标，通过比较不同年龄段的族际通婚情况，可以看出一定的变化规律。我们将建塘镇解放村归保组的藏族按年龄进行分组统计：为了便于比较，将被访者年龄划分为四个组。从调研的总体情况来看，年龄小于30岁及30~39岁的青年藏族的族际通婚人数较多，分别为53人和42人，约占被调查人群的40%和32%。而年龄超过50岁的藏族族际通婚人数相对较少，仅为16人，约占被调查人群的12%。在被访对象中，30岁以下的女性藏族族际通婚率为77.4%，远远超过同年龄段的藏族男性；香格里拉的藏族女性在选择结婚对象时，更倾向于选择汉族等其他民族。而在年龄大于50岁的人群中情况则相反，男性藏族的族际通婚率为68.8%，远远超过同年龄段的藏族女性（详见表6-2）。

---

① 访谈人：笔者。被访谈人：卓金，藏族。访谈时间：2020年8月7日。访谈地点：建塘镇独克宗古城。

表 6-2　不同年龄段的藏族族际通婚情况统计

单位：人，%

年龄分组	合计	男性人数	比例	女性人数	比例
<30	53	12	22.6	41	77.4
30~39	42	11	26	31	74
40~49	20	12	60	8	40
≥50	16	11	68.8	5	31.2
合计	131	46	35	85	65

由表 6-2 可知，50 岁及以上是男性藏族中族际通婚率最高的年龄组；30 岁以下是女性藏族中族际通婚率最高的年龄组。综合所有被访人群的情况看，30 岁以下的藏族女性族际通婚率最高，证明年纪越小的藏族女性更倾向于找其他民族的男性结婚。

受教育程度也对藏族的族际通婚比例有重要的影响。从调查的情况看，在未上学的藏族中，族内通婚的比例为 46.2%，族际通婚的比例为 53.8%。为进一步了解受教育程度与族际通婚率之间的关系，我们以访谈 6-7 为例。

访谈 6-7：我们是朋友介绍认识的。朋友介绍后，相处了一段时间，觉得他人很老实，人品还不错，很勤快，心地善良，这些都是我看重的。纳西族和藏族生活习惯、风俗有很多相似的地方，感觉就像一家人一样，没有隔阂。找对象看重对方的人品，学历也是参考因素，感觉还是要学历层次差不多的更好交流一些，共同语言更多一些，我和我丈夫都是大学本科毕业，学的都是市场营销专业，有很多共同语言。①

---

① 访谈人：笔者。被访谈人：独机卓玛。访谈时间：2020 年 8 月 5 日。访谈地点：建塘镇独克宗古城阿若康巴·南索达庄园。

从调查人群的总体看，香格里拉市建塘镇藏族的族际通婚率与他们的受教育程度呈正相关关系。即随着藏族受教育程度和学历层次的提高，他们的族际通婚率也在逐步增加。究其原因，很可能是受教育程度越高的藏族，社会认可程度越高，经济条件越好，接触的人群范围也越广，更有机会结识各种优秀的人，在交往的过程中，增加不同民族之间的认同感和包容性，减少彼此之间的偏见，而这些都是增加族际通婚可能性的必要条件。

第二节　生计方式转型中藏族通婚民族的变化

一　藏族族际通婚民族的变化

根据对香格里拉市建塘镇常住藏族做的关于择偶条件的相关调查可知，族际通婚中，双方主要考虑的有人品（占68.2%）、两人感情（占20.5%）这两大因素，而这两个因素都是需要在日常的接触交往过程中慢慢考察和培养的。因此，族际交往与族际通婚之间有很强的关联性。从前期调查的情况看，在有其他民族朋友的藏族中，族际通婚者的比例约占62%，远远超过族内通婚者的比例（38%）；而没有其他民族朋友的藏族，更多是与本民族的人相处，则是族内通婚者的比例（53%）大于族际通婚者的比例（47%）。由此可见，与其他民族的人接触并成为朋友可显著并直接改变婚姻格局，提高族际通婚率。通过调查，我们还发现在藏族族际通婚者中，无论是朋友的民族种类还是人数都多于藏族族内通婚者，而且随着朋友的民族种类的增加，藏族族际通婚者的人数和比例是递增的。由此可见，与各种民族的人广泛接触并成为朋友在一定程度上也可以提高藏族的族际通婚率。为了更进一步对比老一辈藏族和青年一代藏族在族际通婚选择对象民族的差别，我们对当地部分藏族家庭进行了访谈，以访谈 6-8 为例。

访谈 6-8：家里的爷爷奶奶交代我们还是要找藏族。我爸爸是藏族，我妈妈是汉族，属于族际通婚。所以，长辈们对我的婚事还是比较开明的，让我们自己选择。我个人是觉得两个人谈得来最重要，民族成分不是我考虑的最主要的因素。建塘镇民族比较多，我老家在金江镇，在金沙江旁边。那里有纳西族、藏族、傈僳族、白族、苗族，各民族通婚的情况比较常见。建塘镇这边的回族，多数是茶马古道时期从大理过来做生意的，姓杨的比较多。回族较少，回族多数在维西县。至于我以后的对象，我要找个谈得来、有共同语言的，至于什么民族就随缘吧。

以前在村里，藏族结婚的年纪都很小，一般 14、15 岁就结婚了。生计转型以后，一般 20 多岁才结婚。到镇上从事旅游相关行业的人说他们如果还在村子里，早就已经结婚了，到建塘镇工作以后，他们的思维、见识都和以前不同了。生计转型后，年轻藏族的择偶标准也有所改变，老一辈一般都主张还是找藏族，觉得在家里更好沟通，生活习惯、文化背景都一致。青年一代则考虑的因素更多，反而感觉民族成分不是最重要的因素了。现在青年一代藏族和其他民族通婚的很多，结婚以后都会保持各自的宗教信仰，互不干涉。相比传统观念的老一辈藏族，这种思想上的转变是非常大的。[①]

① 访谈人：笔者。被访谈人：格茸初杰，藏族。访谈时间：2020 年 8 月 5 日。访谈地点：建塘镇独克宗古城。

　　通过调研，香格里拉市建塘镇藏族的族际通婚对象民族的变化如下。

　　汉族男性娶藏族、纳西族为妻的比例较高；白族的男性娶藏族女性的比例较高；汉族女性在结婚对象选择上更倾向于嫁给藏族和纳西族男性。藏族、纳西族作为云南涉藏地区的主体少数民族，其他民族的男性如果能娶到这两个民族的女性为妻能够带来更多当地发展资源的共享，且主体民族聚集程度较高，互相结亲的比例也很高。藏族女性在结婚对象选择上更倾向于嫁给汉族男性，她们认为汉族男性更稳重，更有安全感，能够为家庭提供各方面的保障。

　　从调研的总体情况来看，香格里拉市建塘镇当地各民族的族际通婚率有逐年上升的趋势，藏族在生计方式转型以后，与汉族的族际通婚率也在不断上升。香格里拉市建塘镇是全国较出名的旅游城市，旅游业的发展进一步带动当地餐饮、住宿、运输等行业的发展，并吸引了大批来自全国各地的汉族到当地进行投资和经商，随着汉族流动人口的流入，当地藏汉通婚的比例也在逐年上升。总之，生计方式转型以后，藏族的族际通婚对象不再局限于当地的各民族，而是扩大到了全国范围内的民族，通婚对象民族的族源已经发生明显改变。

二　藏族族际通婚家庭的特征

　　通过对建塘镇藏族族际通婚家庭的进一步调查，这些家庭还有如下一些特征。

　　第一，族际通婚主体多元化。建塘镇民族分布最广，是外来流动人口集中居住的片区。这样的居住格局为藏族与其他各民族间的族际通婚创造了有利条件。在混居的环境中，藏族与其他各民族接触交往的机会大大增加了，族际通婚的可能性也随之提高。从总体情况看，与藏族族际通婚的民族中，汉族和纳西族所占的比例较高。

第二，在藏族族际通婚家庭内部，藏语的使用频率有明显下降的趋势，而汉语的使用频率却明显增加。总体来看，香格里拉市建塘镇的藏族与其他民族通婚的情况非常普遍，在这些族际通婚家庭中夫妻之间交流多用国家通用语言，汉语成为族际通婚家庭内部及对外交流的主要交际用语。青年一代藏族族际通婚家庭中，家庭成员对国家通用语言使用的熟练程度比老一辈藏族族际通婚家庭中更好，在年龄较大的藏族中，虽然也是族际通婚家庭，但他们在家里仍然以使用藏语为主。

第三，在藏族族际通婚家庭内部，非藏族一方的民族文化与生活习惯有藏化的趋势。在这些族际通婚家庭中，日常的饮食习惯和生活习惯、社会交往礼仪等都明显偏向于藏族。例如，这些家庭每天都有喝酥油茶的习惯，主食也是以青稞面、糌粑等为主。藏族是普遍信仰藏传佛教的民族，这种特殊的文化对家庭成员中非藏族的一方具有明显的同化作用。这些族际通婚的家庭里一般也都按藏族的习惯设置了佛龛和经堂，每天早上也要进行换水、烧香拜佛等仪式。

第四，在藏族族际通婚家庭内部，子女的民族选择有以下特点。出生的第一个孩子选择藏族的居多，第二个孩子部分选择了母亲的民族身份。出现这样的情况和国家的民族优惠政策有很大的关系。在调查中，有很多人都表示对子女民族成分的选择是以国家的民族优惠政策为导向的。香格里拉市建塘镇是藏族聚居的地区，当地有很多对藏族的扶持政策，所以很多人都表示会从对子女发展最有利的角度来选择。

三　族际通婚的个案调查比较

为了更进一步对比不同老一辈藏族和青年一代藏族在族际通婚选择对象民族的差别，我们对当地部分藏族家庭进行了访谈，以访谈 6-9、6-10、6-11 为例。

访谈 6-9：我们村和我同龄的藏族和纳西族结婚的较多，主要是因为香格里拉和丽江离得很近，纳西族的生活习惯和藏族很相似，东巴文化和藏族文化也有很多相通、相融的地方。一直以来，藏族和纳西族之间的经贸往来十分密切，在香格里拉市的小中甸乡和三坝乡尤为突出。每年六七月夏收结束以后，就会有大批小中甸乡和三坝乡的藏族用马驮着酥油、奶渣等物品去和纳西族换取小麦，一般情况下，五十斤小麦可以换一饼两斤多重的酥油，一个一斤多的奶渣换五斤小麦。这种约定俗成的交换量不会因年成的好坏有所变化，有时甚至可以相互赊欠或赠送。长此以往，双方的关系在一定程度上已经超出单纯的"以物易物"的交换关系，变成了互通有无的友谊与亲情。到了八九月藏族家里农作物成熟的时候，纳西族便会前去帮忙，一般报酬很低，甚至可以用实物支付。另外，藏族人家建造房屋及婚丧嫁娶时，纳西族朋友也会前去帮忙。许多藏族和纳西族人家相互结交了"老庚"，建立了较长期和稳定的交往关系。由于这种交往关系的存在，藏族和纳西族的通婚率一直都很高。①

---

① 访谈人：笔者。被访谈人：鲁茸培楚，藏族。访谈时间：2020 年 8 月 1 日。访谈地点：建塘镇解放村。

访谈6-10：我30岁时在一家酒吧认识了我现在的妻子，恋爱了一段时间就结婚了。因为她是彝族，家里面的长辈都反对。所以我们只是领了证，没有办婚礼，之后我们选择去怒江州发展，我们做木材生意，有了一定积蓄以后，决定还是回香格里拉发展。回到家乡我们买了辆吊车拉货，还是比较赚钱的。后来我们生了一儿一女，家里人慢慢也就认可了，帮我们补办了婚礼。总的来讲，老一辈对族际通婚还是不太赞成，但是，这些年随着社会的发展，藏族的思想观念有很大改变，族际通婚的情况也很多。①

访谈6-11：香格里拉市现在有很多的汉族，有些是本地的，也有些是五湖四海来香格里拉做生意的。大家互相帮助、相处得很好。他们人都很好相处，特别热情，虽然民族习俗不一样，但他们都很尊重我们藏族的民族文化和风俗习惯。我的媳妇是汉族，我们都在当地一家旅游公司上班，工作中接触认识的，结婚以后她也就入乡随俗，很多生活习惯都偏向藏族的习俗了。②

从以上三个访谈个案中可以看出，老一辈的藏族在找结婚对象时，除本民族以外，更愿意接受周边地区的民族，如纳西族。而青年一代的藏族，思想更为开放，在选择结婚对象时，对民族成分没有老一辈看得重，青年一代藏族与汉族通婚的情况较为普遍，汉藏族之间交融程度较高，汉藏通婚率较高。

---

① 访谈人：笔者。被访谈人：格茸初杰，藏族。访谈时间：2020年8月5日。访谈地点：建塘镇独克宗古城。

② 访谈人：笔者。被访谈人：泽西，藏族。访谈时间：2020年8月2日。访谈地点：建塘镇独克宗古城。

第三节 藏族传统婚嫁习俗形貌的重塑

在香格里拉市建塘镇藏族传统的民族文化中，有很多来源于原始的祭祀活动，沿袭至今；有的则源于苯教巫术和祭祀活动，传至后世；更多的则来源于佛教传入西藏、云南的过程中使用的祭祀仪式。在香格里拉藏族的这些民间习俗中，往往融入了大量的藏传佛教的教义思想，成为宗教的一部分。但是，在现代化与城镇化发展的进程中，在香格里拉市建塘镇藏族家庭生计方式转型过程中，藏族的婚嫁习俗也发生了很多变化，从总体趋势来看，藏族民间信仰仪式、习惯法及民间禁忌的约束性有进一步弱化的趋势，以前许多具有神圣意义的婚嫁仪式也在逐步被当地藏族淡化。

一 婚嫁习俗形貌的重塑

婚嫁习俗是民族文化中重要的一部分，体现了该民族文化中的风俗习惯与约定规则。藏族的各种风俗习惯往往贯穿于他们的婚丧嫁娶及节庆仪式的各个环节中。在生计方式转型的过程中，随着与其他各民族交往的加深，藏族传统的节庆仪式和婚丧嫁娶仪式也随之发生变迁，且受汉文化的影响较大。从总体来看，藏族的婚嫁仪式虽然还保留着传统民俗仪式的特色，但有向现代化发展的趋势。我们发现藏族新的婚嫁习俗在保留了传统文化的同时更能适应现代社会的发展节奏。藏族族际通婚的变迁反映了藏族传统文化在现代社会中的调适、变迁与适应。国家婚姻制度与现代婚恋观深深地影响并改变了藏族传统的婚姻缔结方式，藏族的婚姻形态也在不断地改变调适；出现了从一妻多夫、一夫多妻向一夫一妻制转变的趋势；出现了从包办婚向自主婚的转变；婚姻程序也由传统的事实婚向基于法律制度保障的法律婚姻转变，以前证明婚姻事实的文书现今已经被结婚证所取代。

生计方式转型中，婚嫁习俗形貌的重塑还表现为：人口流动速度的加快与族际交往频率的增加使藏族的族际通婚圈进一步扩大；少数民族文化中逐渐渗透的现代性特征正在慢慢重塑着藏族传统婚嫁习俗的形貌，藏族传统的婚嫁习俗中融入了很多现代化的元素；青年藏族择偶的标准呈现多元化发展的趋势；长辈对晚辈婚姻选择的干涉程度已经大大降低；受教育程度、居住格局都对藏族的族际通婚率产生了深远的影响；建塘镇当地各民族的族际通婚率有逐年上升的趋势，藏族与汉族的族际通婚率也在不断上升，藏族的族际通婚对象民族更加多元化。生计方式转型中藏族的价值观念被重塑。

总之，在以市场化及对外开放为主题的现代化发展的进程中，藏族传统的民族文化随着时代的发展也在慢慢改变，而且现代性的特征正在逐渐显现，藏族民间信仰仪式、习惯法及民间禁忌的约束性有进一步弱化的趋势，以前许多具有神圣意义的婚嫁仪式也在逐步被当地藏族淡化，少数民族文化中逐渐渗透的现代性特征正在慢慢重塑着藏族的传统文化形貌。

二　价值观的重塑

价值观是个人对其所处的周围环境（包括自然环境和人文社会环境）的总体看法和评价。价值观和价值观体系是决定人的行为方式的心理基础。随着改革开放及市场经济体制改革的不断深化和推进，从 20 世纪 90 年代开始，香格里拉市建塘镇的经济社会发生转型。在此背景下，当地藏族家庭生计方式也发生转型，在生计方式转型的过程中，藏族的价值观念被重塑，价值观念的改变主要体现在藏族择偶标准的改变上。在 20 世纪五六十年代，香格里拉市建塘镇藏族适龄青年的婚姻基本都是由父母长辈包办，受传统道德思想观念的影响，民族成分及生辰八字都是藏族重要的择偶标准，且社会分层及等级制度十分明显，门当户对也是重要的婚配标准，如土司的女儿是不会许配给普通藏族的。有结亲意向的双方家长先洽谈，初步谈妥之后再通过媒人完成婚姻的后续程序。夫家对儿媳妇的要求有贤惠、相夫教子、顺从丈夫、孝敬老人等；对女婿的要求有忠厚老实、吃苦耐劳、有担当、人品好等。

20 世纪 90 年代以来，香格里拉市当地经济社会发展转型，香格里拉市建塘镇藏族家庭的生计方式随之发生转型，全方位开放的交往方式使藏族的眼界、思想意识与从前都不一样了，青年一代藏族的择偶标准与老一辈相比，也有了很多改变。根据对当地藏族常住人口及流动人口调研的情况统计：青年一代藏族在择偶时更看重对方的综合素养，身高、相貌、健康状况等身体素质，受教育程度、个人生活习惯、所从事的职业、经济收入条件等都是择偶的重要标准；除此之外，人品才干、两人感情、志趣爱好等因素也是藏族青年择偶的重要参考指标。在这些标准中个人根据自身的情况又会有不同的考察重点。价值观念的改变主要体现在藏族择偶标准的改变。

从总体来看，香格里拉市建塘镇藏族青年的择偶标准呈现多元化发展的趋势。当地有很多藏族青年男女表示不排斥族际通婚，并把人品及双方情投意合放在择偶的首位。与此同时，他们表示对传统婚姻观念里的一些优秀的传统文化也会传承延续。民族语言与宗教信仰依然是他们在选择结婚对象时的重要参考因素。社会变迁更多体现在文化方面的变迁，而在此过程中，各民族价值观念、思想意识方面的变迁更加值得关注。

生计方式的转型使藏族的交友范围、交友方式、交友结构等都发生明显的变化。随着藏族的族际交往广度和深度的不断拓展，藏族的族际通婚状况也随之发生变迁。主要有以下几方面：藏族的族际通婚圈有进一步扩大的趋势；藏族传统的婚嫁习俗中融入了很多现代化的元素；青年藏族择偶的标准更加多样化；包办婚姻被自由恋爱婚姻所取代；藏族的族际通婚对象民族更加多元化；生计方式转型中藏族的价值观念被重塑。社会变迁更多体现在文化方面的变迁，而在此过程中，各民族价值观念、思想意识方面的变迁更加值得关注。总之，在以市场化及对外开放为主题的现代化发展的进程中，藏族的民族文化随着时代的发展也在发生着改变，而且现代性的特征正在逐渐显现，少数民族文化中逐渐渗透的现代性特征正在慢慢重塑着藏族的婚嫁习俗形貌。

文化适应理论认为，人类历史上出现的所有文化都是由该文化所处的自然环境和社会环境所决定的，文化变迁的过程实质上就是文化对其所处环境适应的过程。美国学者阿诺德·罗斯则认为文化适应是一个人或者群体对另一个人或者社会群体的文化的采纳。藏族对所处自然和社会环境的不断适应的过程就是藏族文化变迁的过程。文化适应是文化变迁的过程，文化变迁是文化适应的结果。从历史发展的角度来看，文化变迁在人类发展的历史进程中是永恒的，异质文化的调适也是永恒的。文化适应理论有助于我们分析香格里拉市藏族在生计方式转型过程中族际通婚的变迁问题。藏族在新的生计方式中，随着与其他各民族交往的加深，藏族的族际通婚也随之发生变迁，婚嫁习俗形貌进一步被重塑。这也是藏族对所处自然环境和社会环境不断调适和适应的过程。

结　语

从 20 世纪 90 年代开始，在国家提出"西部大开发"战略的背景下，云南省迪庆州政府以"香格里拉"旅游品牌为引领，全力开发当地的生态旅游业，当地经济社会发生转型，这种转型主要表现为以旅游业发展为主的产业结构的调整。在整个迪庆州经济社会转型的大背景下，香格里拉市建塘镇当地藏族家庭的生计方式发生转型，旅游业及与之相关的交通运输业、餐饮住宿等服务行业成了建塘镇很多藏族家庭新的生计方式。与以往藏族家庭从事的传统生计方式相比，从事旅游业及与旅游相关的行业对香格里拉市当地的经济社会发展及民族文化均产生了深远的影响。本书重点考察了香格里拉市建塘镇藏族家庭生计方式转型视域下藏族的族际交往问题，通过研究得出以下结论。

一　区域经济的跨越式发展和广大群众生活水平的不断提高是构建涉藏地区和谐民族关系的物质基础和保障

发展是解决一切问题的总钥匙。加快民族自治地方经济社会发展，应聚焦解决发展不平衡不充分的问题，统筹谋划、精准发力、缩小差距。从 20 世纪 90 年代开始，迪庆州做出了调整产业结构的重大决策，除保证农业、畜牧业、林业等传统产业以外，还结合州内的自然资源、民族文化资源、地缘优势，全力打造"香格里拉"旅游品牌，大力开发生态旅游业，迪庆州旅游业开始进入快速发展阶段。林业及林下产品的开发为香格里拉市的旅游业起到了重要的支撑作用。从 20 世纪 90 年代以来，旅游业及与之相关的交通运输、餐饮住宿等服务行业得到迅速发展，当地产业结构得到进一步调整。在产业结构的调整中，当地藏族家庭生计方式发生明显的转型，农业、畜牧业等传统产业在家庭总收入中所占的比重有逐步降低的趋势。从总体看，生计方式转型后的藏族家庭的收入来源更广，且收入水平比在传统生计方式下有大幅度提高。农业、畜牧业在当地 GDP 中所占的比重有下降的趋势，以旅游业为主的第三产业正在逐步成为当地的支柱产业，其地位及重要性正在慢慢凸显。总而言之，香格里拉市建塘镇实现了产业结构从以农业、畜牧业为主的第一产业向以旅游业为主的第三产业的转型，产业结构得到不断的优化调整升级，旅游业的发展为绝大多数藏族在家门口实现就业和增加家庭经济收入创造了条件。

从古至今，香格里拉市建塘镇由于特殊的地理位置，当地各民族的族际交往、族群关系与其他少数民族地区相比，更具有复杂性和多变性；与以往其他区域其他少数民族的有关生计转型与族际交往的研究相比，在香格里拉市建塘镇这个特殊的地域环境和族群关系之中，生计方式的转型给当地的藏族和当地的经济社会发展、民族文化都带来了前所未有的机遇和挑战。在新的生计方式中，藏族的族际交往空间进一步拓展，藏族的语言文化、建筑文化、民族传统文化发生改变；与传统生计方式下藏族的生产、生活方式相比，生计方式转型以后藏族的生产、生活方式体现出更多的现代性与传统文化相交融的特点；与以往香格里拉市建塘镇各个不同历史时期相比，生计方式转型后当地藏族的族际交往空间进一步被延伸和拓展，族际交往民族类型更加多元化。在此过程中，具有当地特色的各民族共享的地域文化进一步被开发重塑。

以旅游业发展为契机，香格里拉市建塘镇在近 30 年的历史发展进程中呈现区域经济跨越式发展的特点。经济发展是社会稳定的基础，当地经济的跨越式发展和广大群众生活水平的不断提高是实现民族平等、民族团结的重要物质基础，也是构建当地和谐民族关系的物质基础和保障。因此，不断推动区域经济的跨越式发展，不断提高当地各民族群众的生活水平将有助于香格里拉市建塘镇各民族进一步铸牢中华民族共同体意识，进一步增强中华民族的凝聚力、向心力，有助于进一步构建涉藏地区和谐的民族关系。

二　生计方式转型及人口流动使藏族的族际交往空间大为拓展，族际交往结构也发生了深刻变革

族际交往是各民族之间接触、交流和往来的一种形式，各民族之间的交往及民族内部的交往与该民族所处的经济发展水平及所从事的生计方式有着密切的关系。一个民族所从事的生计方式类型往往会影响到该民族日常生活及族际交往各个方面，即包括衣、食、住、行、社会交往、宗教信仰等。族际交往对一个民族的发展至关重要，交往能力往往决定了其能否获得发展所需的各种资源。生计方式转型促使藏族更加注重族际交往及社会关系网络的建构。在传统的农牧业生计方式下，藏族的交往囿于本民族或本地范围，族际交往对象及空间十分有限。随着旅游业的发展，外来人口的流入进一步扩大了藏族的族际交往对象；随着生计方式的转型，藏族的族际交往空间、范围、程度已经完全被改变。在经济全球化、城镇化及国家倡导全域旅游的背景下，大量游客和外来流动人口涌入建塘镇，当地的族群关系格局变得更加复杂。各民族之间的交往交流与分工协作关系进一步加强，各民族在经济、政治、文化等方面的联系也更加紧密。各民族在参与市场经济的过程中，利益分配和资源配置的博弈也变得更加频繁，竞争中各民族之间更需要加强沟通与交流。在与各民族的交往、交流中，藏族的族际交往空间被进一步重塑。

业缘关系是香格里拉市建塘镇藏族新型的族际交往关系。生计方式转型中藏族交友范围的扩大主要体现在业缘关系的逐步拓展上。业缘型族际交往关系的出现进一步促进了当地社会资源的整合与流动，并对构建和谐民族关系产生了十分重要的影响。根据费孝通的"差序格局"理论，生计方式转型中的藏族以自我为原点，将族际交往关系网络逐层外推，从家人、亲戚、同族、同乡再到客户、生意伙伴，使传统的亲缘性社会交往、地缘性社会交往和生计方式转型后产生的业缘性社会交往交织在一起，构成了香格里拉市建塘镇藏族新的交际网络空间和社会文化空间。藏族的族际交往关系正慢慢由"同心圆的关系"向"网络状的关系"转型。

生产力决定生产关系，经济基础决定上层建筑，这是马克思主义唯物史观的基本原理。生产技术水平和生计方式的变迁、转型，深刻改变了香格里拉市建塘镇藏族的族际交往模式、交往人群、交往空间及社会关系网络。生计方式转型中的藏族生存空间及个人发展空间都得到很大的拓展。随着社会交往空间的拓展，藏族的交往对象以"熟人"为主的社会交往慢慢转变为以"客户"为主的社会交往，族际交往互动中新的关系网络也被重新建构。在不同的生计方式中藏族的行为方式、族际交往、风俗习惯以及民族文化都呈现出不同的特点和状态，如在传统生计方式下藏族和其他各民族的交往与合作就相对较少，很多农活主要还是依靠家庭内部成员来完成。在新的生计方式下藏族则需要加强与其他各民族的沟通、交往和协作，藏族的行为方式、族际交往、风俗习惯以及民族文化等都发生了改变。香格里拉市藏族生计方式的转型导致了他们族际交往方式及结构的改变，进而导致他们与其他各民族之间关系的改变。

三　经济利益共同体的形成是民族交融的必要条件

在西方学者眼中，外来流动人口进入涉藏地区后，更多的是对当地资源的掠夺及对当地生态环境造成的负面影响，他们认为外来流动人口和当地民族的关系更多是对立和冲突的。笔者在香格里拉市的调研发现，在建塘镇藏族生计方式转型过程中，藏族与外来流动人口都在不断地调适自己并互相适应，逐渐融入彼此，最终形成了香格里拉市建塘镇的藏族与外来各民族之间总体和谐融洽的民族关系，并非西方学者口中所描述的"对立和冲突"的民族关系。

人口流动是市场经济环境中资源有效配置及区域经济发展的客观要求，也是促进各民族交往交流交融的有效途径。近年来随着香格里拉旅游业的稳步发展以及大量招商项目的实施，吸引了大批来自不同地区不同民族的外来流动人口到香格里拉市建塘镇寻找商机。调查显示，建塘镇独克宗古城 90% 的商户都是外来流动人口，建塘镇已成为香格里拉区域重要的游客和流动人口集散中心。外来人口的流入，丰富了当地的劳动力市场，不仅有力地助推了当地经济发展，也促进了建塘镇社会资源的循环与流动。

随着大批外来流动人口和当地乡村各民族进城人口集聚建塘镇，建塘镇民族种类变得更加多元化，藏族的族际交往空间进一步拓展。此外，在参与市场经济及利益角逐的过程中，当地各世居民族与外来民族之间不断上演着利益分配和资源配置的博弈，各民族之间的利益关系格局也不断地被重塑。在利益分配和资源重新配置的博弈过程中，各民族之间的交往更加深入，族际关系格局也更加复杂和多变。群际接触理论认为只有满足平等地位、共同目标、群际合作、制度支持四个条件时的接触才是积极的接触①，族际接触与交往并不一定能建立和谐的族际关系，和谐的族际关系需要满足一定的条件才能建立。笔者认为：香格里拉市建塘镇各民族之间的交往过程及关系除满足以上四个条件外，最关键的是当地各民族之间形成了稳定的经济利益共同体，经济利益共同体的建立是香格里拉市建塘镇各民族交融的必要条件和助推器。在香格里拉市建塘镇很多藏族买了私家车，往返于各个景区之间拉游客，提供包车游览及导游等服务。纳帕海依拉草原附近的哈木谷马场里雇用了大量周边村落的藏族，在这里牵马的藏族群众的家庭年收入比起从事传统生计的藏族家庭来说可观得多，牵马所得收入甚至超过了捡松茸的收入，成为藏族家庭收入的主要来源。在香格里拉市建塘镇藏民家访与旅行社之间、藏民家访与出租车司机之间、旅行社与客栈之间、景区与出租车司机之间、马场与藏族居民之间都建立了良好的经济利益共同体的合作关系。经济利益共同体的建立是当地各民族构建和谐民族关系的助推器，经济利益共同体的建立是香格里拉市建塘镇各民族交融的必要条件。

前期对各民族流动人口在当地的融入情况的调查研究也表明，

---

① T. Scarlett Epstein, David Jezeph, *Development—There is Another Way: A Rural Partnership Development Paradigm*, World Development, 2001.

影响外来流动人口社会融入的因素是多方面的，外来流动人口的"收入水平"和"来当地的时间"长短对其融入当地社会有显著影响。随着外来流动人口收入水平的提高，其社会融入程度明显增强；随着外来流动人口来当地年份的增加，其社会交往及社会融入程度也明显增强。

对香格里拉市建塘镇的实地调查还表明，随着藏族与其他民族之间交往的深入，藏族的族际通婚率有明显上升的趋势，族际交往对族际通婚率有显著影响。在族际接触过程中友谊的形成是接触双方建立良好关系的必要条件。如果只有族际接触而没有友谊的形成，则族际接触对改善群际关系毫无意义。因此，族际友谊成了重要的中介变量。在有族际友谊的族际接触中，接触的群体之间可以有效地增进了解、缓解焦虑、消除偏见、产生共情。

我们通过对比香格里拉市建塘镇藏族在生计方式转型前后的族际交往状况及特点发现：生计方式转型中藏族的社会交往空间有进一步拓宽的趋势，且在与其他各民族的交往中族际友谊正在逐步建立，族际友谊的建立进一步推动了藏族的族际通婚；在外来流动人口频繁流动的过程中，藏族的族际通婚对象民族也呈现多元化发展趋势。藏族的族际通婚地域范围和婚配对象来源范围都呈现扩大与开放的趋势，且藏族的族际通婚率比传统生计方式下有了大幅度的提高。总之，族际交往中族际友谊的建立是族际通婚的前提条件，族际通婚是族际之间深入接触与交往的结果，随着藏族与其他各民族之间交往的加深，藏族的族际通婚率有逐年上升的趋势。综上所述，通过对香格里拉市建塘镇藏族的族际交往状况、居住格局、族际通婚和使用语言等各方面的变迁情况进行考察，现阶段在香格里拉市建塘镇各民族的族际交往中族际边界已逐渐淡化，具有当地特色的各民族共享的地域文化及和谐融洽的民族关系不断加深和巩固。

四　生计方式转型中藏族文化进一步成为共创中华文化的重要元素

文化是由各人类群体创造出来并随着所处的自然环境和社会环境变迁而不断变迁的一整套体系。文化适应理论认为人类历史上出现的所有文化都是由该文化所处的自然环境和社会环境所决定，文化变迁的过程实质上就是文化适应其所处环境的过程。人类文化最早是在对周围自然环境的适应中形成的。随着人类社会的不断发展，文化又更多地表现为对社会环境及外来各民族文化的适应。外来各民族流动人口来到建塘镇需要与当地的藏族文化进行调适。同样，藏族在与外来民族相处时也需要对自己的传统文化进行不断调适，这是一个互动的过程。文化适应理论有助于我们分析香格里拉市藏族在生计方式变迁过程中如何调适与其他民族之间的交往及关系。

藏文化在各个不同历史时期都有不同的形貌，而在藏族家庭生计方式转型的视域下，在族际交往的过程中，藏文化也在慢慢地进行着改变与调适，这种改变与调适既包含了藏族传统文化与现代性的整合，也包含了藏文化与其他各民族文化的整合，经过整合后的藏文化，展示在世人面前的是一幅同时具有现代性和民族性的图景。自然环境是影响香格里拉市藏族家庭生计方式转型的外在条件，经济收入和民族文化是影响香格里拉藏族家庭生计方式转型的内在条件。藏族家庭生计方式的转型具有一定的历史必然性。生计方式转型视域下，随着藏族的族际交往空间的延伸和拓展，藏族从以下几个方面进一步重塑了藏族文化的整体形貌。

生计方式转型中的藏族，随着社会交往空间的拓展，族际交往互动中新的关系网络也在重新建构。藏语是建塘镇老一辈藏族使用的主要交际语言，但是在生计方式转型中，藏族更需要使用国家通用语言与外来各民族进行沟通交流，国家通用语言的作用及重要性进一步凸显。随着藏族家庭生计方式的转型，建塘镇当地藏语借用国家通用语言表达的情况进一步增多，藏族的语言文化形貌正在慢慢被重塑。

习近平总书记多次强调，文化认同是最深层次的认同，在云南省迪庆州内推广普及国家通用语言文字，有助于当地各民族进一步铸牢中华民族共同体意识。生计转型后，很多藏族都将原来的老旧房屋进行翻新、重建，重新建造的房屋结构、用料都有很大改变，住房的质量得到显著提高，房屋的空间布局进行了重大的调整，房屋的用途也发生较大改变，从居住场所变成了旅游从业场所。藏族的建筑文化进一步被重塑。

笔者认为，现阶段香格里拉市建塘镇应通过开展主题教育活动来增强当地各民族的"五个认同"，进一步铸牢中华民族共同体意识。

一是通过宣传教育进一步增强香格里拉市建塘镇各族人民对我们伟大祖国的认同，在教育中普及我们伟大祖国是一个不可分割的整体，厚植家国情怀。应提高认识，时刻保持清醒，抵制分裂势力，共同捍卫祖国领土的统一完整；通过宣传教育，增强各民族对伟大祖国的认同，让爱国主义情怀深入人心，成为全体中国人民的理想信念和精神依靠。

二是通过宣传教育进一步增强香格里拉市建塘镇各族人民对中华民族的认同，打牢思想基础。中国是一个有着56个民族的大国，从总体来看，56个民族都是中国这个大家庭中的一分子，是56个民族共同组成了中华民族这个大家庭。56个民族是一个不可分割的中华民族命运共同体。

三是通过宣传教育进一步增强香格里拉市建塘镇各族人民对中华文化的认同，突出精神内核。中国是一个有着五千年历史的大国，文化底蕴深厚。通过学习中国的文化，有助于进一步增强当地各民族对我们伟大祖国的认同，进一步增强各民族对中华民族的认同。在此过程中，推广普及国家通用语言文字很重要。

四是通过宣传教育进一步增强香格里拉市建塘镇各族人民对中国共产党的认同，进一步突出党的执政地位。中国共产党解放了中甸，平息了解放初期当地的各种匪患。在中国共产党的领导之下，自十一届三中全会以来，香格里拉市建塘镇当地的社会、经济、文化都有了较大的发展。事实证明，只有坚持中国共产党的领导，才能实现各民族的大团结，才能在政治上实现稳定。中国共产党的领导是我国各项民族工作得以顺利开展的重要保证。坚持党对一切工作的领导是历史和人民的选择。

五是通过宣传教育进一步增强香格里拉市建塘镇各族人民对中国特色社会主义的认同。中国特色社会主义是马克思主义基本原理与中国实践相结合的产物。中国共产党的领导是中国特色社会主义最本质的特征。坚持和发展中国特色社会主义是当代中国发展进步的根本方向；只有坚持和发展中国特色社会主义才能实现中华民族伟大复兴。

在以市场化及对外开放为主题的现代化发展的进程中，藏文化也发生了变迁，而且现代性的特征正在逐渐显现。从总体趋势来看，藏族民间信仰仪式、习惯法及民间禁忌的约束性有进一步弱化的趋势，以前许多具有神圣意义的婚嫁仪式也在逐步被人们淡化。在旅游业的推动下，各民族文化被进一步包装成了旅游消费品进行推销和展示，少数民族文化进一步世俗化。在参与旅游业的过程中，藏族的市场经济意识、价值观念、竞争意识都在逐步形成并强化，藏族的价值观念进一步被重塑。总之，生计方式转型以后的藏族，从族际交往空间及社会关系、语言文化、建筑文化、婚嫁习俗、价值观念等各个方面进一步重塑了藏文化的整体形貌，当地文化与社群关系进一步得到整合与重塑。

综上所述，旅游业的发展对香格里拉市藏族的社会文化产生了深远的影响。在旅游业发展过程中，藏文化被不断地开发利用并得到不同程度的彰显，藏族文化与汉族等其他各民族文化进一步互相借鉴、互相学习、互鉴融通，各民族共享的中华民族文化符号正在形成。随着市场经济发展的需要，当地传统藏文化的商品化现象日益突出，其经济功能和商品化效益进一步增强。市场经济力量的运行进一步淡化了当地各民族之间的边界，各民族文化包容共存成为当地的地域文化特色。在特定的社会经济环境中，藏族需要不断地学习其他民族的文化，并广泛地与其他各民族友好相处。各民族文化在香格里拉市建塘镇发展成了具有当地特色的各民族共享的地域文化，生计方式转型中藏文化进一步成为共创中华文化的重要元素。

从长远来看，文化崛起对一个国家的可持续发展有着深远的影响，整合各民族优秀传统文化，积极构建各民族共享的中华民族文化符号，是铸牢中华民族共同体意识的有效途径。中华民族形成的历史，就是中国各民族从古至今不断交往交流交融的历史，是中华民族凝聚力、向心力不断强化的历史过程；各民族文化的交流交融是构建中华民族文化的基本要求和重要保障。要正确把握中华文化和各民族文化的关系，各民族优秀传统文化是中华文化的组成部分，中华文化是主干，各民族文化是枝叶，根深干壮才能枝繁叶茂。

参考文献

〔美〕施坚雅:《中国农村的市场和社会结构》,史建云等译,中国社会科学出版社,1998。

〔英〕巴纳德:《人类学历史与理论》,王建民等译,华夏出版社,2006。

〔英〕布罗尼斯拉夫·马林诺夫斯基:《西太平洋的航海者》,中国社会科学出版社,2009。

白志红:《藏彝走廊中"藏回"的民族认同及其主体性——以云南省迪庆藏族自治州香格里拉县"藏回"为例》,《民族研究》2008年第4期。

本书编写组编著《中央民族工作会议精神学习辅导读本》,民族出版社,2005。

陈静:《明清时期云南藏区经济开发概况述论》,《红河学院学报》2019年第6期。

崔晓明:《基于可持续生计框架的秦巴山区旅游与社区协同发展研究——以陕西安康市为例》,博士学位论文,西北大学,2018。

迪庆藏族自治州地方志编纂委员会编《迪庆藏族自治州志》,云南民族出版社,2014。

董俊辉:《云南楚雄紫溪彝村生计文化变迁研究》,硕士学位论文,贵州民族大学，2015。

董萧琼：《西部自然景区旅游业可持续发展评价模型研究》，硕士学位论文，西安科技大学，2010。

杜娟：《西部地区城市化进程中的少数民族流动人口问题研究》，博士学位论文，中央民族大学，2011。

顿云：《1950 年以来迪庆藏族社会的发展研究》，硕士学位论文，云南大学，2015。

费孝通等：《中华民族多元一体格局》，1989。

费孝通：《江村经济》，北京大学出版社，2012。

冯育林：《坚持和完善民族区域自治制度的必要性分析》，《思想战线》2005 年第 3 期。

冯智：《云南藏学研究——滇藏政教关系与清代治藏制度》，云南民族出版社，2007。

郭家骥：《云南藏区稳定发展的基本经验》，《学术探索》2010 年第 4 期。

郭家骥：《云南民族关系调查研究》，中国社会科学出版社，2010。

郭于华：《农村现代化过程中的传统亲缘关系》，《社会学研究》1994 年第 6 期。

国务院第六次全国人口普查办公室编《2010 年第六次全国人口普查主要数据》，中国统计出版社，2011。

郝时远：《构建社会主义和谐社会与民族关系》，《民族研究》2005 年第 3 期。

郝时远：《中国的民族与民族问题——论中国共产党解决民族问题的理论与实践》，江西人民出版社，1996。

郝亚明：《西方群际接触理论研究及启示》，《民族研究》2015 年第 3 期。

何国强：《围屋里的宗族社会——广东客家族群生计模式研究》，广西民族出版社，2002。

何明：《中国少数民族农村的社会文化变迁综论》，《思想战线》2009年第1期。

何明：《西南边疆民族研究》（第16辑），云南大学出版社，2015。

和爱红：《香格里拉"藏民家访"研究》，博士学位论文，云南大学，2016。

和少英：《社会文化人类学初探》（第三版），云南大学出版社，2007。

胡丽花：《家庭旅馆游客动机、服务质量、满意度与忠诚度关系研究——以云南丽江大研古镇为例》，硕士学位论文，西南大学，2008。

黄淑娉：《文化人类学理论方法研究》，广东高等教育出版社，1996。

姜丽艳：《云南藏区地方政府劳动就业服务可及性研究》，硕士学位论文，云南大学，2014。

姜似海、陈志永：《城镇化背景下山地农民生计方式选择困境的实证分析——以黎平县大稼乡为例》，《贵州师范学院学报》2017年第4期。

勒安旺堆：《当代云南藏族简史》，云南人民出版社，2009。

李彩霞：《城镇化对农民生计方式变迁的影响》，硕士学位论文，石河子大学，2014。

李臣玲：《丹噶尔藏人社会文化变迁研究》，博士学位论文，兰州大学，2006。

李聪等：《外出务工对流出地家庭生计策略的影响——来自西部山区的证据》，《当代经济科学》2010年第3期。

李辅敏、赵春波：《旅游开发背景下民族地区生计方式的变迁——以贵州省黔东南苗族侗族自治州郎德上寨为例》，《贵州民族研究》2014 年第 1 期。

李文钢：《族群性与族群生计方式转型：以宁边村四个族群为中心讨论》，《西南民族大学学报》（人文社会科学版）2017 年第 5 期。

李文实：《藏族族源与汉藏关系》，《青海民族学院学报》1989 年第 3 期。

李延恺：《从文化交流看藏汉关系》，《青海民族学院学报》1987 年第 4 期。

李志农、顿云：《云南藏区和谐民族关系构建内源性动力研究——以迪庆藏民族发展演变为分析视角》，《思想战线》2017 年第 5 期。

李志农、胡倩：《道路、生计与国家认同——基于云南藏区奔子栏村的调查》，《北方民族大学学报》（哲学社会科学版）2018 年第 3 期。

李志农、乔文红：《传统村落公共文化空间与民族地区乡村治理——以云南迪庆藏族自治州德钦县奔子栏村"拉斯节"为例》，《学术探索》2011 年第 4 期。

林耀华：《民族学通论》，中央民族学院出版社，1990。

刘静：《藏区寺院、社区与政权互动关系变迁的个案研究——从古龙村与噶丹·松赞林寺及地方政权关系变迁》，硕士学位论文，西南民族大学，2014。

刘先照：《有关民族史研究的几个问题》，《民族研究》1991 年第 6 期。

刘先照：《论社会主义民族关系》，民族出版社，1991。

吕洋：《蒙古族聚居区民族素质提升的制约因素分析》，《黑龙江民族丛刊》2012 年第 6 期。

马翀炜等：《乡村文化产业发展的路径及意义——以云南省为例》，《西南边疆民族研究》2009 年第 5 期。

马翀炜等：《香格里拉"藏民家访"的文化解读》，《思想战线》2016 年第 2 期。

马光耀：《城市化进程中民族村居民可持续生计研究——以北京市门头村为例》，博士学位论文，中央民族大学，2017。

马戎、潘乃谷：《居住形式、社会交往与蒙汉民族关系》，《中国社会科学》1989 年第 3 期。

马戎：《拉萨市区藏汉民族之间社会交往的条件》，《社会学研究》1990 年第 3 期。

马戎：《民族社会学——社会学的族群关系研究》，北京大学出版社，2004。

马戎：《西部开发中的人口流动与族际交往研究》，经济科学出版社，2012。

马戎：《西藏的人口与社会》，同心出版社，1996。

马尚林：《论藏彝走廊回、藏和谐民族关系的形成机制》，《民族学刊》2007 年第 2 期。

马仲荣：《社会转型期的甘肃藏区社会矛盾与民族关系相互作用问题研究》，博士学位论文，兰州大学，2012。

穆艳花：《新世纪以来马鬃乡苗族生计方式变迁研究》，硕士学位论文，贵州财经大学，2019。

纳日碧力戈：《万象共生中的族群与民族》，中国社会科学出版社，2015。

彭青、曾国军：《家庭旅馆成长路径研究：以世界文化遗产地丽江古城为例》，《旅游学刊》2010 年第 9 期。

彭文斌、韩腾：《西方藏学研究的新趋势：区域化、多学科化与多元化》，《中国藏学》2018 年第 1 期。

浦文成：《从藏族历史看西藏与祖国内地的关系》，《青海社会科学》2008 年第 3 期。

秦红增、毛淑章：《改革开放 30 年少数民族生计模式变迁——来自广西壮族自治区隆安县那门壮族村的田野报告》，《思想战线》2009 年第 1 期。

绒巴扎西：《云南藏区可持续发展研究》，云南民族出版社，2001。

尚前浪：《云南边境傣族村寨旅游发展中的生计变迁研究》，博士学位论文。云南财经大学，2018。

邵媛媛：《城镇化进程中香格里拉建塘镇民族关系研究》，《青藏高原论坛》（社会科学版）2018 年第 1 期。

石硕：《藏区旅游开发的前景，特点与问题》，《西南民族学院学报》（哲学社会科学版）2001 年第 2 期。

宋秀芳等：《迪庆藏族自治州茨中村藏族民众的生计方式调查》，《西藏民族大学学报》2017 年第 2 期。

苏发祥等：《从民族认同和民族偏见视角解读民族关系——西藏城镇居民汉藏关系分析》，《中国藏学》2019 年第 1 期。

苏发祥：《西部民族走廊研究：文明、宗教与族群关系》，学苑出版社，2012。

苏发祥：《西藏民族关系研究》，中央民族大学出版社，2006。

苏郎甲楚：《中甸藏文历史档案资料汇编》，云南民族出版社，2003。

孙九霞、刘相军：《地方性知识视角下的传统文化传承与自然环境保护研究——以雨崩藏族旅游村寨为例》，《中南民族大学学报》（人文社会科学版）2014 年第 6 期。

孙瑞：《云南迪庆藏族自治州稳定与发展研究》，《云南社会科学》2010 年第 6 期。

汤夺先、高永久:《试论城市化进程中的民族关系——以对临夏市的调查为视点》,《黑龙江民族丛刊》2004年第4期。

汤青:《可持续生计的研究现状及未来重点趋向》,《地球科学进展》2015年第7期。

唐利平:《人类学和社会学视野下的通婚圈研究》,《开放时代》2005年第2期。

王琛、周大鸣:《试论少数民族的社会交往与族际交流——以深圳市为例》,《广西民族研究》2004年第3期。

王德强(绒巴扎西)、廖乐焕:《香格里拉区域经济发展方式转变研究》,人民出版社,2011。

王德强、涂勤:《云南藏区跨越式发展的实证研究》,《民族研究》2013年第6期。

王德强、史冰清:《民族区域自治制度与民族关系和谐的实证研究——基于云南藏区的问卷调查》,《民族研究》2012年第2期。

王恒杰:《迪庆藏族社会史》,中国藏学出版社,1995。

王丽萍:《横断山民族走廊族际通婚研究——基于2010年全国人口普查资料》,《云南师范大学学报》2018年第4期。

王文光、李宇舟:《从吐蕃到藏族:一个多源合流的历史发展过程》,《云南民族大学学报》(哲学社会科学版)2014年第4期。

王文光:《中国西南民族关系研究散论》,《思想战线》2001年第2期。

王希恩:《问题与和谐——中国民族问题寻解》,中国社会科学出版社,2012。

王新歌、席建超:《大连金石滩旅游度假区当地居民生计转型研究》,《资源科学》2015年第12期。

王瑜卿：《民族交往的多维审视》，博士学位论文，中央民族大学，
　　2012。

翁独健：《民族关系史研究中的几个问题》，《中央民族学院学报》
　　（哲学社会科学版）1981 年第 4 期。

翁独健：《中国民族关系史纲要》，中国社会科学出版社，2001。

吴振华：《佤族社会文化变迁研究》，博士学位论文，中央民族大
　　学，2013。

夏建中：《文化人类学理论学派》，中国人民大学出版社，1997。

中国共产党香格里拉市委员会党史研究室、香格里拉市地方志编
　　纂委员会办公室编《香格里拉年鉴 2015》，云南科技出版社，
　　2016。

徐黎丽：《甘宁青地区民族关系问题的重要性和复杂性》，《西北
　　民族研究》2001 年第 1 期。

杨福泉：《民族和睦：云南藏区和谐稳定的重要因素》，《西南民
　　族大学学报》（人文社会科学版）2012 年第 1 期。

杨福泉：《纳西族与西藏的历史关系研究》，博士学位论文，云南
　　大学，2001。

杨荣：《云南民族互嵌研究》，人民出版社，2016。

杨晓莉：《民族本质论与跨民族交往的关系》，科学出版社，2016。

杨作山：《回藏民族关系史》，宁夏人民出版社，2013。

尹绍亭：《一个充满争议的文化生态体系：云南刀耕火种研究》，云
　　南人民出版社，1991。

尹伟先：《明代藏族史研究》，民族出版社，2000。

云南省中甸县地方志编纂委员会编纂《中甸县志》，云南民族出版
　　社，1997。

张锦鹏、高孟然：《从生死相依到渐被离弃：云南昆曼公路沿线那

柯里村的路人类学研究》,《云南社会科学》2015 年第 4 期。

张瑾:《民族旅游语境中的地方性知识与红瑶妇女生计变迁——以广西龙胜县黄洛瑶寨为例》,《旅游学刊》2011 年第 8 期。

张然:《云南藏区社会治理与多民族和谐发展研究》,博士学位论文,云南大学,2016。

张晓琼:《变迁与发展——云南布朗山布朗族社会研究》,民族出版社,2005。

赵健君、贾东海:《民族关系定义研究》,《黑龙江民族丛刊》2006 年第 4 期。

赵心愚:《纳西族与藏族关系史》,四川人民出版社,2004。

郑宇、胡梦蝶:《云南苗族山岳文化变迁与生计方式演变》,《贵州民族研究》2016 年第 12 期。

郑宇:《中国少数民族村寨经济的结构转型与社会约束》,《民族研究》2011 年第 5 期。

郑宇:《中国少数民族生计方式转型与资源配置变迁》,《北方民族大学学报》(哲学社会科学版)2015 年第 1 期。

周润年:《历史上藏汉民族文化交流综述》,《西藏民族学院学报》(哲学社会科学版)2004 年第 2 期。

周永明:《汉藏公路的"路学"研究:道路的生产、使用与消费》,《文化纵横》2015 年第 3 期。

周智生、陈静:《清末民初云南藏区多民族人口流动与族际共生》,《云南师范大学学报》2013 年第 6 期。

庄孔韶:《可以找到第三种生活方式吗?——关于中国四种生计类型的自然保护与文化生存》,《社会科学》2006 年第 7 期。

庄孔韶:《人类学概论》,中国人民大学出版社,2006。

宗晓莲:《旅游开发与文化变迁——以云南省丽江县纳西文化为例》,

中国旅游出版社，2006。

Andrew Martin Fischer, *State Growth and Social Exclusion in Tibet: Challenges of Recent Economic Growth*, University of Hawaii Press, 2005.

Ashild Kolas, *Tourism and Tibetan Culture in Transition: A Place Called Shangrila*, London: Routledge, 2011.

Arnold M. Rose, "A Text Contains the Truth on the Onigin of the Tibetans—An Intepretation the Legendary Genesis of the Tibetans from a Macaque and a Rock Demon", *Social Sciences in China*, 2006.

Barry Sautman, June Teufel Dreyer, eds., *Contemporary Tibet: Politics, Development, and Society in a Disputed Region*, M. E. Sharpe, 2005.

I. Barney, "Business, community development and sustainable livelihoods approaches", *Community Development Journal*, 2003, 38 (3).

Fredrik Barth, *Ethnic Groups and Boundaries: The Social Organization of Culture Difference*, Boston MA: Little Brown, 1969.

Bhishna Nanda Bajrachrya, "Promoting Small Towns for Rural Development: A View from Nepal", *Asia Pacific Population Journal*, 1995.

Charlene Makley, *The Violence of Liberation: Gender and Tibetan Buddhist Revival in Post-Mao China*, 2007.

Carole McGranahan and Ralph Litzinger, *Development of Ethnic Education and Educational Equality in China—A Statistical Analysis Based on the Two Recent Population Censuses, Frontiers of Educa-*

tion in China, 2007.

Emily Yeh, *Taming Tibet: Landscape Transformation and the Gift of Chinese Development*, New York: Columbia University Press, 2014.

Emily T. Ye & Christopher Coggins, *Mapping Shangrila: Contested Landscapes in the Sino-Tibetan Borderlands*, Seattle: UW Press, 2014.

Erin Elizabeth Williams, *Ethnic Minorities and the Slate in China: Conflict Assimilation, or a Third Way*, CPSA 2008.

Gabriel Laffite, *Spoiling Tibet: China and Resource Nationalism on the Roof of the World*, Zed Books, 2013.

Simon-Hoey Lee, "Race and Ethnic Relations in Chinar the Autonomous Regions", *Paper presented at the annual meeting of the The Law and Socie: Association*, Grand Hyatt Denver Colora Jo, 2009.

T. G. Mcgee, "The Emergence of Desakota Regions in Asia: Expanding a Hypothesis", In N. Ginsburged, *The Extended Metropolis: Settlement Transition in Asia*, Honolulu: University of Hawaii Press, 1991.

Robert E. Park, *The Immigrant Press and Its Control*, New York: Harvlper & Brother Publishers, 1922.

Robert Barnett and Ronald Schwartz, eds., *Tibetan Modernities: Notes from the Field on Cultural and Social Change*, Leiden: Brill, 2008.

F. Shen, K. F. D. Hughey, D. G. Simmons, "Connecting the Sustainable Livelihoods Approach and Tourism: A Review of the Literature", *Journal of Hospitality and Tourism Management*, 2008.

T. C. H. Tao, G. Wall, "Tourism As a Sustainable Livelihood Strateg", *Tourism Management*, 2009.

George Eaton Simpon and J. Milton Yinger, *Racial and Cultural Minorities*, New York: Academ Press, 1996.

Immanuel Wallerste, *Africa and the Modern World*, Africa World Press, Trenton NJ, 1986.

K. E. Taeuber and A. F. Taeuber, *Neggroes in Cities*, Chicago: Aldine Publishing Company, 1965.

Mike Douglass, *Rural Urban Integration and Regional Economic Resilience: Strategies for the Rural-Urban Transition in Northeast Thailand*, Report for the Northeast Demonstration Project on Decentralization of Developmental Planning, 1999.

Mongour Tu, "storia della society indagine cultural", Edited by Francesco Brioschi, Mondo Cinese, Fondazione Italia China, 2012.

Milton M. Gordon, *Assimilation in American Life*, Oxford: Oxford University Press, 1964.

FongRowena , Paul R. Spickard, "Ethnic Relations in the People's Republic of China: Images and Social, Distance between Han Chinese and Minority and Foreign Nationalities", *East Asia*, 1994.

T. Scarlett Epstein, David Jezeph, "Development—There is Another Way: A Rural Partnership Development Paradigm", *World Development*, 2001.

附　录

《生计方式转型视域下香格里拉藏族的
族际交往研究》（访谈提纲）

一　访谈方式

以口头的形式一对一、面对面的访谈。

二　访谈地点

香格里拉市建塘镇、独克宗古城、纳帕海依拉草原风景区、解放村（春宗社）。

被访谈人员的基本信息

1. 请您简单地做个自我介绍（姓名、年龄、民族、受教育程度、婚姻状况、家庭人口数）。您来客栈之前主要从事什么工作？您开客栈之前主要做什么工作？

2. 生计转型前后，种植的作物和养殖的畜禽的变化情况？收入的变化情况？

3. 请您对旅游开发前后建塘镇各民族交往圈子和民族关系的

变化情况简单谈一谈？（可从语言、交往、通婚、居住格局等几个方面来谈）

4. 您会讲哪几种语言？什么时候开始学的？学习这些语言对你有什么帮助？您对旅游业开发后大批进驻的外地生意人、游客持什么样的态度？

5. 您认为当地各民族之间是否平等？藏族在当地有无优越感？您与哪些民族有挂礼相帮关系？

6. 您对各民族之间的通婚持什么样的态度？各民族之间通婚的情况？

7. 您认为旅游业的发展对当地人的族际交往有什么影响？

以下内容由研究人员填写：

完成日期：|　|　|　|　|

被调查者编号：|　|　|　|　|　|　|　|　|

部分访谈资料

（1）访谈对象：扎西嘎达　访谈时间：2019 年 7 月 23 日

访谈地点：香格里拉市建塘镇解放村委会归保组 20 号村民家

访谈对象基本情况： 65 岁，在家休息，之前是货车司机，家中有 7 口人，1 个女儿，1 个儿子，1 个女婿。2 个孙女，1 个上小学三年级，在学校讲汉语，回家在家里讲藏语；1 个上初中，上的是英汉双语学校，访谈时，其他人上山捡菌子了。家中是藏式装修风格，两层楼，松木装饰，二楼是客厅、经堂、住房。一楼关牲口，伙房。家里养着牦牛 2 头，犏牛 5 头，藏香猪 4 头。地里种着油麦菜、青稞、小麦、土豆等各种作物。有土地 5 亩，现承包给外地人租种羊肚菌；租金每亩每年 1000 元左右。

问：家里的收入来源主要有哪些？

答：捡松茸、雕刻、画画、装潢、开车拉货。

问：捡松茸每年从什么时候开始，什么时候结束？

答：今年香格里拉雨水少，比起往年，松茸出得少。往年这个时候正是松茸大出的时候。我家女婿、姑娘、媳妇她们三个去捡菌子。

问：捡松茸一年的收入有多少？

答：一年可以赚几万元。不捡菌子的时候，我家女婿是给人做雕刻、画画、装潢。之前我是一个驾驶员，开大巴车，有 34 年的驾龄。现在在家休息了，不开车了。

问：这个村子里住的都是藏族吗？

答：香格里拉市有好多民族，有 3 个县，这里主要有藏族、汉族、纳西族、彝族、傈僳族、普米族。维西县主要是傈僳族。

问：你们平时和哪些民族往来较多？

答：汉族。藏汉两个民族从文成公主嫁给松赞干布开始就亲如一家人。此外，还有纳西族。平时会在一起喝喝酒，聊聊天。

问：平时和其他民族有红白事、挂礼相帮吗？

答：会。这个时间家里人少，都不在家，儿子在工地上班，开挖掘机。藏族家里是谁大谁当家，不分男女。女儿大就女儿当家，女婿就招在家。

问：平常交流主要讲汉语还是藏语？

答：在家里和藏族之间就讲藏语，在外跟其他民族就讲汉语。

问：你们会说其他民族的语言吗？

答：会听纳西语，我家弟弟的媳妇是纳西族。我们家里有藏族、汉族、纳西族。

问：家里的小孩会说藏语吗？

答：小孩在家从小和家里人都是讲藏语，现在上学了在学校和老师、同学主要讲汉语。

问：**你们家里有藏族、汉族、纳西族，平时生活中是以哪个民族的风俗习惯为主？**

答：平时大家没有什么界限，风俗习惯也差不多。

（2）**访谈对象：索南嘉措，建塘镇独克宗古城内的居民**

访谈地点：香格里拉市建塘镇独克宗古城（青木厨房）餐厅；访谈时间：2019 年 7 月 24 日

问：**能不能简单介绍一下独克宗古城的情况？**

答：独克宗古城从地理位置上讲是滇、川、藏几大涉藏地区的交会处，这里移民很多，很多移民来到这里和当地藏族结合以后，慢慢被藏化了。依拉草原、四乡五境住的多数是本地居民，以藏族居多。藏族主要的生活方式：一是游牧，二是半游牧，三是农耕。依拉草原那边是半牧半农的生计方式，古城这边是以商业为主。经商是从茶马古道时候就开始了。就是将本地的土特产、毛皮这些物品带到内地，再交换茶叶等物品到本地。可以说，经商自古以来就是康巴（藏）民族很重要的一种谋生手段。

在古城被开发以前（大概是 1997 年以前），古城里的藏族老百姓大多还是以种青稞、土豆、荞麦为主。用青稞、荞麦和外界换茶叶、大米。随着古城的开发，当地老百姓看到了商机，开始转型以做生意为主，古城发生了翻天覆地的变化。生计方式由以农业为主转成了现在的以经商为主，古城居民的生活方式被彻底改变。经商的方式主要有以下几个方面。①把房子租出去收房租。②自己买车拉到本地旅游的游客。③从事手工业。古城里有很多做毡子的。毡子有很多用途，比如说可以做成彝族和藏族用的披风。④投资与旅游业相关的旅游产品，如木碗的制作，糌粑盒的制作，装酥油的盒子的制作，等等。⑤搞民族文化传承的产业，如古城里的唐卡中心，唐卡被开发以后，作为一种旅游产品推销出去，皮雕非物质文化遗产店，卡卓刀。⑥旅游产品的开发、售卖。

问：古城在旅游业开发前后与外界的交流情况有何变化？

答：古城居民之前是通过茶马古道和外界交换茶叶、毛皮等物资，与外界的交流较为局限和单一。旅游业开发以后，外地游客大量到来，接触的人多了，使古城里居民的眼界、思想意识都发生了巨大的变化。

问：您觉得民族和民族间的交往具体有些什么改变？

答：思维意识的改变较为明显。以前藏族生活中是以宗教信仰意识为主，在旅游业开发以后，藏族的经济意识、市场意识已经形成，并在逐渐强化，对经济利益的追求增强了。四乡五境以前是以游牧、农业为主，藏族以前养牛是为了自己家里喝酥油茶、吃肉及生活中的农耕。旅游业发展以后，藏族的意识改变了，特别是当地的那些藏族奶奶，经济头脑好得很，她们觉得可以把牛奶、奶渣等奶制品卖给游客赚更多的钱。牦牛牛奶 1 碗五块钱。古城旅游开发以前，老一辈藏族都觉得这里的房子是"烂房子"，几十年甚至上百年的"烂房子"，一般也就 3 万元至 5 万元。旅游业开发以后，一个"巴掌大"的地方都要 20 万元。

接触人群的改变。以前接触的就是附近的居民，在旅游业开发以后，接触的有可能是外地人，甚至是外国人。与外界的接触程度发生改变。

生计方式的改变。我们从小的思想意识，如果书读得不好，出路不是务农、放牧就是开车。我们香格里拉有三个县市，维西县、德钦县、香格里拉市（中甸县）。迪庆州有"三才"：维西县的人口才好，口才；德钦县人长得不错，人才；香格里拉什么都没有，只有木材。除东北以外，中国最大的天然林可能就数我们滇西北的香格里拉市。大量的木材往外拉，是全州的主要经济来源。我的一个朋友前几年都还在开车拉木材，现在国家相关政策出台，禁止砍伐森林。在当地旅游业发展起来以后，我的这个朋友现在都已经转行了，在旅游景区照相、租衣。

农产品用途的改变。比如说，以前青稞是用来做青稞饼，青稞面是自给自足的，现在旅游业发展以后，青稞、牛肉也被开发成了与旅游业相关的旅游产品出售，农产品的用途也越来越丰富了。

问：语言使用方面有没有什么改变？

答：有的。与旅游业相关的行业，现在好多人还开始学英语，和外国人交流的简单的英语，他们都会说。香格里拉对于很多外国人来讲，就是中国的一个品牌文化，喜欢的人挺多的。一方面，当地人在主动地学习外语；另一方面，外国人对我们藏族的语言和文化也挺感兴趣的，这就是一个相互交流的过程。

问：外国人来定居的多吗？

答：很多。这条街上就有很多来定居的外国人。我 2001 年毕业的时候就见过他们，现在 10 多年过去了，我看他们还在这里居住。

问：当地各民族之间通婚的情况是怎样的？

答：以前老一辈的很多藏族，为了家庭的延续和发展，有一夫多妻和一妻多夫的婚姻形式。我有一个德钦的朋友，他的舅舅就是两兄弟共同娶了一个妻子。在一个以农业和畜牧业为主的家庭中，劳动力是家庭兴旺发展的关键因素。在雇用不起劳力的情况下，只能采用这种婚姻形式，追根到底是经济的原因造成的。这种婚姻形式，也有利于家庭财产的聚拢和家族势力的扩大。现在这种婚姻形式基本没有了。原来基本都是建塘镇、德钦县、维西县几个地方的民族通婚，现在通婚的范围更广了，甚至还有外地州和外省的。

问：您觉得族际交友有些什么变化？

答：以前注重血缘关系和地域关系，是在利益发生冲突的时候首先会考虑的因素。现在更注重的是事业关系和经济利益关系，血缘关系和地域关系有淡化趋势。比如说，以前本地人在遇到矛盾的时候会一致对外。现在旅游业发展以后，思想转变了，有冲突的时候，会以事业为中心，以实现事业的价值为中心。我们当地导游带的团，如果有当地不务正业的人来找茬儿，他现在肯定首先会考虑维护游客的利益。

问：您说的本地人是指本地藏族还是包括本地的其他民族？

答：首先是本地的藏族，其次也包含在本地居住了几代人的汉、纳西、白等其他民族。大家在一起的时间长了，就有感情了。藏族是一个海纳百川的民族，相处时间久了，对其他民族都能接受，都能够将之视为我们其中的一员。藏传佛教主张生命是平等的，在这样的思想指导下，藏族是具有对其他民族及其文化的包容性的。

问：您觉得藏族的价值观是什么？

答：第一，忍辱。第二，利他。第三，包容。第四，义气。

问：藏族传统文化中的禁忌有哪些？

答：对开光了的佛像要恭敬。要干净。不能高声喧哗。到了寺庙里，要用敬语提问，不能随便指指点点，不能随意摸佛像。

问：您觉得哪些因素会影响其他民族与藏族的交往与融入？

答：第一，民族间各自的信仰。第二，各民族传统的生活方式。比如说，藏族传统的生活习惯，一起床就要去打水，用最干

净的水擦神龛，供佛。再累、再饿，首先要敬佛。我觉得香格里
拉的藏族，最重要的文化内涵在于，在处理人与自然、人与他人、
人与自身的关系时，遵循"适度"的原则。只要不侵犯他的宗教
信仰，不侵犯他的家属，不对他的生命财产构成威胁，藏族都能
够容忍和包容。

（3）访谈对象：陈经理　访谈时间：2019 年 7 月 27 日

访谈地点：香格里拉市建塘镇独克宗古城阿若康巴·南索达庄园

问：阿若康巴·南索达庄园是一家藏族文化的酒店，请问酒店是通过什么途径来传播藏族文化的？

答：从名字和建筑设计里都包含着大量的藏族文化。阿若康巴在藏语里意为"来吧，朋友"，从名字开始就在传播藏族文化。从酒店的建筑风格和装修设计来看，都融入了大量的藏族文化，不仅注意居住的舒适感，而且注重藏族文化的展示。老板扎巴先生的父亲是以前茶马古道马帮队的一员，建这样一家酒店，也是他老人家的梦想。阿若康巴除酒店以外，还有唐卡中心、手工艺品中心，这些店也是我们传播藏族文化的重要窗口。手工艺品中心里是一些干不了农活的老人来做活，扎巴先生从国外请了设计师教他们做布偶、牦牛等手工艺品。做好了以后，店里同意去收购，再拿到店里卖。

问：这些老人是哪里的藏族？

答：奔子栏、德钦还有周围的藏族。现在有一个女孩子在手工艺品中心做得非常棒。她是单亲家庭出身的，藏族。传统藏族除了放牧和耕种是没有其他收入来源的。她现在是把这个当作一个事业来做。唐卡店是为了藏族文化的传承而开的，因为越来越少的人会画唐卡，扎巴先生担心这门手艺失传了，他就设立了唐

卡学校，雇用家庭比较困难的藏族学生专门来学习唐卡绘画手艺，这些学徒在唐卡学校要学习三年，在这里吃住都是免费的，没有工资，会有一些补助。以这样的方式，把唐卡文化一直传承下去。除此之外，我们还有穿佛珠、抄心经的体验店，让游客来体验藏族文化。酒店的旅游线路和其他的酒店线路不一样，我们不是安排旅游景区，而是会把客人安排到附近的一些藏族村落里，让他们更直观地参与、观察藏族的生产生活、民族民风、藏式建筑。

问：**酒店里雇用的人员是本地藏族吗？**

答：都是当地的藏族。

问：**他们来这里之前是做什么的？**

答：农民，在地里种青稞。这里的店员很多都是扎巴先生叶村里的人。现在他们都升成了主管、助理等了。他们的文化层次普遍都不高，但是他们都会很用心地学，并且都会发自内心地为你服务，这份真诚客人也是能感觉到的，所以我们店里回头客很多。客人都很满意，他们觉得比住星级宾馆好很多。这些都是我们酒店的文化。

之前的马帮最信任的店是他们住的尼仓（驿站）。什么时候有雪崩，什么时候会下雨，什么时候有强盗，这些消息驿站都会提前告诉马帮并提醒马帮及时离开。马帮队和驿站建立了很好的信任。酒店就是把这种藏族文化从茶马古道时候开始一直延续到了现在。

问：**您提到店里的雇员以前是以农业为生的，现在也可以算作是旅游从业人员，您觉得他们的族际交友、婚丧嫁娶、族际通婚之前和现在相比有没有什么变化？**

答：如果在村里，结婚的年纪会很早，一般 14、15 岁就结婚了。他们说如果没有出来还在村子里，早就已经结婚了，来到这里以后，他们的思维、见识都和以前不同了。择偶标准也有改变，老一辈一般都主张还是找藏族，觉得在家里更好沟通，生活习惯、文化背景都一致。现在青年人一般都不介意民族成分，不同民族结婚后一般都会各自保持各自的宗教信仰，互不干涉。比如说，夫妻双方有一方是信仰藏传佛教的，早上是需要给佛像倒水、敬水的，另一方是信仰基督教可能就没有这种仪式。但是，他们还是可以很好地相处。相比传统观念的老一辈藏族，这种思想上的转变是非常大的。大约 2001 年我刚到这里的时候，还有女孩子和我说她们的风俗是可以同时嫁给两个丈夫（一妻多夫），但现在观念已经改变了，只能嫁给一个人。这可能和经济利益是相关的。但是当旅游业发展以后，这种思想就没有了，变化挺大的。

问：老一辈藏族和青年一代藏族在交友及红白事挂礼相帮方面有没有什么变化？

答：到藏族家里去做客，他们男尊女卑的思想观念还是有的。女性一般只能坐在火塘的下位，男性坐在火塘的上位。就算是一个小男孩也是如此，他坐的位置和他妈妈坐的位置是不一样的。他可能会被安排在老人坐的附近，他的妈妈则会被安排坐在下位。

问：方位怎么分大小？

答：火塘烧柴的这边是小的，相反方向是大的。

从我去参加过的婚礼来看，依然是保留着很传统的一套风俗。汉族家庭里是儿子当家，藏族是家里谁大谁当家，不分男女。从小开始，大女儿过生日都会比家里的其他孩子过得隆重。

问：具体有些什么仪式？

答：结婚当天，双方家长都会来，在老一辈人的主持下，会有一个交接仪式。女方父母会交代出嫁的女儿要孝顺老人、要努力干活这些话。男方家长也会交代儿子要善待自己的妻子。这个仪式现在也有。在嫁娶迎亲的时候，他们更喜欢用马。全部迎亲的人都穿着藏装，场面很壮观。

问：老一辈人在接待朋友和年轻一辈接待朋友方面，有没有什么区别？

答：老辈人更拘束一些，更讲究礼节。如果我去找我的一个藏族朋友，到他家里，他的爷爷和爸爸都在，长辈们就会更客气。老一辈人还会给客人献哈达。黄色一般献给活佛、僧人、喇嘛及比较尊贵的客人；白色一般献给朋友，代表吉祥如意的意思。

问：葬礼有没有什么区别？

答：我参加过天葬。葬礼很简单，不烦琐。结束时，会给每一位参加的来宾一根针。针是最小的东西，让来的宾客都带着最小的礼物回去。

问：亲朋好友来了会挂礼吗？

答：会有，白事（葬礼）一般挂礼很低。10元、20元都会有。不会太高，因为挂高了，表示一种庆祝，在葬礼上不合适。白事处的宴席也很简单，不像红事那样隆重。有些家就是搭个空心砖和木板，上面简单放着一些酥油茶、糌粑。送走逝者后，晚上会吃火锅，一般是素食火锅。

问：婚礼的情况是什么？

答：如果是红事的话，他们藏族的红事（结婚）一般挂礼很高，办得非常隆重，晚上会一直跳锅庄。如果村里有一家人办白事，过了不到一个月另外一家要办红事，那么，锅庄要取消。

问：现在居住格局是怎样的？

答：居住格局没有太大变化，纳西族多数住在三坝乡，红旗村里多数是彝族，傈僳族多数住在维西县，建塘镇（中心镇）这边也有其他民族，但从总体情况看，以藏族居多。居住格局还是有分离，不会是邻居。藏族的地很多，一家人有 100 亩地都是很正常的。一般喜欢就在自己家的土地上盖房子。

问：旅游业发展以后，对当地各民族的影响主要有哪些？

答：他们的生活质量有很大提高，我 2001 年刚到香格里拉的时候，整个城里面只有一条柏油路。公共汽车都很旧。藏族从生活条件、物质条件、思想上都有了很大的变化。以前靠放牧、伐木、种植为生。现在做导游、卖特产给游客的人很多，或者把家里的地承包给种植公司来种。收入上是大幅度提高了。以前马路上都看得见牛和马，现在都圈回去了。总体来讲，国家给的各种补贴政策还是比较好的。从各个方面来看，旅游业的发展对当地藏族有很大的影响。当时我们这里有个师傅，是附近村子里的藏族，以前是开大车出去拉货的司机。他说以前开车去大理，买回来一些西红柿，家里人都不知道这是什么，要怎么吃。以前大家都穷，差距不是太大，现在旅游业发展起来，很多人出去做生意、打工。总体来看，日子都好过起来了，收入差距也就大了。

问：这边种的农作物主要有些什么？

答：土豆、青稞、芒尖。藏族思想上也有很大转变，以前如果找到松茸，一般是自己吃，或者晒干了过年吃。但现在不一样了，找到松茸，知道要拿到市场上卖了赚钱。家里面的酥油、牦牛制品现在都变成了藏族的收入来源。

问：依拉草原以前是不是以农业、畜牧业、养殖业为主？前几天我们去调研的时候，藏族都在牵马拉游客。

答：是的，现在依拉草原附近的藏族在每年旅游旺季（夏季）的时候会牵马到马场做生意，在旅游淡季（冬季）的时候还是以农活为主。另外，有些藏族还买了车，拉游客赚钱。如果没车没马的，还可以徒步带路当导游赚钱。

问：村规民约有没有什么变化？

答：这些规定都是以保存藏族文化为主的，为了保存藏族传统的文化，新修的房子也有层高的限制，外观不能随意变动等规定。房子的图纸需要事前去古城管委会报备及审批。

（4）拉茸扎西，藏族司机。访谈地点：建塘镇依拉草原景区 访谈时间：2019 年 7 月 28 日

30 岁，自己买了辆二手车，给游客提供导游、包车游览各旅游景区等服务。他和我们这样说："到香格里拉旅游的除了跟团的，其他散客也很多，我们主要拉散客。纳帕海、松赞林寺、巴拉格宗大峡谷、梅里雪山、石卡雪山、普达措国家公园、白水台、虎跳峡等景点都是游客喜欢去的点。根据顾客的需要，可以包车按天收费，也可以按景点路程计算，从 100 元到 500 元不等，在旅游旺季的时候，一个月还是可以挣 1 万多元的。"

（5）扎西江楚，25 岁，本地藏族。访谈时间：2019 年 7 月 24 日 访谈地点：建塘镇独克宗古城内

问：生意怎么样？

答：这段时间是旺季，生意还可以。冬季是淡季，生意就不太好了。

问：这几天的客流如何？

答：我们家共有 20 多间客房，这几天每天近 80% 的客房都可以住满。

问：房价一天多少钱？

答：普通标间 180 元一晚，豪华标间 200 多元一晚。

问：酒店会给客人提供哪些旅游项目？

答：我们每天会给客人安排旅游的行程，我们也会看相关书籍、信息后再给客人介绍。一般会根据客人的需求来安排行程。

比如早上去普达措，下午去松赞林寺，晚上去看表演。

问：**古城里本地藏族开客栈的多吗？**

答：还是有一些，总体看不算多。"信仰之家""开心花园""原住民"都是本地藏族开的客栈。

（6）**安吾西沙，藏族，访谈时间：2019 年 8 月 1 日，访谈地点：建塘镇依拉草原景区**

问：**这段时间来香格里拉旅游的人多，对当地藏族的生活有没有什么影响？**

答：有的，5~10 月份是旅游旺季，我们每天都来依拉草原牵马。

问：**牵马可以赚多少？怎么收费？**

答：我们村里规定，每家可以出 3 匹马，人牵马是没有工钱的，每天按马走的趟数来结算工钱。主要有 2 条线路。近的这条线路来回 40 分钟左右，收费 150~200 元/人；远的那条线路来回 1 个多小时，收费 250~300 元/人。游客可以自己选择。旅游旺季，人多的一天还是可以赚几千元的，最少也有几百元。

问：**旅游旺季的时候是不是每家都以牵马为主了？农活还有人做吗？**

答：旅游旺季就以牵马为主了，等冬天来旅游的人少了，就主要干农活。

后　记

　　承蒙导师王德强教授提携，让我在多年工作之后又有了继续学习深造的机会。对于一名高校教师而言，在职攻读博士研究生既是一次难得的机遇，也是一次艰难的挑战，亦是我人生中一笔宝贵的财富。从本科到硕士研究生，我一直从事经济学研究，从严格意义上说，对于民族学研究，我是一个门外汉。导师王德强教授不嫌我愚钝，针对我的研究方向安排了专门的田野调查，为我提供了专门的数据采集及田野调查训练的机会，更为关键的是导师从理论和研究方法上为我开启了探索民族学的大门。从参加导师的课题研究到实地的田野调查，从参加学术会议到完成高规格的学术论文写作任务，导师一直给予我信任、支持和鼓励。导师敏锐的洞察力、开阔的视野、敏捷的思维以及孜孜矻矻的治学精神时刻鞭策着我继续前行。

　　特别感谢在开题报告会和预答辩会上给我提出过宝贵意见的各位专家。何明教授、王文光教授、陈庆德教授、马翀炜教授、李志农教授、周智生教授、杨筑慧教授、杨正文教授、张锦鹏教授、郑宇教授、和少英教授、刘荣教授、李若青教授、龙珊教授、刘劲荣教授、黄彩文教授、吴兴帜教授都对我毕业论文的框架构思及具体写作细节提出过许多宝贵的意见和建议，让我在毕业论文的框架搭建、脉络梳理、论文设计及写作细节处理上都有了新的突破。

在香格里拉市的田野调查期间，我得到了很多藏族老乡的热情接待，索南嘉措、扎西嘎达、阿错、扎巴江仓等藏族老乡给我田野调查的资料收集工作提供了很多的帮助，让我在寒冷的香格里拉感到了真真切切的温暖。

感谢云南民族大学教务处的领导给我提供的学习机会，感谢云南民族大学图书馆提供的各种数据和图书资料，这为我的研究和写作提供了保障。感谢与我同窗共读的各位同学，如切如磋、如琢如磨的学习时光终生难忘，你们同样是我人生中的宝贵财富，值得感念。

最后，感谢我最亲爱的家人们对我求学之路的支持、理解、鼓励与包容，是你们给了我生活及精神上的支持，为我顺利完成学业提供了坚强的后盾。在我感到孤独无助的时候，家永远是我最坚强的后盾。

谨以此文献给曾经给予我帮助的所有人！

由于本人水平有限，疏漏、错讹之处敬请各位专家批评指正。

王靖婧

2021 年 12 月 4 日

图书在版编目（CIP）数据

多元共享：香格里拉藏族生计方式转型研究／王靖婧著 . --北京：社会科学文献出版社，2024.9.
（中国特色民族团结进步事业丛书）. --ISBN 978-7
-5228-3754-3

Ⅰ . K281.4

中国国家版本馆 CIP 数据核字第 20245NE530 号

中国特色民族团结进步事业丛书

多元共享
　　——香格里拉藏族生计方式转型研究

著　　者／王靖婧

出 版 人／冀祥德
责任编辑／周志静
责任印制／王京美

出　　版／社会科学文献出版社·人文分社（010）59367215
　　　　　地址：北京市北三环中路甲 29 号院华龙大厦　邮编：100029
　　　　　网址：www.ssap.com.cn
发　　行／社会科学文献出版社（010）59367028
印　　装／三河市龙林印务有限公司

规　　格／开　本：787mm×1092mm　1/16
　　　　　印　张：16.75　插　页：0.75　字　数：196 千字
版　　次／2024 年 9 月第 1 版　2024 年 9 月第 1 次印刷
书　　号／ISBN 978-7-5228-3754-3
定　　价／98.00 元

读者服务电话：4008918866